边际利润

张楠
著

中信出版集团 | 北京

图书在版编目（CIP）数据

边际利润 / 张楠著 . -- 北京 : 中信出版社 , 2025.
9.（2025.12 重印） -- ISBN 978-7-5217-8019-2

Ⅰ . F276.3

中国国家版本馆 CIP 数据核字第 2025P3V140 号

边际利润

著者：　　张楠

出版发行：中信出版集团股份有限公司

（北京市朝阳区东三环北路 27 号嘉铭中心　邮编　100020）

承印者：　北京通州皇家印刷厂

开本：880mm×1230mm　1/32　　印张：10　　字数：220 千字

版次：2025 年 9 月第 1 版　　印次：2025 年12月第 3 次印刷

书号：ISBN 978–7–5217–8019–2

定价：69.00 元

本书赞誉

张楠写的这本书很宝贵。

为什么呢？因为现在的企业中，能把实践经验和领悟写出来的人不多；即使能写出来，将其提炼成系统的财务模型的人也不多。此外，张楠并不是专业财务人员，他能用财务语言准确表达管理体系，可见他真正用心悟透了企业管理的内核。

企业管理像攀登一座山，通往山顶的道路有多条，方法有多种，各路人马也都有自己的方法。这些方法有的是从别人那里学来的，有人是自己摸索的，而好的方法一定是在借签别人经验并结合自己实践的基础上，不断反思、优化而悟出来的。悟出来并建立体系很重要。这样的方法是从内部长出来的，是所有人思维习惯的一部分，也是最好用的方法。更有意思的是，当有了一定的积淀与体系之后，无论以什么角度观察、思考企业经营，我们发现经营的本质都是一样的。

张楠的这本书看起来有许多财务术语，其实质还是介绍经营管理，用数字阐释管理方法和思想。书中的理念和方法来自实践，很有力量。

宁高宁

第十三届全国政协常委，原中国中化集团董事长

本书作者是做人力资源培训工作出身，后转型做业务，先后担任多类业务的负责人。经过10年的磨砺，他在业务实践中学习和总结出一套边际利润财务运营模型，并将其编写成书，希望从财务运营管理的角度解决企业能否长期盈利的问题，勇气可嘉。

作者非财务专业出身，他写这样一本书，反而把比较复杂、难懂的财务问题，用比较通俗易懂的逻辑和语言表达了出来。整本书有体系、有案例、有实操，读者易接受、能看懂、好落地，对非财务出身的企业高管也会有很多启发。

特别是书中介绍的财务运营模型，不是只谈盈利，而是以目标、业务、资产、负债、效益、效率、现金流建立企业财务运营管理的系统思考逻辑，阐述它们之间牵一发而动全身的钩稽关系，消除了从战略到运营再到执行的阻隔，对提升企业运营力和执行力颇有裨益。

此外，这个模型可大可小：小到一张表，可以让企业负责人总揽全局，通过控制标准达成经营目标；大到可以扩展至几千个指标，管理企业的每一个细节，通过比战略、比历史、比预算、比行业、比标杆实现精细化管理。这本书在统一企业思维逻辑和语言的基础上，为学习型组织建设提供了方法，助力企业实现可持续发展。

迟京涛

原中国储备粮管理集团有限公司总经理

在国际市场竞争激烈、国内市场消费降级、行业内卷、企业经营困难的大环境下，战略优化、商业模式创新、运营管理体系深化、团队建设加强、企业文化完善等成为企业家们更加关注的内容和讨论的话题，以期突破瓶颈，实现可持续发展。

企业家除了需要具备敏锐的洞察力，更需要具备对边际利润的管理能力，这是企业管理者的基本功。

《边际利润》是一本帮助经理人成长为企业家的经典之作。作者长期深耕大型企业一线，理论功底深厚，一线工作经验丰富，是一位优秀的企业管理专家。阅读《边际利润》这部著作，好似跟随作者一起体验将理论与实践相结合，一起体验如何在实践中应用相关理论。

《边际利润》理论有力，案例翔实，仿佛在叙述一个个利润管理故事，是一部十分注重理论联系实际的教科书。

王震

原中国土产畜产进出口总公司总经理

企业经营的本质不是规模，而是可持续的盈利能力。《边际利润》这本书揭示了一个关键真相：毛利率会骗人，只有边际利润才是真实的盈利指标。更关键的是，书中提出的经营要素为中小企业提供了可落地的经营战略。书中介绍的方法不仅仅是理论，更是经过实践检验的实战工具。

张丽俊（Cherry）

酵母咨询创始人，拉姆·查兰管理实践奖得主

作为创业者，我最关心的是利润。没有利润，所有战略、愿景、故事，最后都成了空想。德鲁克说过，企业的目的不是追求利润，而是创造顾客。但他也提醒我们：利润是企业存在的最终检验。问题是，很多人盯着销售额、毛利率，却还是亏损。为什么？因为他们忽略了真正的锚点——边际利润。

边际利润是什么？一句话：收入减去变动成本费用，剩下的才是真正能“养活公司”的钱。它决定了你的每一单业务，到底是在为公司赚钱，还是在为别人打工。这本书把边际利润讲得通透且务实。从找盈点、卡变率，到控固额、锁收入，再到轻资产、负资本、快周转，这不是空洞的理论，而是一套能落地的方法。我推荐所有创业者读读这本书。只有懂得边际利润，你才不会被假象迷惑，才知道做什么能真正赚钱，做什么会“做得越多，亏得越惨”。

创业很苦，但至少别苦得糊涂。算清边际利润，就是算清自己能不能活下去。

马想

得到 App 首席运营官，得到新商学负责人

很多企业都感知到经营变难了。企业要想走出困局，就要注重两件事：边际利润提升，销售规模扩大。在边际利润提升上，常常需要投入固定成本费用来改善边际利润，比如做品牌、建团队、上系统等。怎么投明白？怎么能知道固定成本投入会如何转变为边际利润提升？对每个企业而言，这些都是难题。这本书给出了一个完整的框架，也介绍了很多企业的实践经验。

于冬琪

新能力咨询创始人，畅销书《种草》作者

作为一名长期陪伴创业者的“小而美创业实战派”成员，我深知“赚钱”才是商业的终极目的。问题是，很多人不是不努力，而是不知道自己到底赚没赚钱、赚了多少钱。

《边际利润》一针见血地解决了这个问题。它帮你看懂数字背后的商业本质，避开“越做越亏”的陷阱。它用一套可落地的盈利增长模型，帮你找准每一个真实的赚钱点，让你的事业不再靠运气，并且做对、做稳、做久。

凯莉彭

个人品牌商业顾问，《把热爱变成事业》作者

做企业不能只看流水。《边际利润》这本书讲透了中小企业的生存法则——不是比谁跑得快，而是比谁活得久。我特别认同书里的三个观点。第一，企业要赚钱，必须计算真实的边际利润，而不是只看毛利率。第二，固定成本费用控制决定企业生死，轻资产模式更安全。第三，现金流管理比规模扩张更重要。

在当前的市场环境下，企业更需要关注真实盈利能力，而不是盲目追求规模。建议每个创业者都对照书里的方法，好好算算自己的生意：到底哪些在失血，哪些在造血。在这个时代，能活下来的企业才是赢家。

沈帅波

“进击波财经”主理人，《伟大的复利》作者

在零售行业摸爬滚打这么多年，我深知边际利润就是生死线。《边际利润》这本书最打动我的是它把看似枯燥的财务指标变成经营者每天都能使用的管理工具。比如书中对变动成本费用率的解析，我认为这是零售从业者最重要的一课。又如为什么线下小店的倒闭潮集中在 7 月、8 月？除了客流的影响，还因为在这个时间段，店里的空调和冰柜长时间运行，电费会翻好几倍，小店难以承担。在这两个月，就要调整经营模式，可以加大活动力度，提升进店率。

当前，零售业普遍面临增长瓶颈，这本书提供了一套完整的盈利提升方案。从采购决策到库存管理，从定价策略到客户筛选，每个环节都有对应的评估工具和优化方法。

我推荐这本书，书中的不少案例都很典型，对各行各业都具有启发意义。

黄碧云

商超零售咨询师，《摆摊式创业》作者

在国际经济贸易压力增大的环境下，《边际利润》提供了一个从“大而快”到“盈而稳”的破题思路，并用精细化管理理念提供了有价值的实操工具。

钱自严

资深财务人

目录
CONTENTS

前 言

财务运营：
中小企业的生存之本

企业要为股东、客户、员工、社会创造价值。创造价值有三层意思：第一，能不能创造价值；第二，能不能创造更多的价值；第三，能不能持续创造价值。简单了说就是企业能创造价值、多创造价值、总创造价值吗？企业的一切思路、方法、行动都是为了实现这个目的。赚钱是创造价值的体现之一，赚钱首先解决的是生存问题，然后是解决为企业创造价值不断提供动能的问题。

在这本书中，笔者想探讨中小企业最关心的话题——“当前形势下如何生存”。为此，笔者和许多领域的中小企业负责人一起进行了交流。他们企业的性质，大部分是民企，小部分是国企和外企。他们企业所处的阶段，或刚创业，或正飞速发展，或正在转型，或在亏损和现金流紧张的泥淖中挣扎。他们企业的类型，或做渠道销售，或做品牌产品，或做供应链。虽然企业性质、阶段、类型不尽相同，但他们正在思考的问题又是那么相似。

怎么看：聚焦财务运营，回归商业本质

从发展趋势上怎么看?

最近的数据显示，中小企业发展指数下降，其融资状况收紧。中小企业普遍面临融资渠道窄、融资成本高、应收账款回款慢等问题。尤其是中小企业年底资金链紧张，叠加客户欠款、贷款催收和员工薪资支付压力，导致现金流断裂风险加剧。稻盛和夫说："越难，越要回归商业本质。"商业本质，就是精心做产品、客户、渠道、供应链，坚持长期主义。从财务运营的角度来讲，就是销售最大化，费用最小化，减少营运资金，尽量降低对外部资金的依赖，努力提升自力更生的生存能力，不断提高投资回报率。

从"大而快"到"盈而稳"。大家也认为，从发展目标和方式来讲，与之前很长一段时间很多企业追求"大而快"（规模和发展速度）相比，现在都很看重"盈而稳"（盈利和稳健经营）。资本市场、投资人看重的主要数据，由营业收入、售点数量和复合增

长率，变成了经营利润、现金流和库存水平。市场环境堪比潮汐：大潮来时，机会多、赚钱容易，大家都在抓资源、大投入、抢市场、扩规模、拼速度；大潮退时，营业收入下降了、利润率不保了，成本、费用、库存、应收账款、效率、资产负债结构、现金流等的问题全部暴露了出来。这种情况下，企业的目标是至少“能活”。“能活”就是不断降低成本费用，不断提高资产周转效率，确保不亏损、现金流为正。这样，企业就不会受到太大的冲击，不会受股东不再追加资金或抽离资金的影响，只有这样，才能谈发展，才能等到大潮再起。

从“全、散、杂”到“聚、精、减”。企业的经营方法也在变化。以前的方法多是“广撒网，多敛鱼，择优而从之”，产品多，经营范围广，渠道和销售模式也是五花八门，哪个成功做哪个。这样做的优点是多元化、分摊风险。其缺点是单一商品的规模太小、品类太散，业务间的关联性不强，耗费资源较大，难以发挥企业内部的协同效应。现在企业更多主张“聚焦、做精、减法”，产品数量不求多，聚焦走大单品战略，扎实做好差异化和系统性低成本。销售渠道不盲目求广，强调削减与消费者之间的销售层级，夯实终端售点的把控及消费者的会员化和私域化。销售模式不冒进，强调控制应收账款和回款，要有利润的营收、有现金的利润。供应链模式“不求所有，但求所用”，减少固定资产投入，把固定成本费用尽量转化为变动成本费用，追求对核心技术和环节的掌控，非核心技术和环节外包。

从“三大”到“开、细、挖”。很多负责人在企业运营管理上，不再是“三大”，即说大数、算大账、花大钱（花钱大手大脚、不算细账），而是强调精细化运营，不断“打开、细分、深挖”（简称“开、细、挖”）。企业的运营分析一定要分解到产品、客户、渠道（区域）的每一个业务点。产品分解到每一个有条码的 SKU（存货单位），客户分解到每一个经销商，渠道分解到最终接触消费者的售点，区域则从大区、省、市、区按战略不断细分。然后将每一个业务点从销售、生产、采购、研发、仓储、物流等环节打通成一条线，实现数量、价格、时间、收入、成本、费用的“打开”和持续改善。从关注“增收”到更多关注“降本”“增效”，从“规模为王”“增长为王”变为“利润为王”“现金流为王”。

怎么办：从财务运营角度解决问题

那么，中小企业要想生存，具体应该怎么做呢？有没有什么简单高效的方法呢？思路和方法有很多，在这本书中，笔者的分析聚焦于企业管理领域中的运营管理，先介绍整个运营管理领域，再聚焦于财务运营。上文中我们从市场环境、发展目标、经营方法、运营管理等角度，谈了当前的发展趋势。总结来说，就是“三难、四降、两提升”：融资更难了、盈利更难了、回款更难了，普遍在降低成本、降低费用、降低库存、降低应收账款，都在努力提升效益、提升效率。

为达到提升效益和效率的目标，各企业根据自己的实际情况想到了不少方法。有的企业提出“一切围绕现金流”的口号。有的企业大力推行“精细化管理”。有的企业叫响了“降本增效”的口号。有的企业严格压控“两金”，即库存、应收账款。有的企业大力推行“轻资产、快周转、低风险”。有的企业倡导“经营十字方针”，即扩销、催收、缓付、去库、降费。有的企业明确了“收付五原则”要求：采购无预付账款；经销无应收账款，直营无逾期，赊销风险全覆盖；先卖后买控库存；先收后付控现金；营运资本为负，经营性现金流为正。

这些做法全在提财务指标。进而我们发现，从企业使命、经营目标、战略规划、资源配置、运营管理到考核评价，每一步管理的背后都是财务指标，而指标数字变化的背后都是经营动作。

财务指标是企业运营的数字化表现。如果把经营企业比喻为驾驶飞机，那么企业的目标就是飞行的目的地，战略就是飞行的路线、高度、速度，企业的经营者就是驾驶员，财务指标就是驾驶舱里的仪表盘。“驾驶员”通过仪表盘上的一个个数字，全面清楚地看到企业的全部，并不断根据战略和实际进行调整、矫正。所以，作为企业管理者，我们应该充分尊重数字、敬畏数字。财务指标的核心，就是我们常说的“三张表”：损益表、资产负债表、现金流量表。宁高宁在《三生万物》中写道：“三张表用数字把一家企业从一个点上静态的（资产负债表）、一个区间动态的（损益表）、一个经营质量和风险的（现金流量表）全貌，表达得一清二楚。”

我们有没有可能从算账出发，从一个个具体的财务指标数字出发，将三张财务报表通过企业运营管理的逻辑联结到一起，搭建一个企业的财务运营系统思考框架，形成行之有效的生存方法呢？我们需要“三个点”。一个是“断点”，即抓住主要问题的主要方面。伤其十指不如断其一指，我们应该抓牢一个指标进行突破。一个是“支点”，即简单的算法。不用太复杂，却可以撬动整个企业的管理体系。还有一个是“交点”，以点带面，能串联起效益、效率、资产、负债、现金流等各项指标，形成财务运营整体的系统思考。我们通过管理经验的梳理，发现这个断点、支点、交点汇成一个锚点，就是边际利润。根据量本利、价值链管理思想，我们可以变分析毛利率为分析边际利润率。

边际利润：财务运营的锚点

· 基 本 公 式 ·

毛利润 = 营业收入 − 直接成本

毛利润 −（销售 + 管理 + 财务）费用 = 经营利润

边际利润 = 营业收入 − 变动成本费用

边际利润 − 固定成本费用 = 经营利润

边际利润 = 毛利润 − 变动费用（以及其他变动成本）

我们看到，相较于毛利润公式，边际利润公式将成本费用分为变动和固定，变动成本费用就是随销售额变化而变化的成本费用，固定成本费用就是有无销售额都会产生的成本费用。这不是个简单的变化，它居然起到上文所述的“锚点”的作用。

“打开、细分、深挖”，找到真实的盈利点。边际利润将损益表的所有成本费用，分为变动和固定。我们会发现，一是我们可以打开公司整体的盈亏指标，细分到每一个业务点，即产品、客户、渠道（区域）。因为变动成本费用是随各业务点销售额变化而变化的成本费用，它囊括了所有业务运行会发生的成本费用。二是把每一个业务点，从销售、生产、采购、研发、仓储、物流各个环节打通，按照一条业务线进行整体的变动成本费用分析，而不是让各环节分开分析，这容易造成错记、漏记，或者将部分成本费用隐藏在公司的固定成本费用里。不再把毛利润当盈利，忽视变动成本费用的影响。这样我们可以看到每一个真实盈利的业务点，实现有利润的收入。三是再结合销售量和增长率分析，淘汰负边际利润的业务，发展正边际利润的业务，最基本的目标是实现各业务点都有边际利润，真正盈利。

卡死变动成本费用“率”，保证边际利润率。变动成本费用，包括直接成本、仓储费用、物流费用、销售费用、管理费用、财务费用，以及与业务部门有关的人工成本、租金等各项成本费用。管理者必须牢牢卡死“率”，即变动成本费用率。“额”是根据销售额的增减而增减的，任何一笔变动成本费用额的支出都应在这个“率”的范围内，随着销售额的增长而发生，而且只能小于这个“率”。简单来说，就是收入多少花多少。这样，在销售价格一定的前提下，就保证了边际利润率的达成。较之上一步的各业务点都有边际利润，这一步就是要保证各业务点要实现一定的边际利润率。它们之和，保证了公司整体边际利润率的达成。

控制和降低固定成本费用“额”，保证边际利润能覆盖。固定成本费用，是公司整体的成本费用，包括后台部门及管理层的人工成本、租金、办公经费，以及土地、厂房、设施等固定资产的折旧、摊销和资金成本等。对其进行管理，必须牢牢卡死“额”，因为它是不随销售额变化而固定发生的。它的任何支出，都在这个额度内，而且只能小于这个“额”。在公司整体边际利润率锁定的基础上，固定成本费用额 ÷ 边际利润率 = 盈亏平衡点，由此我们就能明白公司达到盈亏平衡、不亏损需要的营业收入是多少。以此类推，公司要达到 1000 万元经营利润的目标，那么边际利润额减去固定成本费用额要大于 1000 万元。

建立边际利润业务组合，锁定固定收入。这一步是企业能存活的“临门一脚”。固定收入是肯定能带来边际利润的业务点及其组合的收入。业务点就是各产品、客户、渠道（区域）。固定收入是不随环境变化，能稳定、长期得到的业务收入，财务底线是固定收入带来的边际利润能超过固定成本费用。这一步的具体要求是固定收入来源能锁定，且固定收入模式能复制。许多企业亏损的原因，是销售预算都是“预计”，“预计”意味着意向，有很多不确定性。销售预算应该是“锁定”，就是肯定能达到的预算。组合的原则有四个。一是能增值。各业务点都能产生足够的边际利润，不会因为增加了这个业务点的边际利润而减少了那个业务点的边际利润。二是能协同。各业务点间有协同关系，用最少的成本费用增加固定收入。三是有长短期战略安排。有的满足短期需求，有的满足长期需求。四是风险控制。平衡数量、价格、需求之间的关系，不会带来经营风险或风险可承受。

设计投资财务模型，让业务“盈”在起跑线上。边际利润的妙处，在于它打通了损益表和资产负债表的联系。边际利润损益表中有变动成本费用和固定成本费用。资产负债表中有流动资产和固定资产，我们会惊奇地发现流动资产会产生变动成本费用，它的多少会改变边际利润；固定资产会产生固定成本费用，它的多少会影响盈亏平衡点和经营利润。资产负债表和损益表存在清晰的钩稽关系，资产结构和数额的设计会影响损益表。明白了这个道理，我们在投资之前，就要做好资产结构设计，特别是固定资产设计，构建好投资财务模型，从“基因”上设计企业的盈利模式，从而“盈”在起跑线上。

从采销两端调整资产负债结构，改善现金流。再进一步，我们又惊奇地发现边际利润、流动资产、流动负债与现金流存在钩稽关系。首先是流动资产和流动负债的联系。流动资产主要看应收账款和预付账款。流动负债主要看应付账款和预收账款。我们再来看业务，业务的两端一端是销售，一端是采购。在销售端，收款方式的不同会产生预收账款或应收账款，都有个“收”字。在采购端，付款方式的不同会产生应付账款或预付账款，都有个“付”字。我们知道，流动资产－流动负债＝营运资本，通过采销两端收支方式的改变，多产生预收账款、应付账款，少产生应收账款、预付账款，就会减少营运资本，减少对自有资金的占用，巧妙地利用上下游的资金运营。再加上提高边际利润，降低库存水平，就能有效改善和提升现金流水平。

构建战略订量和次数，提高周转效率。边际利润的基本逻辑是“量、本、利”，首先是“数量”。从最低起订量、经济订量逐级提升到战略订量。最低起订量是满足经营的最少数量要求，经济订量是满足经营的最优成本数量要求，而战略订量是要完成战略目标的数量要求。战略订量 × 周转次数 = 固定收入，锁定固定收入就是要锁定每一个业务点的战略订量和周转次数，这构筑了我们开发可做预算的业务的基本单位。锁定每一个业务的战略订量，明确价格、时间、边际利润、预收账款、应付账款、库存、应收账款、预付账款、周转次数，就形成了我们的基础商业模式。它可以算出单个业务的现金流、ROI（投资收益率），特别是每个业务的周转效率。它既是我们制定战略、全面预算的基础，也是开发战略渠道、战略客户的标准，更是供应链谈判以实现系统低成本的砝码。

建模：“边际利润财务运营模型”

由边际利润这个锚点出发，我们可以建立一个财务运营模型。该模型包含目标、业务、资产、负债、效益、效率、现金流7大类。简单而言，它包含产品、客户、渠道、数量、价格、时间、收入、成本、费用、利润、周转、回报12个要素。详细而言，它包含产品、客户、渠道、数量、价格、时间、收入、变费（变动成本费用）、边贡（边际利润）、固费（固定成本费用）、净利（净利润）、周转、回报、存货、应收账款、预付账款、应付账款、预收账款、固定资产、现金流、权益（所有者权益）共21个要素。它们有非常明确的钩稽关系，构建起整体运营管理逻辑和框架。

如图 0-1 所示，首先是目标，我们要进行愿景式设想，我们要干什么，我们要做成什么样。然后是业务设计，产品、客户、渠道、数量、价格、时间，形成我们目标落地的销售规划。有了这个销售规划来锁定固定收入来源，我们还要进行资产、负债、权益的结构设计。比如，钱从哪里来，哪些是股东出的，哪些是借的；资金投到了哪里，流动资产的资金、存货、应收账款、预付账款，固定资产的土地、厂房、设备，形成了投资资产结构。流动资产会产生变动成本费用，固定资产会产生固定成本费用，我们再结合销售规划和投资资产结构，设计边际利润损益表。收入和资产的比例，产生了效率指标，如总资产周转、固定资产周转、流动资产（特别是库存和应收账款）周转。流动资产、流动负债、边际利润、资产周转又产生了边际现金流指标，所有业务边际现金流入减去所有固定现金流出就是我们的现金流净值。最后，用效益乘以效率得出 ROE（净资产收益率）。

这个边际利润财务运营模型能起到以下三个作用。

一是打通管理思维的逻辑。企业管理思维就是从企业使命、经营目标、战略规划、资源配置、运营管理到考核评价构建的一个整体。我们会发现，逻辑里的每一步背后都体现着无处不在的企业文化，也都在计算产品、客户、渠道、数量、价格、时间、收入、成本、费用、利润、周转、回报等财务运营指标。就拿相对概括一些的使命来讲，许多企业讲“使股东、客户、员工价值

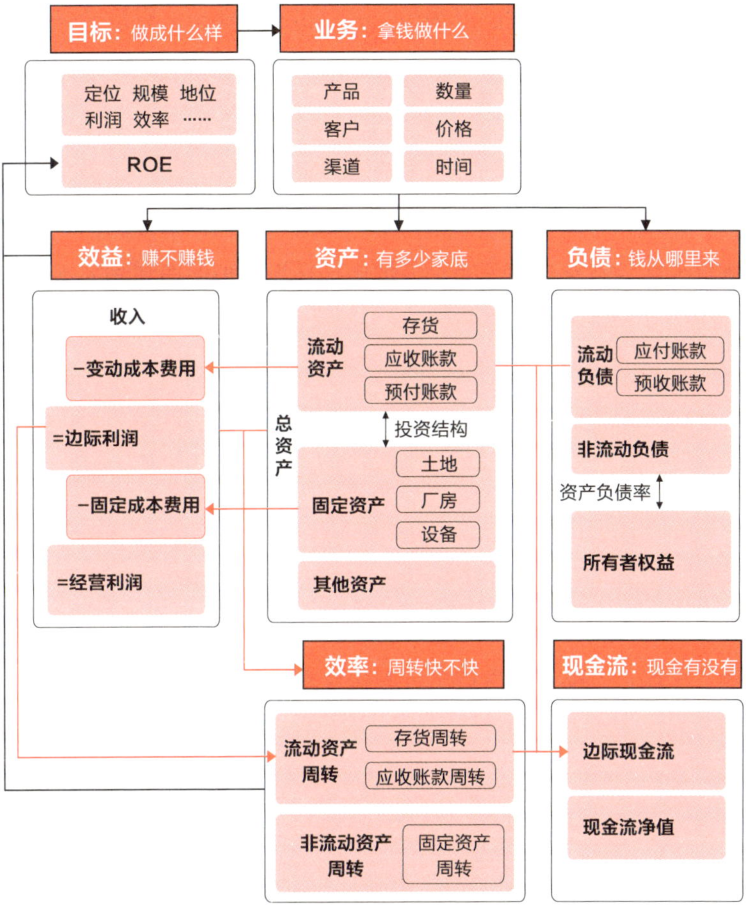

图 0-1　边际利润财务运营模型

最大化”，其实还应考虑社会、银行、供应商、合作伙伴等的价值最大化。价值最大化就体现在价格体系和边际利润损益表的设计中，利用它们，可以梳理整个业务链条的商业模式，分配各利益相关方的价值。理清从经销商、分销商、售点直到消费者，每一个销售环节的出厂价、经销价、分销价、零售价，以及价格和各段收益是多少。理清从半成品、原料、辅料到初级农矿产品，每一个采购环节采购价格和各段收益是多少。

算账过程又体现了企业的所有管理思想、管理逻辑、管理动作。比如，企业的商业模式是快速周转。具体指标就是，应收账款天数为 1 天或者没有，任何市场环境下确保净利润率不低于 10%，总资产周转率不低于 2 次。具体动作就是采购，先货后款，账期 90 天；生产端，以销定产，价格比竞争对手低；销售端，先款后货，款到下订单生产。

二是理清财务指标间的关系。我们用一个边际利润财务运营模型理清分散在三张财务报表中的各指标间的钩稽关系，形成整体认知。我们可以搞清楚一个指标变化是如何在单个财务报表内、跨财务报表间影响其他指标，并进而影响整个企业目标的。比如：价格、经济订量、周转次数与固定收入之间是什么关系？为什么不能只讲营业收入，也不能只讲利润，要收入、效率、效益、现金流、资产、负债一起讲？边际利润率、固定成本费用与盈亏平衡点有什么关系？怎么通过锁定固定收入来实现不亏本或盈利？固定资产与固定成本费用有什么关系，流动资产与变动成本费用有什么关系，它们的结构和数量是怎么影响盈利的？流动资产与流动负债，库存、应收账款、预付账款与预收账款、应付账款是怎么影响营运资本，从而影响现金流的？怎样设计流动资产和固定资产，特别是库存和应收账款来提升周转效率？为什么利润率低但周转快的业务回报率会高？等等。

三是建立持续改善的工作方法。对管理者来说，要开展动态运营管理。首先是预算管理。用边际利润财务运营模型来分解战略和目标，以战略为导向，由上而下、由下而上，形成全面预算报告；强调对业务的思考过程，增强经理人对市场的判断以及对业务的掌控能力。其次是运营分析。不断细分产品、客户、渠道、数量、价格、时间，查找收入、成本、费用、利润、周转、回报，比战略、比历史、比预算、比行业、比标杆，对照计划看执行。再次是运营管理。根据偏差明确问题，分析问题成因，制订解决方案，确定行动计划，执行跟踪计划，再进行下一周期的运营分析，评估结果和新问题。最后是考核。将预算和标准逐级分解到各部门和人员，要保证目标统一和上下一致，进行以预算完成为主，标杆、市场、历史分析为辅的业绩评价。

第一章

找盈点：
挖掘真实盈利“点”

简单而言，毛利润财务模型（毛利润 = 营业收入 - 直接成本）没有考虑变动成本费用对利润的影响，导致企业有毛利也可能亏损，做得越多亏损越多。边际利润财务运营模型（边际利润 = 营业收入 - 变动成本费用）的好处，就是它把所有随销售额增长而增长的成本费用全部统计在内，只要边际利润为正，就保证每一个业务都是盈利的，而且做得越多盈利越大。当各业务的边际利润之和覆盖了公司的固定成本费用时，公司就开始盈利了。

这样，我们按边际利润做的预算，控降的固定成本费用就会准确。边际利润的预算与实际相符，我们的边际利润财务运营模型就真正发挥了作用。边际利润覆盖了固定成本费用，我们就能存活、能盈利，下一步就是模式复制和扩张了。

边际利润率：挖掘盈利点的关键

T 总公司是一个多元化企业，从事咖啡、可可豆、木材、松香、饲料、皮毛等商品进出口贸易。经过一系列资产重组、投资并购、架构调整，它将业务逐步聚焦，在商业模式上正在由传统贸易型企业向品牌实业型企业转型。

作为一个多元化公司，长期以来，T 总公司内部各业务之间关联性不强，产品种类繁多，跨越领域很广，产品的品类太散、规模太小，从皮毛到木材，从咖啡到菌菇等，包罗万象，这种业务分散状态不利于企业形成核心竞争力。上级控股股东提出，T 总公司必须在现有业务中找到一两个真正有市场潜力和竞争潜力的战略业务，集中全力去发展。

新任总经理王总赴任后，针对上述问题，经过一年从财务分析、运营分析、战略分析到战略规划的过程，明确了 T 总公司的发展思路是聚焦天然资源食品，在资源控制、技术研发、渠道控制以及品牌上构建起核心竞争力，打造“八可”（可增长、可持续、可盈利、可竞争、可管理、可执行、可考核、可量化）商业模式。在规划上，第一年主要是“夯基础，建体系”，第二年着力在“提升运营效率、提高净利润”上下功夫。

他认为T总公司应由传统贸易型向品牌实业型企业转型。经营环节由贸易环节转变为从采购、生产到销售的全环节，承担的责任由单证风险转变为全经营领域的风险。企业的竞争力由许可证和配额转变为资源、渠道、技术和品牌。人员的专业能力由外语和单证向实业型企业经营管理的系统能力和方法转型。企业必须围绕运营管理12要素——产品、客户、渠道、数量、价格、时间、收入、成本、费用、利润、周转、回报，从战略定位、商业模式、财务模型、资产结构、管理体系、资源配置等方面，开展“六个促进”：促进管控体系落地，促进经理人运营能力提升，促进销售渠道拓展，促进产品研发创新，促进运营效率提升，促进资产结构优化。

王总经过系统思考，根据T总公司的实际现状，确定要进行战略落地，先以边际利润财务运营模型为突破口。一般来说，企业分析盈利能力的指标是毛利率。在T总公司的一次运营分析会上，王总提出了一个问题：“我们有的产品品类平均毛利率达到了40%，超过了该品类行业35%的平均水平，但该品类中，有的SKU毛利率为45%，有的SKU毛利率为27%，我们确定毛利率的依据是什么？”

一位经理人回答，公司开发的所有新品，都有一个研发表格，大家按照表格维度，商议确定毛利率，包括产品定位是什么，是常规性、季节性产品还是促销性产品，面对的消费者是谁，等等。

一是成本加权法，公司对产品毛利率有一个最基本的要求。二是按照毛利率基本要求，一般是综合毛利率不低于 40%，测算出产品价格。三是把产品价格拿到市场上跟竞品比较。在成本加权法的基础上，针对与竞品价格的差异，用市场竞争法调整。一般来说，价格不高于竞品，那么这个产品就可以做了。如果价格低于竞品较多，那么就调高毛利率。

王总说："依据有很多，但最核心或者最基础的依据是什么？归根结底，我们确定毛利率的核心依据是企业整体盈不盈利。第一，能不能盈利。第二，能不能盈更多利。第三，能不能持续盈利。没有任何一个环节，可以离开企业整体盈利来设计。所以，我们确定价格也好，确定毛利率也好，通过产品定位，找客户、找渠道，使用成本加权法等一系列动作，最终都是为了实现盈利，一定要让这个理念根深蒂固。

"一切思路、方法、工具、行动都是为了实现盈利。我们明确了盈利这个最终目标，再从盈利出发，说说如何保证盈利。我们以前分析盈利能力的指标是毛利率，现在我们要使用边际利润核算方法，重点分析边际利润率，而不是毛利率。不是说毛利率指标本身有问题，而是我们的管理能力还没有达到。

"许多管理先进的企业也使用毛利率。一是它们的产品、客户、渠道等，特别是产品相对统一。二是它们不单独谈毛利率，而是联系背后的商业模式谈。比如，要达到营收 10 亿元、净利润 1 亿元、ROIC（投入资本收益率）20% 的经营目标，就要设计商业模式，制订财务模型和控制标准，成本不能超过 70%，三费率不能超过 20%，总资产周转 3 次，应收账款周转天数 1 天，存货周转天数 30 天，等等。按照这个财务模型及控制标准进行管理，就能达成经营目标。打开财务模型时会有几百项 KPI（关键绩效指标），指标展开越细，管理精细度越高。在这样的管理体系里，只说毛利率一个指标，成本、费用、利润等指标也都会呈现在管理者的脑海里。因为三费率等指标都是卡死的。比如，一说毛利率 30%，三费率卡死税前不能超过 20%，那么净利率就是 10%。

“我们则不是，我们一说毛利率，背后缺失的东西太多。比如，之前有一家经营单位说其产品毛利率高，达到 46%。这个毛利率水平相当高，但是满表看不到三费率。我就问，三费率是多少。这家经营单位的负责人说，不知道，得回去算一下。过了两天，他说三费率达到 64%。表面看，毛利率这么高的业务，实际是亏损的。那么我们就得换个方法，不能用毛利率了，因为毛利率反映不了真实的盈利情况。我们在定毛利率时，有的产品 40%，有的产品 20%，但三费率不同，毛利率 20% 的产品可能比 40% 的产品盈利高。

“也许有人会问，我们用经营利润指标行不行？营业收入减去直接成本就是毛利润，毛利润减去所有销售、管理、财务费用是经营利润。我们会发现用经营利润只能分析公司总体，因为不是每一项成本费用都能细分到每一个产品、客户、渠道（区域），对于像我们这样一家多产品、多客户、多渠道（区域）的公司来说，就没法分析哪些产品、客户、渠道（区域）是盈利的，哪些是不盈利的。这个时候就需要边际利润财务运营模型了。边际利润财务运营模型将成本费用分为变动和固定。变动成本费用是随着业务变化而变化的，可以细分到每个产品、客户、渠道（区域）。固定成本费用是无论业务是否变化都会产生的成本费用，更多是公司整体的成本费用，比如人工、租金、固定资产的折旧和摊销等。”

管理的真谛是打开、细分、深挖。亏损企业，不代表所有业务不盈利，肯定有盈利的产品、客户、渠道（区域）藏在里面。需要我们打开，把它们找出来，并发展起来。同时把亏损的业务砍掉。只有这样才能实现从业务到产品的聚焦。

第一步，要求保证有边际利润。逐项逐个地打开产品、客户、渠道（区域），计算边际利润是否为正。保留边际利润为正的，淘汰边际利润为负的。当然，是保留还是淘汰，还要从边际利润率、销售增长率、销售规模进行综合梳理分析。

第二步，不断提升盈利能力。再加入经济订量和最低销售量的要求，让每一个产品、客户、渠道（区域）细项能超过盈亏平衡点，多超过盈亏平衡点，不断提升盈利能力。所有的产品、客户、渠道（区域）的边际利润相加能覆盖公司的固定成本费用，就能让实际经营利润为正。

第三步，不断提升运营管理水平。基于边际利润财务运营模型，从业务规划开始，设计投资模型、运营管理模型及其控制标准。通过对 300~400 个 KPI 的层层分解、分级管理、体系管控，提升运营管理水平，保障经营目标的达成。

追踪负责人：落实每笔成本费用

打开、细分、深挖，找到真实的盈利点。一方面是从数量、价格、时间三方面算营业收入，另一方面就是统计清楚变动成本费用。虽然随着销售收入变化而变化的成本费用都是变动成本费用，但在实际操作中还是有许多不好把握的条目，不知道记到哪里。要真正发挥边际利润财务运营模型的作用，首先就要理清哪些是变动成本费用，哪些是固定成本费用。其背后企业管理的实质，是有没有业务线的负责人来负责整个链条，特别是整个链条中的变动成本费用。

从企业考核评价的角度来说，公司各业务部门的经理都会给自己多算收入、收益，而尽量往外推成本费用。那些界定不清的成本费用，最终就全算到了公司整体的固定成本费用里。算到固定成本费用里，就相当于除了公司总经理，没有人负责的成本费用，这是企业亏损最大的源头。按照边际利润财务运营模型进行梳理的好处，就是找到每笔成本费用的负责人。我们应该把每一个业务点，从销售、生产、采购、研发、仓储、物流等各个环节打通，按照一条业务线进行整体的变动成本费用分析，而不应在各环节分别分析。

比如，做一个产品，我们要把设计、打样、试车、制版、样品、损耗、审核、运费、检测费、差旅费等应摊费用都摊上，这些都是我们做产品经常忽略的费用。销售部门不认为这是他们的费用，这事归产品研发部门管。产品研发部门把它们都放到研发费用里，记到了公司整体的账上。这就造成没有人为整个产品链条负责。这样做的坏处是，做新品可能把公司做死，因为没人对产品的整体盈利负责。

有这么一家品牌产品公司，它的一个产品设计得了大奖，研发部门拿着奖状跑到总经理办公室，跟总经理说这个设计大奖有多么厉害。总经理看了很高兴，问：“这个产品出来多久了？”研发说：“有一年了。”总经理说：“有一年了？怎么没在前 20 个 SKU 里看到这个产品？”研发笑着说：“刚出来，还在推广。”总经理说：“一年了，不短了啊。”总经理就把销售叫来问：“这个产品卖得怎么样？”销售说：“有 10 万元吧。”总经理问：“10 万元的边际利润吗？”销售说：“10 万元的收入。”总经理问：“得这么大的奖，就 10 万元收入？”销售说：“就 10 万元，不过也不亏，毛利有 3 万元。”总经理心想，得这么大的奖，这个设计费不便宜吧，就问研发：“设计费是多少？”研发说：“设计费 5 万元，都在预算内。”总经理看着他们纯真的笑脸，瞬间傻眼了。销售仿佛在说，别看没卖多少钱，没赔还挣了点。研发仿佛在说，我们在预算内搞出了一个大奖。

按这个表象，总经理还得给两个部门发奖。但与其说公司的产品得了设计大奖，不如说公司出钱让设计公司得了大奖，受众好像只记住了设计公司。总经理按产品线的边际利润一算，这个产品项目卖了 10 万元，毛利 3 万元，包装费、设计费，再加上其他应摊变动费用共 6 万元，实际边际利润是负的。市场部人员对总经理说：“这样算边际利润不对，因为产品才卖一年，包装费、设计费 5 万元应该摊到几年里才对。”总经理说：“所有的应摊费用不仅应在第一年分摊完，而且必须在第一批就分摊完，并且第一批产品至少要盈亏平衡才行。”

以总经理的经验，首批能覆盖应摊费用达到盈亏平衡的产品，肯定卖得不错，很有可能成为大单品，反之都是失败的产品。另一个经验就是，10 个 SKU 能有 1 个持续订货，10 个持续订货的

SKU 能成功 1 个就不错了。以负边际利润做产品的模式对公司来说是致命的。一是公司动不动就想开发新品，没有门槛。二是公司错把毛利当标准，以为盈利，实为亏损。三是公司各部门没有心往一处想、劲往一处使。“获奖重要吗？我们需要的是盈利。”

总经理又仔细查了查，发现销售部门和研发部门在做预算的时候，一些费用就没有分配好。销售部门做预算的时候就考虑了收入、毛利、营销费用，没有考虑产品的应摊变动费用。研发部门做预算的时候按公司全年 3 亿元营业收入的 3% 计提的研发市场费用大盘子 900 万元。做新品一方面是边际利润为负，另一方面是研发部门还总为 900 万元没全花出去而犯愁。

另外，这个产品符合经济订量吗？果不其然，10 万元收入，单价 500 元，只卖了 200 套，工厂一个批次做出了 1000 套，还有 800 套成品在库房里，保质期 18 个月，就剩下 6 个月了，总经理的后背直发凉。总经理立即召开会议，把毛利率换成边际利润率，所有中台、前台费用全部分摊进产品线的变动成本费用。这笔费用不记在研发部门的预算里，要记在销售部门的预算里，但由研发部门统筹，要考核产品线的边际利润，销售和研发都要为产品负责。总经理还确立了几条产品研发原则。一是必须把所有与产品研发有关的费用算全，不能缺项落项，全部记入产品变动费用，算清边际利润。二是所有的投入能被第一批订单的利润覆盖，要么提高价格，要么提高订量。三是如果覆盖不掉，就得找到经销商兜底，让他们承担没覆盖掉的应摊变动费用。

研发经理跟公司总经理反映，他们估算了一下，按照这个标准，大部分产品达不到经济订量一批 20 万元就不能做。总经理说太好了，效果达到了，现在都要求实现大单品战略，就是 SKU 年规模要分别达到 1000 万元、3000 万元、5000 万元、1 亿元、10 亿元的目标。其实一个 SKU 每批 20 万元的订量真的不高。一家公司的总经理就说，他们有个产品达到了 8000 万元 / 年的规模。模式非常好，销售先款后货 1 个月，采购先货后款 2 个月。经济订量 20 万元 / 批，实际是 200 万元 / 批，10 倍于经济订量，都达到战略订量的水平了。主要是每月 2 批，全年销售 10 个月共 20 批，边际利润率达到 15%。他们去工厂、包材厂，老板都热情得不得了，每年年底主动要求降价，因为他们的订单量大且稳定。各部门同事也很高兴，可以围绕这个单品做深，不用东一榔头西一棒槌，整个公司都呈现出不一样的状态。

研发部门也会说，这么严苛的要求，没法做新品啊。哪儿有一个新品出来就确定满足这种量的需求的呢？其实并不难，一是为什么要生产出来一批货再去卖？为什么不先出图、出介绍、出样品，征集了订单再生产？二是如果一个新品要上市连经济订量都凑不足，又何苦上市呢？三是摸索期的产品，我们用不用花设计费 5 万元、打样费 5 万元、样品费 5 万元……没个三四十万元费用就不叫开发了，我们能不能在没把握时先小投入，试市场，有了量的保证，再多花钱做升级呢？我们可以分步走。

筛选业务点：三个维度进行分析

T 总公司首先从产品角度开始，组织各业务团队用边际利润财务运营模型进行分析（见表 1-1）。之所以从产品开始，是因为当时 T 总公司的 SKU 实在太多了。用边际利润财务运营模型梳理产品的逻辑思路分为五步：一是明确单位，二是建立模型，三是分析整理，四是选择判断，五是付诸行动。

表 1-1　边际利润财务运营模型

公司名称		产品类别 1			产品类别 2			
单位：万元		A 产品	B 产品	C 产品	X 产品	Y 产品	Z 产品	×× 产品
收入	渠道 A	1000	1000	1000	1000	1000	500	
	渠道 B	1000	1000	1000	1000	1000	500	
	渠道 C	1000	1000	1000	1000	1000	500	
	渠道 D	1000	1000	1000	1000	1000	500	
	……							
	合计	4000	4000	4000	4000	4000	2000	
变动成本费用	项目 1	500	750	750	800	800	450	
	项目 2	500	750	750	800	800	450	
	项目 3	500	750	750	800	800	450	
	项目 4	500	750	750	800	800	450	
	……							
	合计	2000	3000	3000	3200	3200	1800	
边际贡献		2000	1000	1000	800	800	200	
边际贡献率		50%	25%	25%	20%	20%	10%	
固定成本费用	项目 1	1000						
	项目 2	1000						
	项目 3	1000						
	项目 4	1000						
	……							
合计		4000						
累计利润（累计边际贡献 – 固定成本费用）		–2000	–1000	此时达到盈亏平衡 0	800	1600	1800	
投入资本收益率		假设 ROIC=10% 时投入资本成本 =1600						

续表

公司名称	产品类别 1			产品类别 2			
单位：万元	A 产品	B 产品	C 产品	X 产品	Y 产品	Z 产品	×× 产品
累计利润（累计边际贡献－固定成本费用－投入资本成本）	−3600	−2600	−1600	−800	0（假设ROIC=10%时的利润）	200	
员工要求回报	假设员工要求回报为 200						
累计利润（累计边际贡献－固定成本费用－投入资本成本－员工要求回报）	−3800	−2800	−1800	−1000	−200	0（达到员工要求回报的利润）	
销售收入增长率（气泡图使用）							

第一步：明确单位，尽量打开、细分、深挖

可以从产品、客户、渠道（区域）三个维度进行分析。从产品维度进行分析，将产品按类别进行归集，梳理每个类别涵盖的所有 SKU。一个也不能落，凡是有独立条码的产品都要涵盖进来。爱偷懒是许多团队的习惯，能算到“军”不算到“师”，能算到“师”不算到“团”。就像“支部建在连上”一样，我们必须把边际利润算到最小销售单位 SKU 上，这样才能知道最详细的情况。有人说，一款产品有 100 克、500 克、1000 克等各种规格，就算到每一个规格，只要有条码就是一个最小销售单位。还有人说，有些是客户订制的一锤子买卖，也得算。一锤子买卖经常是赚了毛利，亏了边际利润，然后按照销量大小的顺序，逐一进行分析。

第二步：建立模型，构建边际利润财务运营模型

计算、归集与某一 SKU 相关的所有变动成本费用，并根据

“边际利润 = 营业收入 - 变动成本费用”的公式计算其边际利润，然后除以营业收入得出边际利润率。什么是变动成本费用？笔者觉得核心界限是涉及前台（销售部）、中台（市场部、产品部、供应链部、质量安全部等）的成本费用都是变动成本费用。这涉及分摊原则的问题，在现实中，有按数量、收入、利润、人头等进行分摊的，要具体问题具体分析。按照应摊尽摊原则，摊到产品、客户、渠道（区域）后，我们对定价标准、开发产品标准的要求都会提高，这有利于产品聚焦。

第三步：分析整理，按照利润、数量、速度三维度进行排序

根据边际利润财务运营模型分品类计算出其涵盖的所有 SKU 的边际利润，按边际利润的大小进行排序，一般正常企业可能会呈现“二八分布”或者“橄榄球分布”。“二八分布”是指企业 20% 的产品贡献了 80% 的边际利润，对这部分产品应进行梳理并予以保护和发展。另外，有些企业的产品呈现“橄榄球分布”，边际利润高和边际利润低的产品处于橄榄球的两端，数量不多，大部分产品集中在中部。企业应该根据自身的产品特点，运用“二八分布”和“橄榄球分布”模型优化产品结构。

根据产品的边际利润率、销售收入增长率和销售收入绝对值，构建产品力分析气泡图。假设 A、B、C、D、E、F 六种产品的相关指标如表 1-2 所示。

表 1-2　六种产品的相关指标

产品名称	边际利润率	销售收入增长率	本期销售收入（单位：万元）
A	50%	10%	1000
B	40%	20%	400
C	25%	30%	800
D	20%	-20%	300
E	-10%	5%	200
F	-15%	-15%	100

根据表 1-2 中的数据绘制产品力分析气泡图（见图 1-1）。

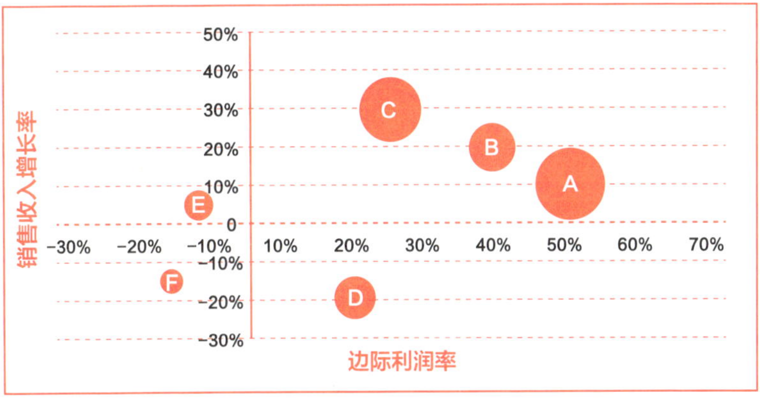

图 1-1　产品力分析气泡图

第四步：选择判断，分四象限进行判断

根据前三步整理出来的产品力分析气泡图，能够很直观地看出每种产品的情况，图中球体的大小由产品销售收入的大小决定。根据此分析图，可以得出以下基本判断。

第一象限：边际利润率为正，销售收入增长率为正。处于此象限的产品，应该继续推进增长，扩大销售收入，并加以保护和发展，特别是销售规模大、边际利润高的产品。

第二象限：边际利润率为负，销售收入增长率为正。处于此象限的产品，销售越多，损失越大，应综合分析边际利润为负的原因，若能剔除战略目的、竞争策略等因素，可采取两种方案：一是停止销售，进入产品淘汰流程，减少该类产品对产能和销售资源的占用；二是进行产品升级，使其边际利润率转正，比如随着销量增长，重新谈判采购成本，使其向第一象限发展。

第三象限：边际利润率为负，销售收入增长率为负。处于此象限的产品，基本已处于赔本且销售萎缩的状态，应直接进入淘汰流程，停止销售。

第四象限：边际利润率为正，销售收入增长率为负。处于此象限的产品，应该进一步扩大销售，使其向第一象限发展。要特别关注此类产品经济订量的要求，因为每批的数量一旦低于经济订量，变动成本就不准了，因为变动成本一般都是按照满足经济订量需求的情况测算的，如果达不到，供应商肯定会涨价，这样此类产品的边际利润率是否为正就要重新测算了。

第五步：付诸行动

运用边际利润财务运营模型及产品力分析气泡图分析得出结论后，结合战略、生产、市场等方面的因素，对不同的产品采取不同的措施，原则上公司所有产品都应有正的边际利润，没有边际利润或边际利润为负的产品要想办法尽快提升边际利润。如果没有改善空间，就要考虑进行产品淘汰。产品的淘汰除了要有毛利标准，还要有边际利润标准和市场标准。产能安排上，原则上先排产边际利润高、销售收入高的产品，尽量让边际利润低、销售收入低的产品少占用有限的产能，以此为标准进行产品生产组合，设计经济订量批次，实现公司价值最大化。

这种分析方法不仅可用于对旧品的梳理，也可用于新品研发。在进行新品研发时，应按照边际利润财务运营模型设定标准，正确引导产品研发与管理，不仅分析产品，也分析客户、渠道（区域）等。

实践案例：用边际利润模型挖掘盈利

S 公司是一家传统外贸企业（隶属于 T 总公司）。2005 年以来，S 公司开始谋求从传统贸易型企业向品牌食品型企业转型。综合公司的内外部环境分析，资源掌控，及自身条件的考虑，公司明确了发展战略——“立足天然原料进口，打造健康食品品牌”。公司业务分为原料贸易业务和“S”品牌业务，“S”品牌业务第一阶段的目标是达到每年 3000 万元销售收入。

为了快速推出适合零售终端销售的品牌产品，公司在不到一年的时间内初步建立了以下基本模式：以构建“S”天然食品品牌为主线，将品质优于国内市场同类产品的食品原料，通过委托加工形成可供零售的预包装食品，在国内市场销售。从 2007 年开始，“S”品牌产品试探进入北京的商超系统，团购渠道规模逐渐扩大，与各地经销商也开始有了合作。

一、毛利高为什么不盈利

经过三年摸索，“S”品牌业务收入逐年增加。2007 年 136 万元，2008 年 274 万元，2009 年 616 万元，2010 年 1—6 月已完成 344 万元。经过测算，2010 年 1—6 月，“S”品牌产品的平均毛利率为 33.90%，远远超过原料贸易业务的毛利率水平，同比数据也较好（见表 1-3）。2010 年 7 月初，财务报告中的数据仍不尽如人意，当期还是处于亏损状态。由于该食品业务部门既做“S”品牌小包装业务，也做食品原料国内销售业务，故一起进行了统计。

表 1-3　S 公司品牌食品业务 2010 年 1—6 月主要经营数据

（单位：万元）

项目	2010 年 1-6 月	2009 年 1-6 月	同比增减
营业收入	413.96	376.67	10%
其中：食品原料	70.38	150.73	-53%
“S”品牌小包装	343.58	225.94	52%
营业成本	295.61	280.39	5%
其中：食品原料	68.50	144.55	-53%
“S”品牌小包装	227.11	135.84	67%
毛利	118.35	96.28	23%
其中：食品原料	1.88	6.18	-70%
“S”品牌小包装	116.47	90.10	29%
毛利率	28.59%	25.56%	12%
其中：食品原料	2.67%	4.10%	-35%
“S”品牌小包装	33.90%	39.88%	-15%

续表

项目	2010 年 1–6 月	2009 年 1–6 月	同比增减
销售费用	112.93	124.85	—
管理费用	18.68	27.13	—
分摊费用	7.87	—	—
费用小计	139.48	151.98	–8%
经营利润	–21.13	–55.70	62%
财务费用	3.21	2.98	8%
营业利润	–24.34	–58.68	59%

面对这样的经营结果，管理团队倍感压力：在营业收入逐年增长的情形下，品牌业务何时能够实现盈利？如何正确评价相关业务部门的绩效，并制定相应的激励措施？如何评估不同渠道的价值，并制定相应的营销策略？

二、起点：边际利润

随着 T 总公司“产品梳理边际利润财务运营模型”的深入推进，围绕业务转型发展和专业化能力提升，S 公司的科学管理、精细管理水平不断提高。各级经理人深入业务一线，组织专题汇报和研讨，走访销售终端和生产现场，团队一起剖析业务存在的问题，找到解决方案并付诸实施。在这一过程中，各级团队一把手亲自导入边际利润财务运营模型，并应用于 S 公司的运营管理体系，与之相关的量本利分析、盈亏平衡分析等工具也开始被逐步学习和使用。

S 公司的业务种类大致分为两类：原料国际贸易业务和品牌

业务。这里重点分析品牌业务。沿袭原有的财务报告系统，两类业务的盈亏情况依照基于毛利率的损益表项目完成，财务数据主要包括收入、成本、毛利、三项费用、营业利润、净利润等。这样的结果能够大致反映各项业务（部门）的经营结果，但是由于业务规模相差悬殊，且对于费用项目的归集和分摊方法相对笼统，无法给管理团队的判断和决策提供直接帮助。解决的办法从测算边际利润开始，并逐步进行品牌业务自身的盈亏平衡分析和渠道终端的边际利润分析。

三、品牌业务盈亏平衡分析

该项分析的目的是对品牌业务当前对公司盈利的贡献做出客观评价，预测业务达到盈亏平衡点的销售收入和规模，结合预算的制定，系统科学地制订商业计划。

（一）测算的步骤

1. 收入的确定："S"品牌业务销售多采用现款现货或者先款后货的结算方式，以稳健的原则为指导，收入的界定以财务部开出发票为核算标准。由此统计获得当期收入为 483.66 万元。

2. 产品变动成本的确定：在自采原料、委托加工的方式下，"S"品牌产品的变动成本主要包括原料成本、包装物料、加工费用、运输费用、检测费用等。以"S"品牌的A产品为例（见表 1-4），单位变动成本为 32.21 元 / 瓶。在获得各品种单位变动成本的基础上，根据各品种实际销售数量可以计算出产品总变动成本为 319.14 万元。

表 1-4 “S”品牌产品单位变动成本构成

（元 / 瓶）

项目	A 产品
原料（含损耗）	27.70
包材辅料	2.31
OEM（定牌生产）加工费	1.50
采购物流运费	0.50
检测费用	0.20
合计	32.21

3. 变动费用的测算：变动费用根据与品牌业务的相关性进行归集和统计，尽量做到不遗漏、不多摊。包括变动销售费用 39.18 万元，主要来自商超渠道费用（包括进店费、合同费、条码费、促销费、折扣返利等），再加上运费 12.03 万元，当期变动费用合计 51.21 万元。根据上述数据，可以计算出当期“S”品牌业务的边际利润为 113.31 万元，边际利润率为 23.43%（见表 1-5）。

表 1-5 “S”业务 2010 年 1—9 月边际利润

（单位：万元）

项目	金额	比例
销售收入	483.66	100.00%
产品成本	319.14	65.98%
毛利	164.52	34.02%
变动费用	51.21	10.59%
边际利润	113.31	23.43%

4. 固定费用的测算：根据公司现阶段情况，将固定费用分成直接费用和分摊费用两部分（见表 1-6）。现阶段，承担品牌业务经营活动的业务团队为营销部和 A 产品部两个部门。直接费用主要包括与品牌业务团队人员直接相关的管理费用 287.19 万元（工资福利、差旅费、办公费、房租物业费、开办费摊销、员工餐费、折旧、网络费用等）和财务费用（资金占用利息）。分摊费用为 132.84 万元：公司总部和职能部门发生的费用合计 236.16 万元，按照业务部门对相关资源占用的比例进行分摊。由于该部分费用主要项目是房租物业费和管理人员工资福利，因此，分摊的依据是品牌业务所占办公区的工位数比例。经过测算，2010 年全年“S”品牌业务应当承担的固定费用约为 420.03 万元。

表 1-6　S 公司 2010 年全年固定费用预测与分配

（单位：万元）

费用类别		营销部	A 产品部	SYJ 产品部	综合业务部	合计
员工数量（人）		18	7	3	4	32
工位数量（个）		3	6	3	4	16
直接费用	工资福利	134.50	106.07	39.43	75.15	355.15
管理费用		15.54	31.08	15.54	20.72	82.88
分摊费用		44.28	88.56	44.28	59.04	236.16
合计		194.32	225.71	99.25	154.91	674.19

上述费用分解的方法，不一定完全符合管理会计理论，但是

充分考虑了S公司现阶段的特点：在转型初期，暂不考虑固定资产投入和资本性支出；现有员工收入水平不能下降；传统贸易业务自身具备盈利能力和贸易融资能力。

5. 盈亏平衡点的预测：根据上述数据，假如品牌业务单独运营，按照现有23.43%的边际利润率以及每年420.03万元的固定费用，则可以计算出该项业务实现盈亏平衡的销售收入为420.03÷23.43%=1792.70万元。

（二）改进措施

通过对品牌业务盈亏平衡的分析，管理团队用定量分析法验证了“S”品牌业务对公司财务结果是有正边际利润的。但是，由于业务初创，现有规模的销售所带来的边际利润113.31万元，不足以弥补相关固定费用420.03万元。若固定费用水平维持不变，则完成1800万元的销售，可以达到盈亏平衡点。依据上述分析结果，结合预算制定，管理团队从以下两方面入手。

1. 对固定费用进行严格管控。为此，公司加强了费用控制管理手段。各部门在制定预算时，首先确定所有可能发生的费用项目，按照时间和业务推进计划，将预算费用分解到各项目中。在实际报销费用时，必须填写费用报销说明（见表1-7）。财务部在受理费用核报时，逐笔核定费用是否属预算内；如果超出当期预算，则须做出详细合理的说明。同时，财务部也将各部门每月发生的费用进行汇总统计，结合业务进展进行跟踪和内部通报。通过严格的费用预算和管理，可以使固定费用的发生最大限度地实现可预见、可管控。

表 1-7　S 公司费用报销说明

部门 :20____年__月__日

编号 :

费用项目		报销金额	预算内费用		预算外费用
预算内	预算外		年度预算	已用预算	
预算差异说明：					

2. 尽快提高收入，提高边际利润。当务之急是要对现有销售渠道进行分析，明确短期内可以迅速扩大边际利润总额的渠道，加大力量重点突破，逐步建立符合“八可”原则的业务模式，在最短时间内跨过业务的盈亏平衡点。对渠道和终端的边际利润分析随即展开。

四、渠道终端的边际利润分析

从渠道层级上看，“S”品牌产品属于多渠道的营销系统：既有通过经销商渠道进入商超终端的二级渠道，也有直营商超的一级渠道，更有团购和淘宝直营店这样的零级渠道。以运营管理的相似度划分，客户主要包括四类：以 KA（重要客户）商超、便利店为主的现代渠道客户（直营商超），以团购为主的单位渠道客户（团购），以天猫、淘宝、京东直营为主的网络在线渠道客户（电子商务），以礼赠福利渠道为代表的经销商客户。

财务数据显示，“S”业务的变动费用合计 51.21 万元，去除运费 12.03 万元，其他 39.18 万元主要来自商超渠道费用，主要包括进店费、合同首签费、条码费、节庆促销费、折扣返利等。其中进店费是公司单品要进入该商超系统所必须支付的费用，该费用金额较高，但只需支付一次；合同续签费涉及每年的供货合同的签订和续签，按年支付；条码费是每增加一个单品需要支付的费用，一次性支付，且每个商超系统有明确的 SKU 费用规定。促销费用和折扣返利的灵活性相对较大。总体来看，KA 商超的费用水平最高，而便利店和社区店相对较低。

根据上述情况，管理团队决定对直营商超的主要终端售点进行一次全面的盈利测算。在确定固定费用项目后，直营商超的变动费用从年度合同签订后开始，逐月将发生的每一笔费用归集到各个售点，所以数据的统计和整理工作从 2011 年 1 月正式开始。到 4 月初，各直营商超售点的边际利润均已测算获得。实际结果显示，直营商超以签约客户为单位测算，除了一家客户（仅拥有单个终端）因产品刚刚上架，收入尚未正常，其余各家的边际利润均为正数。但是，问题不仅仅如此简单，以 ×× 商超系统的数据为例（见表 1-8），整个系统的边际利润为正，为 5.95 万元，边际利润率为 29.26%。但是，在该系统中有 4 个终端边际利润出现了负值。

这个结果让管理团队感到警觉。尽管是系统整体签约，无法挑选单个终端退出，公司还是立即针对直营商超系统的管理提出了改善策略：导购费用必须与销售收入同比挂钩，必须考核导购的有效性；针对各个终端边际利润转正设定目标销售数据，并逐步分解到月度考核指标；等等。

特别是提出导购费必须与销售收入挂钩的要求后，各商超渠

表 1-8 “S”品牌产品 2011 年 1—3 月在 ×× 商超系统主要盈利数据汇总

（部分截取，单位：万元）

项目	合计	售点 1	售点 2	售点 3	售点 4	售点 5	售点 6	售点 7
营业收入	20.35	1.53	1.68	0.59	0.48	0.73	0.92	0.07
营业成本	9.70	0.79	0.88	0.29	0.21	0.37	0.44	0.03
毛利	10.65	0.73	0.81	0.30	0.27	0.36	0.48	0.04
毛利率	52.34%	48.18%	47.96%	51.00%	56.47%	49.29%	52.31%	52.22%
变动销售费用	4.59	0.11	0.06	0.54	0.52	0.83	0.44	0.43
其中：合同及导购费用	4.10	0.06	0.00	0.50	0.50	0.78	0.40	0.40
运费	0.31	0.04	0.04	0.03	0.01	0.04	0.03	0.03
检验费	0.18	0.01	0.01	0.01	0.00	0.01	0.01	0.00
变动管理费用	0.11	0.01	0.01	0.00	0.00	0.00	0.00	0.00
变动财务费用	0.00	0.00	0.00	0.00	0.00	0.00	0.00	0.00
边际利润	5.95	0.62	0.74	−0.24	−0.25	−0.47	0.04	−0.39
边际利润率	29.26%	40.72%	44.14%	−40.93%	−51.72%	−64.81%	4.06%	−560.99%

道售点的边际利润均转正了。还是以 × × 商超系统为例，营业收入从 20.35 万元增长到 25 万元，边际利润额从 5.95 万元增长到 8.75 万元，边际利润率从 29.26% 增长到 35%。

五、持续改进的结果

从 2010 年 6 月引入边际利润概念和盈亏平衡分析开始，S 公司团队全面梳理了各个费用项目，从利润点、渠道、产品等维度，对固定费用和变动费用进行了归集和匹配，初步形成了以边际利润作为决策依据的业务审核体系，建立了直营商超终端售点的财务模型。与此同时，在提升运营效率方面，团队也不断加强学习，改进了应收账款和库存管理流程，并利用现有的信息系统，提升了业务和财务的协同。管理水平的提升有力地促进了业务的发展。

最终品牌业务实现了盈利。这样的结果，给整个团队带来的，不仅仅是管理理念的变化和自身水平的提升，更使团队对未来的业务转型信心十足。与 S 公司同步，整个 T 总公司按边际利润财务运营模型开展了产品梳理工作。先是培训使用该模型，然后各业务团队进行梳理计算，并汇报产品发展计划。当时，T 总公司共梳理了 1500 多个 SKU，经过梳理和分析淘汰了 300 多个，淘汰率接近 20%。在此基础上，T 总公司还从客户、渠道、区域等维度进行了梳理。仅此工作就减少了 1 亿元的负边际利润，产生了 1 亿元的经营利润。其产品和业务进一步聚焦。

第二章

卡变率：
卡死变动成本费用“率”

对产品按照边际利润财务运营模型进行分析和筛选后，我们还要对其进行管理和改进。由于变动成本费用是随着销售收入增长而增长的成本费用，所以我们要严格按照“率”进行管理。一是设计各业务点变动成本费用率的标准，保证各业务点的边际利润率指标达成。二是严卡变动成本费用率，底线是不能超过这个“率”，在不牺牲质量和效率，以及长期发展所需的基础上，尽量控制这个“率”。在边际利润财务运营模型及其细化后的运营管理标准化控制表里，对变动成本费用也要不断打开、细分、深挖。

首先要解决管理的问题。不少公司都是销售管销售，采购管采购，生产管生产，公司整体情况财务来测算。财务能算数，但不懂业务，他们只能看出能不能满足财务模型的要求，但看不出市场行情是否合理。还是那条原则，就是一个链条统筹管理。有的公司把这个链条的管理放在了销售部，也有的专门成立了产品业务部，职责包括单业务点或几个相关业务点的研发、市场、生产等功能。不管是销售部还是业务部，都把研发、市场、销售、仓储、运输、生产、采购的全环节成本费用全部记入部门预算进行考核评价和管理，由该部负责人统筹全链条。

我们还是从产品维度来分析一下，做一个产品涉及多少变动成本费用，怎么进行卡控。

有效降本：三步严控直接成本

直接成本一般是变动成本费用里占比最大的部分，包括按照配方要求采购的原辅料、包材，以及生产过程中的损耗等成本。品牌产品企业一般自己不库存原辅料，有了订单再采购原辅料，再组织生产，这样最稳妥。因为库存原辅料，需要判断采购时机，这对于品牌产品企业来说，相当于进入了一个新领域。库存原辅料也对资金占压和库存管理提出了更高的要求。当然，不库存原辅料，不等于放手给供应商。品牌产品企业需要关注原辅料的市场行情，看看采购价格是否合理。

最重要的因素是经济订量、战略采购、成本锁定。

一是经济订量，就是对每批次生产销售数量的要求，有了这个数量的支撑，我们可以得到最优成本，这是我们卡直接成本率，从而卡变动成本率的关键。有了数量，供应商和服务商才会报价，才会报底价。

二是战略采购，就是把供应商和服务商与企业绑定在一起，形成战略合作关系。这样做的好处，就是供应商和服务商会从长远和大局出发考虑问题，而不是计较一时的得失。

比如，原辅料行情有涨有跌。在行情好时，我们会面对囤一批货，等待高点卖出套利的诱惑。收益与风险是并存的，笔者了解的不少企业就因为摸对行情，在原辅料上大赚了一把。笔者同样也了解不少企业因为摸错行情，一下就倒闭了。这就涉及战略选择问题了，从整个产业链来说，我们是专注于品牌产品环节，还是延伸到大宗原料交易环节。

如果我们专注做品牌产品，那么就是尽量有了订单再采购、生产，如果没有订单，就算金山银山放在前面，我们也不能摸。特别是对标准化程度不高、保质期不长的原辅料。笔者了解的一家公司就差点陷在里面。它是做品牌茶叶的企业，本应该是有了销售订单再采购、生产，但是它遇到了一批龙井茶原料价格非常低，是原来采购价格的一半。在没有销售订单的情况下，它也想采购。龙井茶是绿茶，绿茶和食品差不多，保质期非常短。一般明前绿茶卖天价，雨前绿茶卖金价，雨后绿茶卖好价，过了 6 月、7 月卖正常价，过了国庆节卖白菜价。这批龙井茶产地特殊，极具卖点，价格对比往年又非常合适，但是不知能不能销售出去。有一位大销售商说销路没问题，按惯例至少可以赚一倍。采购款需要 200 万元，是否采购？这家公司当时刚涉足品牌茶叶业务，对该业务完全陌生，初生牛犊不怕虎，决定采购。老天还是帮它的，因为这批原料农残检测超标，公司只能放弃采购。而那年整个行业的龙井茶的销量奇差。幸亏农残检测超标，要不然公司至少要赔 100 万元。

三是成本锁定。上述案例说明战略的专注是必需的。但是如果和供应商形成了战略采购关系，那么我们就要把原辅料市场波动的收益和风险转移给供应商。我们是做品牌产品的，销售价格基本稳定，边际利润率的设计也是有标准的。通过对原辅料市场的综合分析判断，我们要锁定采购成本，以确保边际利润率的达成。假设原辅料市场在 5~10 元波动，我们就把采购成本控制在 8 元，锁死在与供应商的采购合同里，至少一年稳定，年度调整。前提是原辅料标准必须达到公司的要求。这样让供应商去筹划收益和风险，我们只专注于有效卡住直接成本率。

此外，直接成本里还有包材，包括内袋、盒子、塑封、外箱、封箱胶等，一样也不能少。此外，还有税费、运费、装卸费、仓储费、检测费。以前，有的供应商在报价时会报不含税价格，乍一听报价很合理，真正采购的时候，供应商会说没算上税。运费、装卸费、仓储费、检测费需要在合同里与供应商有详细的约定，不能遗漏。

原辅料的另一个关键是仓储、物流、生产损耗系数，我们在测算的时候必须有合理的损耗估算，否则在实践中我们的成本总“冒”，实际的边际利润就会降低。把损耗定为多少合理呢？一是以行业数据和工厂数据做对比，一般来讲，工厂损耗应该低于行业水平才正常。二是要按试生产或历史值进行估算。比如，行业损耗数据是 3%，工厂是 2.75%，我们在进行测算时就按 3%，在实际管理时按 2.75%，并不断减少损耗，省出的部分就是潜盈。笔者曾经跟经营超市的朋友聊天，他每天要关账，核一遍损耗肯定做不到，他就按历史最高值 3% 来估算，然后月实盘的时候实际数肯定比预提数低，费用再冲回。

笔者和某香料工厂的陈总聊过，他给笔者讲了他们工厂降低损耗的方法。他们工厂主要生产加工天然香料，如薄荷系列、桉叶油系列、茴脑（茴香精）系列、留兰香油系列，以及其他各种天然香料油，已成为全国最大的天然香料生产加工基地，也是中国华南地区唯一的天然薄荷生产厂家，薄荷系列年加工能力达 1000 吨。但由于薄荷加工工艺相对较为传统，加工工序也较多，加工损耗率为 3.2%，高于其他天然香料的加工损耗率（见图 2-1）。

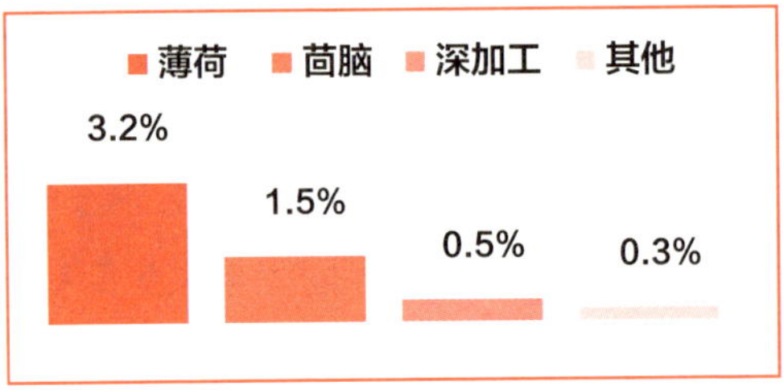

图 2-1　工厂加工损耗率排行

怎样将薄荷加工的损耗率再降低一些，做到“降本增效”？经过分析薄荷整体工艺链及工艺流程，并将每个关键点的损耗情况逐项排列（逐项确定损耗占比），工厂发现脱水工段占损耗 10%，压滤工段占 30%，结晶工段占 5%，烘选工段占 40%，晾脑工段占 10%，包装工段占 5%（见图 2-2）。从损耗比例解析来看，压滤、烘选工段的损耗为薄荷加工损耗的主要成因。为了合理有效改进，结合现有设备特点，他们制订了投入较少且可靠性较高的压滤、晾脑工段改进计划。

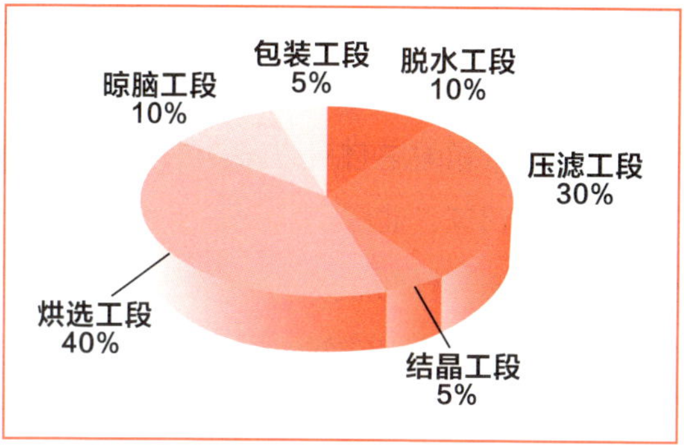

图 2-2　各工段加工损耗占比

一是对压滤设备、晾脑设备分别进行密封改造，在压滤设备外部安装密封罩，在晾脑设备上增加盘管。二是提供制冷系统，将回收的薄荷气态物质进行冷凝，转化为固态或液态，利于回收利用。经测算，2012 年，薄荷加工损耗下降了 0.3%。按 50% 产能利用率计算，年节约原料成本约为：1000 吨 / 年 ×50% 产能利用率 ×0.3%×250000 元 / 吨 =37.5 万元。

陈总说，通过“边际利润提升团队学习项目”，一方面，全公司打开了数据，分解了指标，把公司边际利润财务运营模型的指标分解到了每一名员工。生产一线的员工清晰地知道，他的工作是通过工艺改进降低损耗，降低边际利润财务运营模型中的变动成本费用，从而达到提高公司效益的目的。另一方面，公司最大的收获是充分调动了生产一线员工的工作积极性和主观能动性，他们积极地参与工厂各项合理化改进活动。这是他之前没有想到的。如何发挥每个员工的长处，如何集思广益，如何最大程度地发挥团队的力量，把每个人的智慧运用到实际生产中，将成为他们未来工作的重点。生产一线的员工是机器设备的直接操作者，是工艺流程的直接执行者，他们最清楚生产的各个环节。所以，企业要控制生产成本、节约原材料、提高生产效率，就需要从生产一线员工那里采纳建议。他们实行了班组管理，每个月进行合理化建议收集，对于一些好的建议，采纳后进行奖励，让生产一线员工更积极参与到工厂“降本增效”的活动中。

另一个收获，就是从管理人员到基层一线员工，都在算账。特别是对员工进行边际利润财务运营模型培训以后，大家都在算，在假设收入及原材料价格都不变的情况下，如何通过降低损耗费用及加工费用提高利润。基层一线员工通过生产当中的一些小发明、小改进，既避免了大改造所带来的高额费用，又提高了生产效率、节约了成本，使得公司的产品在市场上更具竞争力。

找到主线路：多维度解决物流难题

有家公司的陈皮蜂蜜产品选料好、口味佳。产品上市之后，主要在商超和电商渠道销售，增长很快。该系列产品初期的包装分为 1000 克、500 克、250 克三种规格，瓶体采用挤压式圆柱瓶型设计，瓶体及瓶盖材质均为食品级 PPR（无规共聚聚丙烯），此材料的特点为强度高、耐腐蚀、耐高温，熔点为 140~150℃。

公司在库存产品抽检和销售过程中发现，1000 克规格的陈皮蜂蜜有瓶体凹陷的情况，比例约为 20%，其他规格产品没有出现问题。对于这种情况，公司立即进行了调查与分析。调查发现，出现瓶体凹陷的产品都是在冬季生产的，而其他季节生产的产品没有发生此情况。发现问题后，公司对一个批次的1000个包装瓶全部进行了检查，未发现瓶体凹陷情况，说明凹陷是在灌装后出现的。蜂蜜的加工工厂位于北方，冬季灌装温度为55~60℃，车间温度为20℃左右，而包材和成品库房的温度在冬季最低气温时在零下10℃以下，灌装前后最大温差达70℃，因此公司认为温差大、热胀冷缩是导致问题的直接原因。

另外，瓶体凹陷的位置集中于瓶壁中间位置，这是整个瓶体最薄的地方，瓶颈和瓶底较厚，未发现问题。公司在对包装瓶生产过程进行调查时发现，由于瓶体的挤吹工序是人工操作机器完成的，挤吹时间标准是5秒，但由于人工操作，如果挤吹时间不足，可能导致瓶体厚度不均匀，瓶壁过薄。而1000克瓶的表面积最大，所以只有该规格产品出现问题。由此，公司判断出现瓶体凹陷的根本原因是瓶壁厚度不足、不均的瓶体因骤热骤冷出现变形。解决方案是将瓶体厚度增加10%，同时加强包装瓶生产过程管理，严格保证挤吹时间。方案实施后，经长期测试，瓶体凹陷问题消失，但由于瓶体克重增加，带来的后果是成本增加。

这款陈皮蜂蜜系列产品在2009年以前只在北京的商超销售，北京商超冲调组货架的层高为30cm左右，产品系列中高度最高的1000克蜂蜜瓶高（含瓶盖）20cm，直径8cm，货物摆放整理和顾客拿取都比较方便。从2009年开始，产品开始进入上海市场销售。但上海商超冲调组的货架层高为25cm左右，加上上下两端都有隔板，虽然内部高度能够容纳产品，但外部高度不足20cm，只能将产品倾斜后才能将其从货架中取出。当左右两侧都摆满产品时，则无法取出。

在经营初期，公司陈皮蜂蜜产品由于规模不大，在成品物流方面出于成本考虑，多与一些小型的物流公司进行合作向外埠市场发货。这些小型物流公司的优势是时间灵活、物流速度快、价格便宜，缺点是物流质量没有保障，经常出现丢货、箱内少货、包装破损等情况。而且小型物流公司诚信度较差，出现问题后解决起来难度较大。公司曾收到上海某商超投诉，一款陈皮蜂蜜产品开箱后发现缺少 2 瓶，而且部分产品瓶嘴断裂，因此提出索赔。公司初期使用的封箱胶带是普通的透明胶带，从封箱胶带处无法辨别是否有二次开箱的痕迹。由于商超总仓都是按件数验收，只少量开箱抽检，因此无法确认产品是否短缺，甚至出现过客户因开箱抽检缺货，而拒收整批产品的情况。物流公司只有在客户当场抽检缺货的情况下才同意索赔，其他情况均以客户已签收为由不承认是自己的问题。

团队对物流的整体情况进行分析后，采取了几项措施：一是与国内知名物流企业签订年度合作协议，二是设计并使用了品牌专用封箱胶带，三是将包装箱厚度增加，并对物流管理人员和物流公司人员进行培训，尽量减少搬运次数，轻拿轻放，注意放置方向。改善措施实施后，虽然物流成本有所提高，物流速度降低了，但缺货、丢货等问题彻底解决，破损的情况也明显减少。

针对这几个问题，该公司进行了团队学习，并制定以下改进措施。

1. 充分考虑包装对销售场景的适配性。销售场景的要素有很多，上面的例子里就有温度的不同、货架规格的不同等。公司在产品研发时考虑到了销售场景对产品的影响，但不够全面，当销售渠道和销售区域发生变化时，应针对不同的要求设计适应市场和消费者需求的产品。

2. 生产、物流要有严格的标准及管理。在瓶体凹陷问题中，包装瓶的产品标准没有细化和严格执行，导致 1000 克规格瓶瓶体厚薄不均。选物流公司时一味图便宜，没有考虑质量标准。另外，公司也要综合算成本账。如果 1000 克规格瓶的生产难度和成本增加，又不适合上海市场，那么公司是不是像“圆珠笔芯”的案例（以前，圆珠笔头书写一段时间后，因磨损会出现漏油情况，当时的技术人员反复钻研也无法改进，于是干脆减少圆球笔芯的长度，减少圆珠笔芯内笔油的量，圆珠笔头就再也不漏油了）一样，考虑放弃此规格，用更小规格的产品，要做综合评估。

3. 还是要不断提高订量。包材和运输都是量越大成本越低，标准化控制执行得越好，越少出现问题。所以，努力扩销，提高经济订量和周转次数是最核心的要素。

运费也是个大问题。有些工厂是不承担运费的，或者工厂就负责将产品运到公司仓，再由公司负责从公司仓发送给客户，这里面的门道不少。有家公司一开始按历史值来估算，去年 3.75% 的运费率，今年就按上限 3.75%，运费率降得越低越好管理。具体怎么做呢？公司的供应链部，想了不少降低运费的办法。开始是整体运费竞标，每年年初找四五家物流公司进行投标，整体价低者得。公司在实践中发现，在竞标的时候，他们的标准是整体基础报价，然后找出两条线路实报，有的公司就使劲降这两条线路的价格。中标后，这两条线路确实价格低，对于其他几条线路，中标者有各种理由提价。可货运竞标就中了一家，不用也得用，而且整体一算，运费率从 3.75% 降到了 3.7%，也说得过去。

供应链部的同事商议，不同物流公司有不同的优势线路，占公司 80% 货运量的线路就 7 条，干脆分线路竞标，价低者得。新的一年按此执行，原来中标的货运商不好胡乱降价了，也不敢指望用价高的线路补贴价低的线路，每条线路都报了实价。最终有三家物流公司通过竞标分别承担了 7 条主线路。其他线路，公司就按合作情况安排给评分最高的一家物流公司，相当于一种过程中的激励。这样再一算，运费率整体从 3.7% 降到了 3.4%。供应链部把每条主线路的运费率也算出来，全部降低了，且平均降了 0.3%。这就是不断打开、细分、深挖的好处，边际利润是“开、细、挖”到了产品、客户、渠道，运费是“开、细、挖”到了每条主线路，问题一下子明晰并解决了。

在装卸的过程中，公司总经理拍视频发给研发部门。好大的一辆货运车，就一个工人在装车。总经理跟装卸工聊天，问产品重量、体积对他装卸影响大不大。装卸工说，影响太大了，他一车最快 2 小时能装完，最慢要装 4 小时，原因就是箱子的重量和大小存在差异。比如标准箱，10 千克，长、宽、高是多少，他搬着很方便，不吃力，能上能下，能左能右，扭不着腰，而且车子正好能装下，卡得正好，不会有缝隙。他就怕非标准箱，要么太重，搬着费劲，要么太轻太小，数量太多。关键是怎么摆都空出一块，货品很容易损坏。这个总经理就赶紧跟研发部门说，不能只想着拿奖，这些细节都得注意。

不打时间差：动态统计发生时点

在具体操作中，变动成本费用的统计时点很关键。比如，每月月度运营分析统计数据时，由于很多变动成本费用的单据还没出来，供应链部门的人员就没有把它们录入财务系统，而销售部门的人员已经把销售收入录入财务系统了，这个月的边际利润就会很高。下个月的时候，供应链部门的人员把上个月的变动成本费用录入财务系统了，就会把边际利润率拉得很低。这个数据就跟过山车一样，公司不断打开、细分、深挖到产品、客户、渠道的财务模型就失效了，更无法进行同比、环比、标杆比。公司的财务经理就跟总经理说，月度数据就当参考吧，以年度数据为准。其实年度数据也一样，年底 12 月又是个销售收入很高的月份，销售收入录入财务系统了，但是 12 月的变动成本费用单据还没出来，就没有录入财务系统，这就导致今年的利润不错，因为不少变动成本费用被留到明年了。这是款、货、票时间差造成的。也有的公司为了达成预算，让业绩好看，故意把一些变动成本费用放到第二年进行统计。就跟笔者一位打过职业篮球的朋友说的似的，篮球裁判对胜负太关键了，“小哨一偏，20 分”。对于企业也一样，“录入系统的时间差一打，就是几百万元的偏差”。

后来有家公司就制定了一个政策，以销售收入是否录入财务系统为准。如果当月或当年这笔业务的销售收入录入财务系统了，那么与这笔业务相关的变动成本费用的单据，即便当月或当年未收到，也要按可能发生的数额进行计提，录入财务系统。一笔业务的销售收入和变动成本费用，要么都录入系统，要么都不录入系统。因为我们的边际利润财务运营模型是将它们一起统计的。“一打时间差”，数据就失真了，我们的模型也就失效了。

可是就有人不把这个规定当回事，或者一忙就忘了。总经理觉得只要是有人把这个政策忘了，就是脑子里没有形成守护边际利润财务运营模型的规矩意识。这家公司就出台了一套财务和人事管理制度。一是要求应计提未计提的报销项目，不予以报销。二是要求应计提未计提的非报销项目，在绩效统计中按双倍统计。比如，销售人员在 6 月发生的差旅费没计提，7 月销售人员到财务部进行报销，财务部不予报销。比如 6 月一笔业务的销售收入录入财务系统了，但供应链人员没有把这笔业务的运费进行计提，7 月他才录入财务系统，那么在绩效考核时，按双倍费用来计算。公司把数据的准确关联到考核，考核关联到相关人员奖金的分配。如果员工不对公司负责，就是不对自己的奖金负责。

有的员工会说，这些变动成本费用的单据如果未收到，计提的数据和实际发生的数据会有偏差。经常是有大致的数据，没有详细的数据，甚至有时候供应商、服务商、物流商的数据都没计算出来，我们怎么计算呢？面对这样的情况，相关人员就应按该笔业务发起时所制定的边际利润财务运营模型标准，对各项变动成本费用以“可大不可小”的原则进行计提。宁可当期变动成本费用计提多了，利润算少了，也不能缺项。计提变动成本费用多了，而实际发生的数额少了，就是潜盈。

这就逼着大家对公司的边际利润财务运营模型负责。模型不再是“放在案头的文件，贴在墙头的标语”，而是成了同事们精心看护、反复调阅、对比分析、查漏补缺，“算收算支算过程，同比环比标杆比”的工具。

第三章

控固额：
控降固定成本费用“额”

前面我们讲了应该对每一个业务点，即每一个产品、客户、渠道（区域）进行边际利润分析、筛选和改进，要保证每一个业务点都有边际利润。在这个基础上，各个业务点的边际利润之和，可以覆盖所有的固定成本费用，公司就开始盈利了。

对于变动成本费用，我们要管理它的“率”。对于固定成本费用，我们要管理它的“额”，任何额度的支出，都要在这个额度内。涉及公司整体和后台部门（人力资源部、办公室、财务部等）的成本费用都算作固定成本费用。在本章，我们谈谈如何控制和降低固定成本费用。其中的折旧和摊销，我们会在后文详细分析。

覆盖固定成本：保证边际利润为正

搞明白公司固定成本费用的好处，是一把手每天一起床就知道今天有多少钱已经花出去了。比如，根据预算，要做 3 亿元营业收入，直接成本率 70%，毛利率 30%，变动成本率 15%，边际利润率 15%，即 4500 万元（另一种算法，3 亿元营业收入，直接成本率 85%，边际利润率 15%，即 4500 万元）。你要完成经营利润率 10% 的指标，就只能有 1500 万元的固定成本费用。这些指标是卡死的，不能突破。假设一年按 300 天算，一天就是 5 万元。一把手一起床什么也没做，5 万元就没了。这一天能不能赚 5 万元的边际利润，实现不亏损？一天能不能赚 15 万元的边际利润，实现 10% 的利润指标？这就是总经理时时努力做的事情。我们必须卡死固定成本费用额，卡死变动成本费用率，15% 的边际利润率说明每天 15 万元的边际利润，而这需要 100 万元的营业收入。每天 100 万元的营业收入来自哪些产品、客户、渠道（区域），它们的数量、价格、时间，一把手得盘算清楚，各项经营活动就展开了。

笔者曾听一位老师讲过一个例子——“到底失多少血”。他说W公司的资金链断了，实在没办法了，总经理就找到股东要钱救急。股东以为是一时的资金紧张，很爽快地批了1000万元，结果钱到账两三个月就用完了。总经理又跑到上级公司要钱。这下股东觉得不对劲了，就问他：“亏空到底有多大？”总经理说：“具体数字要算一下。”股东一下就慌了，一时救急还行，要是无底洞就填不满了。老师就说，其实用边际利润财务运营模型就能说清楚。它首先保证所有产品、客户、渠道（区域）的边际利润都是正的，负的全部砍掉。那么在保证运营资金增减变化为零的情况下，并在最极端的情况下，就是所有产品、客户、渠道（区域）全是零边际利润，一年最多就亏固定成本费用。假设固定成本费用是1500万元，“失血”就是1500万元，这样肯定能说清楚，说不清楚，就是还有某些产品、客户、渠道（区域）的边际利润是负的。如果边际利润是负的，卖得越多，赔得越多，这时亏损、“失血”就是无底洞了。

再打开、细分、深挖，发现这家公司恰恰有渠道边际利润是负的。老师说，这家公司的B2C（企业对顾客电子商务）渠道平均客单价是100元，毛利率大约为20%，其他变动费用率为5%。公司是自建仓配，由于单量少，无法摊薄仓配的成本费用，平均一单的仓配费是37元。这时问题就来了，100元收入/单，20元毛利/单，仓配费37元/单，再加上其他变动费用（假设5元），每单的边际利润是-22元/单。该公司B2C业务的负责人认为这很奇怪，为什么B公司在基本同样的情况下就没问题呢？原来B公司主要卖电器，其平均客单价是3000元/单，15%的毛利率，其他变动费用率假设为 5%，它还有 300 元毛利 / 单，电器的配送费贵，假设为 150 元 / 单，它还有 150 元 / 单的边际利润。

这家公司如果做 100 万单 / 年，那么边际利润就是 -2200 万元 / 年。这还没算其他固定费用，它的净利润估计要到 -5000 万元 / 年。多少单量才能摊薄仓配费用，让边际利润为正呢？经过测算，得做 1000 万单 / 年以上才行。这样的业务，要么继续赔本赚吆喝，把单量做上去，实现盈利（这需要有大量资金的持续支持），要么就放弃自建仓配，转为第三方仓配，抑或在开始建设自建仓配设施的时候，不要一下子就想着上亿单量的规模，一步一步投资，一步一步扩建。这家公司的资金链在向上亿单量目标迈进的途中断了，老的资金用完了，新的资金又不再进来了。

这家公司在经营过程中，有几个品类部门还获奖了。笔者很纳闷，卖一单赔一单，怎么还奖励呢？是因为单量增长快吗？要是这样还可以理解，因为根据边际利润损益表，量越大，仓配成本费用摊得越低，在其他条件不变的情况下，达到边际利润要求的单量，公司就有转盈的希望了。笔者一打听，不是这样。原来他们是按毛利率考核，甲品类部、乙品类部被奖励的原因是毛利率高，丙品类部没被奖励的原因是毛利率低。都没算仓配费，仓配费算在仓储物流部了。还是没人为这个品类的整条线负责。而且不同品类的仓配费也不一样，不同单重的仓配费也不一样。之所以没有按品类考核，是因为消费者经常拼单，一个包裹里有好几个品类的产品，干脆就全归入公司的固定费用了。这家公司的运营不精细，拼单也可以按克重“劈开”费用，算清每个品类部的仓配费用，考核应该着力在边际利润上。

划定变动成本：优先确定划定范围

在推行边际利润考核办法的时候，很多人会遇到一个难题：成本费用是算到变动还是算到固定，这是个问题。笔者认为，成本费用能算到变动尽量算到变动。

笔者认为使用边际利润财务运营模型最大的好处，是厘清了以前很多没人负责的成本费用，或者说隐藏了的成本费用。这不是说有人使坏故意不负责，或者故意将其隐藏，而是因为以前按组织架构区分的成本费用，现在要按业务线（产品、客户、渠道）来梳理，必须有人有部门从头到尾负总责。我们知道，只要跨部门就涉及职责划分，要么职责重叠，要么无人负责。如上文所述，变动成本费用指随产品产量和销售收入变化而变化的成本费用，包括原材料费、仓储费、运输费等。固定成本费用指在既定规模内，不随企业的产品产量和销售收入变化而变化的成本费用，包括厂房设备折旧、办公费、人工成本、租金等固定开支。

变动成本费用和固定成本费用有时候也是辩证的，可以相互转换。如上文中的设计费，对销售部门来说就是固定费用，而对公司来说则是变动费用。笔者认为划分的标准是能独立核算的单元都独立核算。只要能独立核算且自负盈亏就是基准。以某公司为例，涉及前台（销售部）、中台（市场部、产品部、供应链部、质量安全部等）的成本费用都是变动成本费用。销售部门的人工成本，不管是固定工资还是变动的资金，全部算为公司变动费用。这里涉及分摊原则的问题，可以按数量、收入、利润、人头等进行分摊，要具体问题具体分析。变动费用按照应摊尽摊的原则，摊到产品、客户、渠道。

一、研发费用

新质生产力的核心特征是创新驱动，高质量发展。创新需要费用，这个费用是不少的，也是不可少的。这个费用是固定费用还是变动费用呢？针对中小企业，笔者认为得从假设结果倒推。对研发费用的管理，最难的是考核评价。这不像大学和科研机构，花的是项目经费，结果是能否通过评审，能否获奖。企业要求的结果是必须产生效益。如果所有工作全跟效益挂钩，那么谁也不敢研发了。研发人员会说，一般来讲，研发的成功率是 10%，失败 9 次，成功 1 次，所以研发 10 次能成功 1 次就不错了。而笔者认为，作为企业，如果研发失败 9 次，成功 1 次，评判的标准应该是，成功这 1 次应至少把这 10 次的费用全赚回来，而不是成功 1 次就赚回 1 次的费用。成功 1 次能把费用全赚回来就是好的研发，赚不回来就是坏的研发。这是企业管理人员和研发人员对问题认识的差异所在。

企业的研发不只是研发人员的事，而是企业的一个业务项目，有市场参与、销售参与、供应链参与、质量安全参与，以及财务、人力资源等。所以企业的研发就是具体的产品项目、渠道模式项目或者供应链解决方案项目。那么这个项目的发起者，肯定不是研发人员。比如产品研发，大的项目是市场部发起，小的项目可能是销售部或供应链部发起，根据战略和市场分析，是聚焦差异化还是低成本，然后再确定如何调制配方及改进工艺等。研发是整个产品项目非常核心的环节，但它只是环节之一，不是唯一。这样来讲，研发的费用肯定就是在一个项目的费用里。中小企业不可能确定 10 个战略项目，指望成功 1 个。大集团可以确定 10 个战略项目，让 10 个团队来做，可能会失败 9 个，成功 1 个，但成功的这 1 个项目的盈利，足以覆盖那 9 个失败项目的成本。就算覆盖不了，集团底子厚，也足以承受。而中小企业就是为某个战略项目而生的，从战略执行的角度来说，中小企业必须做成这个战略项目，但是可以研发 10 次，成功 1 次就可以保证战略项目的落地。

不同的企业会有不同的考虑。笔者认为作为中小企业，研发费用必须放在变动费用里面，计入这个产品项目的考核。业务部门考核边际利润，那么它的变动费用里一定要包含研发费用，预算也应算在业务部门，由业务负责人对整体负责，他要算产品的边际利润。研发费用由业务部门做预算，但只能由研发部门来花，而这个费用必须由业务部门出，考核时也应考核这个产品项目整体的边际利润，不能只考核费用预算控制。考核边际利润，那么产品、客户、渠道、数量、价格、时间、收入、成本、费用、利润、周转、回报 12 个要素就得算一遍。

这样操作就是“双计”，而不是“两不管”。“两不管”就是，业务部门认为研发费用归研发部门，他们不用管；研发部门认为研发费用在自己的预算里，不超预算就可以。而研发费用又是根据公司营业收入按比例计提的，比如 5 亿元的营业收入，研发费用按 3% 做预算，就是 1500 万元。研发部门拿着这 1500 万元的研发费用，可能通过外观设计、配方研发等工作获得了好几个奖状，而产生实际效益了吗？没人管这个事，那就变成全公司各研发部门挤出边际利润来搞形象工程了。有些公司的研发部门，经常会出几个产品大师，公司还专门为他们设立以个人名字命名的研发工作室，工作室里面一大面墙的架子上摆满了专利证书、奖状、奖杯。大师不仅能评上高级职称，还能被评为劳动模范。但是他们研发的产品带来了多少效益？恐怕公司就没有计算过。计算一下，发现他们的边际贡献为负，那么这些研发费用就成了个人博取名利的资金了。

笔者曾经听说一个项目。有一款产品，研发前的营业收入是900万元/年，毛利率30%。公司有位大师级的研发人员，对产品口味进行了升级，花了100万元研发费用。研发后的营业收入是1000万元/年，毛利率32%。业务部门说这次研发很成功，毛利额由研发前的270万元/年上升为研发后的320万元/年。研发部门也说很成功，100万元的研发费用在公司的研发预算内，部门还获奖了。后来这家公司的总经理就让他们算边际利润。边际利润率和边际利润额分别是研发前15%、135万元，研发后原口径17%、170万元。但研发后的数据加上这100万元研发费用，边际利润率和边际利润额就变成7%、70万元。这样算下来，研发后比研发前的边际利润额少了65万元。这是按一年分摊完研发费用计算的，按三年来分摊呢？平均一年约34万元研发费用，研发后边际利润额是136万元，比研发前多1万元。这样看，这就不是好研发。最好的研发当然是一年就分摊完研发费用。按边际利润率提高2%算，100万元研发费用 ÷2%=5000万元。也就是说，这个产品营业收入从900万元/年提升到5000万元/年，才算成功。

研发会给公司带来专利，会带来技术壁垒，其作用会长期发挥。研发费用有时候数额较大，那么是一年分摊完，还是分几年分摊完呢？笔者认为要看公司所处的阶段，如果经费紧张、盈利不足，那就一年分摊完。原则就是控制研发费用的使用，研发需要迅速见到成效。如果经费充裕，盈利能力强，那么可以分项目计算几年分摊，但项目的整体财务模型和运营管理表必须计算规划清楚。还要看公司所处的行业，如果是强研发驱动的公司，那么在公司成立之初就得在投资财务模型里测算这个费用，确定多少钱，钱从哪儿来，会创造多少流动资产、固定资产，又会带来多少变动费用和固定费用，其对边际利润损益表的影响是什么。不能等公司都干起来了，才突然想起有一大块研发费用。

二、宣传推广费用

宣传推广费用也是一样，最典型的例子就是展会需不需要参加。有个总经理刚接手一家公司时，正值公司要参加一个所在行业举办的展会。这是市场部一年一度的重头工作，订什么位置、怎么设计、怎么装修、推什么产品等，忙得不亦乐乎。市场部向总经理报预算，设计花多少钱、装修花多少钱、样品花多少钱，一下就是 30 多万元。总经理问："去多少人？"市场部人员说："市场部去 3 个人，其他部门不知道。"总经理再问销售部门，他们去 6 个人，因为要现场招商。再加上总经理，就是 10 个人的差旅，往返都是飞机，住展会周边的酒店。总经理问往年参展是不是这个规模，他们说是的。展会期间人流量大，衣食住行都比平时贵一倍，差旅费又是 10 多万元，这个展会的预算为 50 多万元。

产出呢？市场部不负责，销售部门负责招商。后来对销售部门的考核加上了招多少个经销商、实现多少销售收入。不统计不知道，名片能收到一百多张，后续联系十几个，产生的销售收入就几十万元，边际利润才几万元。总经理就提出："这个展会还参加吗？投入产出不成正比啊！"市场部人员说："得参加啊，这是行业盛会，咱们不参加，显得咱们出啥事了似的。"而且不参加这个展会，市场部觉得这段时间没啥事做了。总经理问销售部门："参加这个展会对销售有帮助吗？"销售人员说："早些年，展会确实是主要招商渠道，但是它的效果一年不如一年，是值得观察一下。"这个总经理实际去了之后，也发现这个展会已基本成为行业内的盛会，全是圈子里的人，大家基本都认识。看看别人出了什么产品，和圈内的人聚一聚、交流交流，可能是这个展会最大的作用。

总经理就不把这个展会的费用预算算在市场部了，而是算在几个销售部门，算作它们的变动费用，按部门边际利润占比分摊。预算的使用由市场部负责。这样销售部门招商的积极性就被激发了，因为费用计入他们的预算和考核了。费用大大减少，能省则省，从 50 多万元降到了 30 多万元。第二年效果仍然不好，公司就彻底不参展了。后来总经理发现很多企业都不参加这个展会了，大家就是来交流一下，甚至有的人连去都不去了。

三、租金

最近非常有意思，笔者比较熟的三家公司全在搬迁，笔者跟其中两家的人员聊了聊情况。

笔者最先接触了 W 总，他的公司从北京南四环边上搬到了南六环边上。笔者一到他那里，他就问："怎么样，是不是比以前远了很多？"笔者说："也就多了一刻钟，坐车、坐地铁都很方便。"

笔者问他怎么想到了搬迁。他说，公司的营业收入和盈利水平下降了，只能从降低固定费用着手。原来四环边上的办公区租金500万元/年，他到六环这边一打听，半层办公楼买下来才1000万元出头。他就琢磨与其每年花500万元固定费用，不如用两年多点的租金买个办公区，将固定费用转为资产投资。即便这处房产不像以前那么保值升值，也不会两年跌没了。另外，他也算了一下，员工在原四环边上的办公区附近租房至少3000元一个月，租便宜的地方，上下班就太折腾，现在在六环边租房，房租一个月不到1000元。这相当于给员工涨薪，大家很欢迎。再者，六环的办公区离公司主仓库更近，只有不到1小时的车程，更方便。

另一位是Z总，他三年前租下上海一幢别墅作为办公区，当时光装修和设施设备购置就花了600万元，每年的租金还有400万元，现在他们搬到了年租金200万元的地方。搬迁的原因和W总一样，收入和利润水平都难以支撑租金费用了。笔者问他："您投了600万元装修，才三年就不租了，不心疼吗？"他说："疼也得换，撑不住就得立马换，否则失血更严重。"而且600万元的装修费用，在第一年就全部摊销了，那一年的盈利足以支撑装修费用。之前，他指望这幢别墅除了办公，还兼具会所功能，希望会所有盈利能力。现在会所亏得更严重，他就得当断则断了。

计算人工成本：基于边际利润的核算体系

人工成本其实是固定费用里的大头，不少中小企业人工成本要占到60%~70%。而部门经理永远会抱怨缺人，公司总经理永远会抱怨缺钱。这又涉及整个边际利润财务运营模型的设计及其细项打开的运营管理标准化控制表了。假设一年有 5 亿元营业收入，变动（直接）成本 70%，毛利率 30%，变动费用 15%，边际贡献率 15%，即 7500 万元，2500 万元的固定费用，经营利润 10%，即 5000 万元。假设 2500 万元的固定费用的 60% 是人工成本，那么一年就是 1500 万元。平均人工成本 20 万元 / 年的话，公司的人数就应是 75 人。销售部门招人很简单，根据销售部门的预算，在部门的边际利润财务运营模型里，能保证完成给公司创造的边际利润，就可以招人。中、后台部门招人也很简单，根据公司预算，在公司的边际利润财务运营模型里，能保证公司经营利润的达成，就可以招人。这个理念一推广，大家很快就能理解了。

这是公司在发展期怎么招人的问题。如果公司处于亏损期，需要裁员怎么办呢？有一家公司，每个部门经理都说他们裁不了员，要裁就裁另一个部门。这时，还得拿出边际利润财务运营模型及运营管理标准化控制表来说话。对销售部门而言，达不到给公司带来边际利润的要求，裁多少能达到要求就裁多少，裁掉整个部门也正常。这时经常会出现一个问题，就是销售部门经理会提高预算。如果不裁员，年底他无法达到销售预算。这时公司再处理这个经理，人工成本就已经产生了。这家公司采取的方法是按历史值和已经签订的合同算人工成本和人员，多出的人员先裁掉，随着业绩增长再按增量招人。中、后台部门，就按整体预算确定一个裁员比例，比如 20%，5 人及以下的部门按 1 人裁，6~10 人的按 2 人裁，以此类推。特殊情况则具体讨论，但总的中、后台 20%

的比例不变。这下中、后台部门的经理都能理解并很好地推进。

有一家公司一个比较大的举措是，把销售部门的人工成本，无论是固定工资还是变动奖金，全部由算到公司的固定成本，改为算到变动成本里，直接编入该销售部门的预算。于是，公司人力资源部门提醒总经理可能会出现薪酬保密问题，因为人多的部门还好，员工看到本部门人工成本总额，也猜不出来每个人的薪酬，3 个人的部门就很容易猜出来了。但总经理觉得值得，这样销售经理自己就要算人工成本了。销售经理会主动找到总经理抱怨，原来貌似薪酬不高的一名员工，人工成本这么高。假设一个销售人员月固定工资是 1 万元，年绩效是 8 万元，年薪 20 万元，再加上五险一金、餐补、福利等各项费用，需要 20×1.4=28 万元。此外，还有工位租金和日常费用，这样算下来，有可能是 20×2=40 万元。以前他是不算这个账的，因为人工成本在人力资源部的预算里，他只管要人、只管抱怨缺人。他看表也是看销售额，总是不想看成本费用和边际利润。现在好了，他拿着部门边际利润财务运营模型找总经理分析，1 亿元营业收入，毛利是 3000 万元，要给公司 1500 万元边际利润，只有 1500 万元的变动费用，去掉其他费用，他只剩下 250 万元的人工成本预算。他很真切地对总经理说，目前人工成本已经达到 250 万元，暂时不能招人了。他好像还有别让总经理给他招人的意思，以免破坏他的财务模型。

核心的问题是所有一把手都是有感情的，谁也不愿意裁员。但通过具体分析笔者了解的几家公司，其实真正在公司发挥举足轻重作用的基本是 20% 的人，一般员工占 70%，还有 10% 的员工是公司无论如何也要想办法裁掉的。这 20% 的员工是自我驱动的，是对公司业绩有突出贡献的。比如，销售部门，总有 20% 的人能主动拓展业务，特别擅长谈判，能带来业绩。还有 70% 的人，只是跟单、做单，这些工作的可替代性较强。其中也有特别勤勤恳恳的人，承担的工作量比别人都大，因为他们确实比别人更专业。他们能找到财务系统中的问题，并想办法解决。他们非常认真负责，维护的数据总是准确的，他们也是业务骨干。还有 10% 的人，真的是武不能攻城拔寨、文不能定国安邦，他们只会把那 70% 的人带坏。所以不少公司都是发展好那 20%，保护好 70% 里的骨干，视情况减少 70% 里的非骨干，坚决裁掉那 10%。

人工成本还有真实性的问题。特别是要股权合作的话，对目标企业就得特别留意。我们说过，人工成本假设一名员工月固定工资是 1 万元，年绩效是 8 万元，年薪 20 万元，再加上五险一金、餐补、福利等各项费用需要 20×1.4=28 万元。预估时，要加 0.4 的系数。笔者曾经主持一个股权合作项目，笔者所在公司想收购一家企业的部分股权。去尽职调查时发现的重大问题之一，就是这家公司在劳动人事方面存在不少问题。

一是该公司与已离职员工签署的《股权激励协议书》尚未终止，存在潜在股权纠纷风险。尽职调查开展的四年前，该公司法定代表人与 4 名员工分别签署了《股权激励协议书》，约定了由该公司有限授予 4 人 A 类认股权资格，该 4 人在激励计划项下实际认购的公司股权由公司法定代表人代为持有。在尽职调查时，4 人中有 3 人已离职，但并未与该公司签订任何有关终止《股权激励协议书》的文件，《股权激励协议书》中亦未明确约定如被激励人离职，股权激励是否终止及处理机制，该情况将导致 3 名员工实际仍享有《股权激励协议书》项下的权利，进而导致公司股权存在潜在纠纷风险。在职的1名员工，虽然已通过该公司股东方之一M公司间接持有该公司近5万股股份，但该情形并不必然导致此人与该公司签订的《股权激励协议书》的终止，因此，该员工仍然可以根据《股权激励协议书》要求获得该公司股权激励的权利，存在潜在纠纷风险。

二是该公司未按照规定为员工缴纳社会保险，存在被处罚的潜在法律风险。该公司为员工缴纳社会保险的缴费基数为3400元，与法定基数不符，未为员工足额缴纳社会保险。根据《社会保险法》第八十六条之规定，用人单位未按时足额缴纳社会保险费的，由社会保险费征收机构责令限期缴纳或者补足，并自欠缴之日起，按日加收万分之五的滞纳金；逾期仍不缴纳的，由有关行政部门处欠缴数额一倍以上三倍以下的罚款。故该公司存在因未为员工足额缴纳社会保险而被处罚的风险。

三是该公司未按照规定为员工缴纳住房公积金。该公司为其大部分员工缴纳的住房公积金的缴存基数为840元，并非员工上一年度月平均工资。此外，虽然该公司的单位和个人住房公积金缴存比例为12%，但该公司仅为其员工缴纳100元住房公积金，不足的部分全部由员工自行补足。当地《住房公积金管理规定》第九条规定，住房公积金缴存基数为职工本人上一年度月平均工资。职工上一年度月平均工资，是指职工上一年1月1日至12月31日期间按国家统计局规定列入工资总额统计的项目计算的月平均工资。单位新录用职工的住房公积金缴存基数按照国家规定执行。根据该公司所在城市颁布的《关于做好2017年度住房公积金缴存基数和缴存比例调整工作的通知》，同一单位中，单位住房公积金缴存比例和职工住房公积金缴存比例（以下统称“缴存比例”）应保持一致。一个单位只能有一个缴存比例。单位和个人住房公积金缴存比例不得低于 5%，不得高于 12%。根据上述规定，该公司存在因为员工少缴住房公积金而受到处罚的风险。

上述几点，如果该公司被强制补缴，人工成本将相应上升，进而将对该公司的净利润产生负面影响。我们估算了一下，每年约增加人工成本 101 万元，再加上补齐之前未缴的人工成本，数额就更大了。这相当于该公司每年少算了 101 万元固定费用，而经营利润多算了 101 万元，假设其边际利润率为 20%，它每年得多营收 500 万元。

确定固定成本：以边际利润为决策依据

我们拿 C 公司的楼宇店业务举个例子。开零售店是非常不好干的活儿。店一开，不管你有没有客人消费，人工、房租、水电、装修等固定成本费用，库存、效期、资金占压等问题就全来了，所以能活下来的零售店不多。

C 公司想到了一个独特的定位，选择在大公司的写字楼里开零售店，并取名“楼宇店”。C 公司将公司定位改成：为大公司写字楼及周边高端客户群提供健康食饮一站式便捷服务。他们认为这个模式一旦成熟，发展会非常快。开店的标准是单栋写字楼员工在 2000 人以上，员工年平均收入不低于 10 万元，写字楼配备有食堂和会议室。由此，C 公司建立了一套嵌入式营销商业模式，确立了会议用食饮、福利用食饮、礼品用食饮、自用食饮四个营销板块，预计单店每年营业收入不低于 600 万元。

2012 年，C 公司的第一家楼宇店开始营业。为打造旗舰店，树立公司品牌形象，店铺前期投入约 41 万元（见表 3-1）。这个投入对比 600 万元的年营业收入，并不算多。

表 3-1　楼宇店装修清单

序号	名称	品牌	数量	单价	合计	供应商	备注
固定资产							
基础装修费用（元）							
1	石材吧台、背柜		1	75 896	75 896		预付 30 000
2	储物柜		1	13 016	13 016		
3	地毯		$80.5m^2$	95	7647.5		款未付
1	电视机		1	11 186.33	11 186.33		款已付
2	iPad		2	3688	7376		款已付
3	iPad		1	4688	4688		款已付
4	iPad 防盗器		3	92	276		款已付
5	路由器		1	160	160		款已付
6	笔记本电脑		1	6637	6637		款已付
7	电视支架		1	300	300		款已付
8	咖啡机		1	99 617.09	99 617.09		款已付
9	多功能萃茶机		1	3043	3043		款已付
10	冷藏展示柜		1	3846.15	3846.15		款已付
11	POS 主机		1	10 582	10 582		款未付
1	饮水机		1	2398	2398		款已付
2	保险柜		1		0		未采购
3	吧椅		2		0		未采购
4	货架和边柜				4689.6		款已付

续表

序号	名称	品牌	数量	单价	合计	供应商	备注
5	边柜				2157.7		款已付
6	单人沙发		20	2800	56 000		预付 60 000
7	双人沙发		4	5800	23 200		
8	条形咖啡桌		2	3850	7700		
9	圆形咖啡桌		6	2850	17 100		
10	条案		2	6500	13 000		
11	台灯		2	890	1780		
12	落地灯		1	2950	2950		
13	书柜		1	9800	9800		
14	多功能茶台		1	24 600	24 600		已购
15	电话机		1	210	210		已购
16	水幕屏风		1				未采购
	总计				409 856.37		

2012 年 1—9 月，店铺在实际运营中暴露出以下几个问题。

一是没有按照事先制定好的预算开展业务，收入进度远远没有达成。1—7 月，C 公司的营业收入不到 100 万元。C 公司分析运营结果出现偏差的原因，发现四个营销板块设计得很好，但未达预期，直接导致账面亏损。特别是计划中要争取的团购没有中标，导致近 100 万元收入未能锁定。锁定的午餐酸奶销售，由于毛利太低，没有盈利。

二是由于销售达成差，对比之下，首家楼宇店的固定投入就过高了。固定资产高，折旧、摊销就高，资金成本就高，造成固定成本高，实现盈利的难度就加大了。约 41 万元的固定资产投入按 3 年折旧、摊销，一年要 14 万元，加上资金成本，再加上租金 65 万元，至少要 80 万元。按照 20% 的边际利润率计算，仅这几项就需要 400 万元的营业收入才能覆盖。另外，店铺所在楼宇的物业方是很强势的，说不定哪一天遇到什么变化就得撤离，所以约 41 万元的固定资产投入风险很大，必须改为第一年就折旧、摊销完，第一年就要盈利。

三是楼宇店销售没有经验，没有以往的销售数据作为参考。C 公司害怕客户的需求无法满足，就盲目采购了大量多品类货物。采购货物与楼宇店消费和商业模式不匹配，销售不畅造成库存。库存多了，楼宇店临时仓满了，C 公司又在写字楼核心区域周边租用仓库，产生了较高的租金、物业等固定费用。

面对落后的预算进度，8—9 月，C 公司开展了全员“百日营销会战”。“百日营销会战”一是对全体员工楼宇店业务的一次营销培训，熟悉渠道特点，积累实战经验。二是通过实战开拓了许多团购客户，建立了一定的客户基础。三是从销售、采购、物流、信息等运营环节全链条接触业务。渠道从店内销售、楼宇销售拓展到周边企业客户、商（协）会客户、院校客户和经销商客户。

2012 年 1—9 月，首家楼宇店共实现营业收入 409.97 万元，其中店销只有不到 100 万元，而“百日营销会战”特通渠道、团购、经销商渠道的销售额达 300 多万元。其中月饼类 152.19 万元、酸奶 57.74 万元、山货类 46.09 万元、茶叶类 39.86 万元、酒类 30.58 万元、干果类 20.49 万元、油 17.72 万元、保健品类 8.96 万元、巧克力类 7.88 万元、配料类 7.53 万元、米 4.99 万元、饮品类 4.9 万元、面包类 4.97 万元、咖啡类 1.85 万元……其中，茶叶、蜂蜜、月饼、红酒、黄酒、干果等礼盒装产品的毛利率较高，主要在中秋和“十一”开展双节营销。酸奶类产品业绩好的原因是签订了食堂午餐长期供应合同。全年首家楼宇店实现营收500万元，但仍然亏损，未能实现盈利。

控固额三步法：操作指南与实施要点

固定成本费用主要包括人工成本、租金、办公经费，以及土地、厂房、设施等固定资产的折旧、摊销和资金成本等。对其的控制有以下三步。

第一步：明确固定成本费用“额”

首先，一定要控“额”，不能控“率”。其次，明确公司固定成本费用额有两个好处：一是结合公司边际利润率，能明确公司盈亏平衡点是多少，完成经营利润指标所需要的营业收入是多少；二是对于亏损企业而言，能明确年度最大“失血量”。在各业务点的边际利润至少为正的基础上，固定成本费用就是年度最大“失血量”。

第二步：界定固定成本费用

成本费用界定的原则是能划为变动的，不划为固定。比如研发费用必须带来相应的营业收入和边际利润率提升，应尽量算为变动成本费用。比如宣传推广费用非常容易算为固定成本费用，其支出必须与收入成正比，必须记在业务部门的变动成本费用预算里。

第三步：控降固定成本费用“额”

固定成本，如人工成本、租金，以及固定资产投入等主要类目，要本着量力而行，以边际利润水平和进度支出的原则进行，保证边际利润至少能覆盖固定成本费用。由于固定成本费用是不随收入变化而变化的，是必须支出的成本费用，所以一定要保证营业收入和边际贡献率的达成，这样预算的固定成本费用才有用。

第四章

锁收入：
锁定固定收入“额”

本章，我们分析一下收入来自哪里。我们会发现关键就是上文中的几个分析维度，产品、客户、渠道（区域）、数量、价格、时间。在什么产品、什么客户、什么渠道（区域）、什么时间销售的数量 × 价格 = 收入。在边际利润财务运营模型的基础上，对企业来说，盈利就是获取更多收入。在价格一定的情况下，获取更多收入就是提高销量。

价格：各相关方价值的设计

收入源自产品、客户、渠道（区域）、数量、价格、时间几个要素，我们先说说价格。什么是价格？有人说价格就是品牌，你的产品卖什么价，体现了你是什么品牌。一件衣服在地摊上卖 10 元，在奢侈品店能卖 10 万元，这就是品牌。有人说价格就是你在供应链上的定位，就像供应链里说的“软 3 元与硬 1 元”，一件商品在美国的零售价是 4 元，中国生产企业销售该商品的价格仅为 1 元，要提高销售价格实在困难，只有从另外的 3 元入手。这 3 元就是产业链各个环节的价值，包括产品设计、原材料采购、物流运输、批发零售、信息和管理等。如果你的定位只是生产商，价格就是 1 元，你的收入就是 1 元乘以数量。如果你的定位是服务商，价格就是 4 元，你的收入就是 4 元乘以数量。这个例子在保健品或功能性食品行业更为明显。生产商把商品以 100 元卖给经销商，他的毛利率为 20%。经销商的标价能达到 1000 元，实际成交价可能是 400 元。这么一看，经销商的毛利率高达 75%。但他的费用也非常高，他要提供大量的赠品，要举办大量的产品体验会和讲座，要组织实地参观，要配备大量销售人员进行跟踪服务，费用率可能达40%，实际利润率可能是35%。

品牌定位决定价格

有人说价格就是销售模式。笔者和一位做酒类营销的老板聊天，他说他们有全控价模式和半控价模式。全控价模式就是经销价和终端售价一样。经销商卖到一定量，品牌商给经销商“钱补”或“货补”，过程中的营销费用全由品牌商承担。这种模式的好处就是品牌商可以很好地管控终端价格。经销模式就是品牌商按经销价把商品卖给经销商，经销商按分销价把商品卖给分销商，分销商按批发价把商品卖给售点，售点再按零售价把商品卖给消费者，各段留10%~20%的利润。半控价模式介于全控价模式和经销模式之间。还有直营模式，就是品牌商直接把商品卖给消费者。不同的价格体系体现不同的商业模式。

总之，价格体现了品牌定位、供应链环节定位、销售模式定位等。从运营的角度来讲，价格更体现了财务模型。从损益表的角度来说，就是边际利润财务运营模型。公司销售的商品的价格乘以数量就是营业收入。这个价格决定了毛利率是多少，边际利润是多少。有一家渠道公司，对于一个产品多少钱能卖，一个销售人员张口就说留3个点。总经理问，为什么是3个点。他说，一直是3个点。总经理一想完了，因为这家公司固定成本费用是1500万元/年，假设这3个点的毛利率，没有变动成本费用，就是3个点的边际利润率，那么公司一年要做5亿元的营业收入才能打平，可这家公司一年的营业收入才 1 亿元出头，怎么盈利呢？亏损是必然的。

还有一家品牌产品公司设定的毛利率是 30%，边际利润率是 15%，但销售人员总是以各种理由申请特批价格，打九五折、九折，销售不好的时候甚至申请打七折，七折再加上营销费用，基本就是平着出了。价格一破坏，公司的财务模型就全被破坏了。假设一年 3 亿元营业收入，变动（直接）成本 70%，毛利率 30%，变动费用 15%，边际利润率 15%，即 4500 万元，1500 万元的固定费用，经营利润率 10%，即 3000 万元。营业收入就是价格乘以数量，价格一变，毛利率、边际利润率就全变了，除非数量增长能跟上，否则财务模型后面的一切都无从变起。而且笔者了解的这么多家公司，没有一家是价格降低、销量增长跟上的，都是越降越没销量。

笔者还听说过一家做进口椰汁的公司，其小包装产品的保质期是 12 个月。货从生产出来到通关运进国内可以销售 3 个月，而小包装椰汁一般效期过半，很多渠道就不让卖了，其在正常渠道的实际销售期就是 3 个月，过了 3 个月就打折处理。结果，开始时因为销路不畅，保质期过半就打折处理。经销商慢慢也找到了诀窍，特通渠道可以消化库存，就慢慢压着，保质期不过半就不进货。再加上这家进口椰汁公司的人里应外合，保质期一过半就亏本卖，经销商处理这些商品比正常销售赚的还多。最终，这家进口椰汁公司，少卖少亏，多卖多亏，倒闭了。

有一位做品牌产品的老板跟笔者说，他通过降低采购成本 15%，降低了经销价 15%，结果经销商反而不订购产品了。为什么呢？比如，天津的老经销商以前一直是以 85 元进货，以 100 元出货，终端价为 120 元。现在品牌商的经销价虽然从 85 元降到 72 元，但是经过老经销商多年维护，天津市场对这个产品的认知就是 120 元，按惯例八折团购价出货，就是约 100 元。老经销商降不降价？降价，这个产品就掉到下一个层级的品牌产品里了，多年维护的高端品牌产品形象就没了；不降价，别的经销商会以 85 元的价格在天津出货，抢占市场。老经销商的分销或团购客户就会质问，你为什么这么多年卖这么高的价格，你到底赚了我多少钱？继续跟着老经销商走的分销或团购客户也会抱怨，终端价坚挺的 120 元，现在居然掉到约 100 元，还怎么玩？

价格彰显价值主张

在公司品牌定位、供应链环节定位、销售模式定位等都确定的基础上，价格体系是一家公司的生命线，是以公司为纽带的利益相关方的生命线，最终也是公司的价值主张，是商业模式的核心要素。企业的价值创造，是多目标的，包含企业本身，企业所在产业链条上下游的合作伙伴，企业所关联的投资方、银行、税务等，这些目标都要平衡。对企业的评价维度不是单一的，要从政治、经济、社会、客户、人文等方面来评价，只有这样，才能整体看出这个企业是不是一个好企业。

商业模式的核心要素，从某个角度来说，就是阐述价格在商业模式中的作用。一是价值主张，就是做什么事，创造什么价值，实现谁的价值（见图 4-1）。二是经营系统，从采购到销售回款的全环节经营过程，买、卖、收支方式等经营方法，思路、原则、标准、制度、流程、表单等管理方法。三是盈利模式，能通过盈利满足所有利益相关方的价值主张，能通过差异化或是低成本持续盈利，且风险可控。

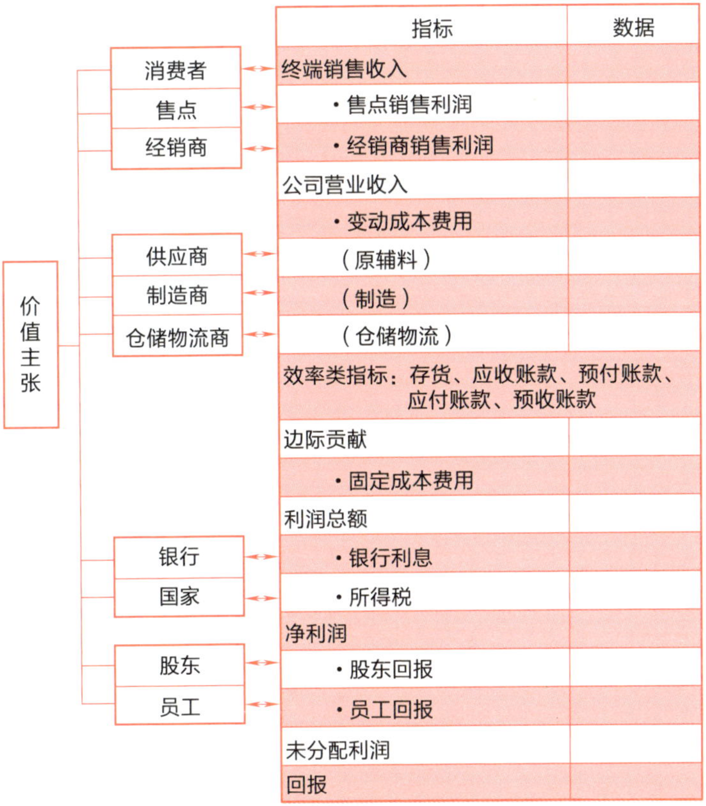

图 4-1　价值主张

企业价值主张就是一切与企业相关的组织、人员要得到的价值是什么。利益相关方包括消费者、售点、分销商、经销商、供应商、制造商、服务商、仓储商、物流商、包装商、银行、国家、股东、员工等。价格体系体现了下游从经销商、分销商、售点到消费者的价值主张，成本费用体系又体现了上游供应商、制造商、服务商、仓储商、物流商、包装商的价值主张，财务费用体现了银行的价值主张，税费体现了国家的价值主张，人工成本体现了员工的价值主张，分配利润体现了股东和员工的回报。

往细处说，比如股东的价值主张可细化为规模 10 亿元、净利 2 亿元、回报率 20%、增长率 15%、负债率小于 60%、行业排名第一等。员工的价值主张可细化为工资 10 万元、奖金 10 万元、GPS（超额净利润分享）20 万元、保障五险一金、职业生涯发展等。消费者的价值主张可细化为假设购买价格为 100 元，消费者为什么要买，对比竞争对手的 100 元，是不是能买到更多美味、健康、安全、体面、服务等。经销商、分销商、售点的价值主张又体现在每月能不能固定销售 100 万元、边际利润率超过 15%、库存周转快、应收账款占用资金少等。供应商、制造商、服务商、仓储商、物流商的价值主张又体现在是不是有稳定持续增长的供应量、良好的结算条件等。银行的价值主张又体现在是不是有良好的信用和还贷能力等。

企业创造的价值包括政治、经济、文化、理念、产品等。价值主张都是标准化、数据化的指标，是实实在在的。比如，许多公司的使命是“我们提供 ×××，使客户、股东、员工价值最大化”，这都是边际利润财务运营模型的数据化展现，企业经营目标是所有利益相关方价值主张之和，商业模式的设计在于满足所有利益相关方的价值诉求。这些都需要我们“大处设计，小处着手”。

基于渠道终端定价

上文讲了价格体系体现了企业的价值主张，要满足各利益相关方的价值。满足各利益相关方的价值应是合理的价值，应给的不能少，不应给的也不能多。那么如何设计价格体系呢？首先是从渠道终端开始，分析渠道终端的成交价格。其次是明确销售通路上利益相关方的作用及合理的利润分配，确定成本控制在多少。然后是为控制这个成本，供应链条上的利益相关方的作用及合理的利润分配。再次是满足这个链条的运转资金的来源，这又涉及自有资金（股东的利益）和外借资金（银行的利益）。最后是进行整体测算，是不是能运转起来，是不是可以满足边际利润财务运营模型，如果可以，就开展业务。要整体上梳理业务流程，在业务流程的基础上，明确利润分配。

一、业务流程梳理

梳理渠道的业务流程，首先是明确交易环节、交易模式、交易主体和各方职责，其次是从订单流、货流、钱流、发票流等几个方面梳理业务流程，再次找到优化的环节和措施。我们拿比较典型的某私域电商渠道举例。

2015 年，X 公司开拓了某私域电商渠道业务。这个私域电商有自己的会员，会员可用相关福利卡等到私域电商平台兑换实物。X 公司就提供可兑换实物的供应工作。通过梳理，公司的定位是私域电商平台供应链条的组织者。公司将仓配服务进行了外包，同时委托渠道代运营商进行兑换平台代运营。我们一个环节一个环节地梳理分析（见图 4-2）。

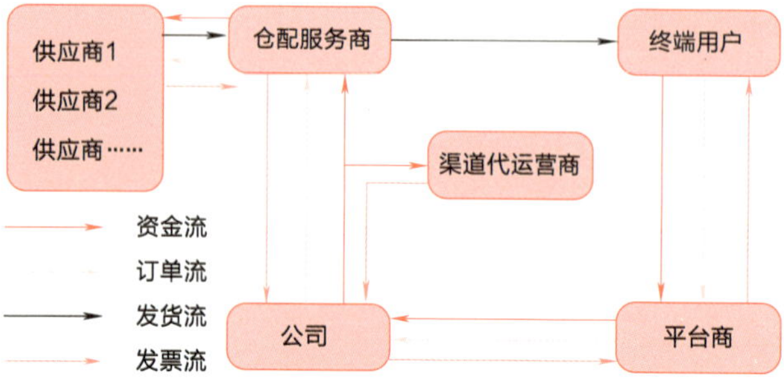

图 4-2　具体流程

订单流是，消费者在私域电商平台上兑换产品，私域电商将订单发给 X 公司，X 公司将订单发给仓配服务商，仓配服务商根据 X 公司的要求分别从几个供应商那里采购商品。发货流是，几个供应商将货集中到仓配服务商的仓库内，仓配服务商根据订单向消费者发货，消费者确认收到货物后，订单结束。资金流和发票流是，消费者将钱付给私域电商平台，私域电商平台给消费者提供收据；私域电商平台按相应价格结算给 X 公司，X 公司给平台商开具发票；X 公司一是将货款和仓配费用结算给仓配服务商，仓配服务商给 X 公司开具发票，二是将运营费结算给渠道代运营商，渠道代运营商给 X 公司开具服务费发票；仓配服务商将货款结算给各供应商，各供应商给仓配服务商开具发票。这里的重点是产品发票税点是 13%，服务费税点是 6%，这是计算利润分配时要考虑的因素。

二、业务模式梳理

业务模式的梳理，一是搞清楚私域电商的商业模式，以便做好服务。二是经营要多看一眼，不仅要看清下游的价格是多少，还要看清下游的下游价格是多少，利润空间分别有多大、是否合理。三是为设计整个渠道的价格体系和价值分配做参考。

（一）私域电商模式

1. 消费者在私域平台上消费，私域平台留下 20% 的扣点后与供应商进行结算（个别商品会向上浮动）。

2. 供应商上报产品的销售价格，只要能和供应商在主要电商平台官方旗舰店的挂价一致即可。会员系统运营商对产品的长期稳定供应要求很高，一定周期内（一般至少 3 个月内）不能更换产品。

3. 结算模式为先货后款，月结 30 天。这会对供应商产生应收账款。

（二）竞品兑换价格分析

这样来看，定多少价格特别关键，是整个价值链的起点。为分析销售价格如何设定，X 公司找了私域平台资源位的四款竞品，销售价格比主要电商平台的大促价分别高 10%~25%。具体原因如下。

1. 私域平台收 20% 的扣点，而主要电商平台按不同品类收 1.6%~4.1% 的扣点。供应商必须把私域平台多出的扣点赚出来。

2. 供应商众多，只有会员欢迎、价格合适并能上兑换资源位的产品，才会“起销量”，所以供应商自己会平衡销售价格与兑换数量的关系。

（三）X 公司产品销售价格分析

X 公司将自己供应产品的价格，从与竞品价格和自己产品在主要电商平台大促价格两方面进行对标。通过分析可以看出，根据不同产品的情况，价格比主要电商平台大促价格高出15%~25%，这是属于既有一定利润又较适合兑换的区间。于是X公司对高于或低于此空间的产品进行下架处理，同时补充符合价格要求的产品。

三、供应商及仓配服务商模式梳理

1. 产品供应商。一是产品要从源头采购，尽量减少中间环节。二是要根据量谈成最合适的价格。三是要通过谈判保证供应价格、品质、数量和时间的稳定，因为私域平台系统对此有严格规定，一旦产品被下架，再上架就要等很长的时间和走很长的审核流程。

2. 仓配服务商。一是X公司与仓配服务商按照先货后款30天账期结算，而仓配服务商与各供应商由于是源头采购，保证价格最低的同时，要进行先款后货的结算。仓配服务商要承担垫资服务，这样X公司在这个业务上就不会占用自有资金了。二是给仓配服务商一个合理的利润空间。

四、代运营模式梳理

代运营商虽然在订单流上没有作用，但其在扩大销售量和承担账期等方面却起到了非常重要的作用。

1. 对赌模式。X公司收取代运营商50万元保证金。代运营商负责X公司在私域平台的销售额达到2000万元以上，没达成则扣50万元保证金。这就需要代运营商想尽办法攻关，以达成目标。

2. 发货保证金模式。由于私域平台与X公司是按照先货后款结算的，X公司相当于赊销，有应收账款的风险。由代运营商打给

X 公司 200 万元的发货保证金，要求是覆盖 X 公司已发货、未结算的金额。相当于 X 公司的应收账款风险转嫁给了代运营商，合同包括了如产生坏账则由代运营商买单的条款。这保证了 X 公司没有应收账款及相应风险。

3. 服务费模式。代运营商的固定服务费按 5% 的比例流水倒扣。这个利润分配包括：（1）代运营商保证押金覆盖发货金额，承担资金成本；（2）提供整个供应的客服和私域平台系统运营的人员和工作；（3）一件代发模式负责边远地区运费差额，入仓模式承担退货风险。

代运营商的变动服务费就是激励部分：负责 X 公司在私域平台的各类线上线下推广等，并根据达成的销量另外进行 0~5% 的流水倒扣。比如 X 公司 0~2000 万元（不含）销售额没有激励，达到 2000 万 ~2500 万元（不含），按实际销售额给予 1% 的激励；达到 2500 万 ~3000 万元（不含），按实际销售额给予 2% 的激励；达到 3000 万 ~3500 万元（不含），按实际销售额给予 3% 的激励；达到 3500 万 ~4000 万元（不含），按实际销售额给予 4% 的激励；达到 4000 万元以上，按实际销售额给予 5% 的激励。结算模式为月结 30 天。但由于服务费 6% 的税点，在测算时要考虑到。

可以按照过往一个时间段的销售情况进行测算，假设销售金额按固定服务费扣点加最大激励扣点进行测算，明确运营商毛利率是多少、公司边际贡献率是多少、利润分配是否合理。

五、渠道盈利的一图一表

总结上述分析，就形成了私域平台的渠道业务逻辑图（见

图 4-3）和渠道盈利标准化控制表（见表 4-1），二者是管理的标准和工具。

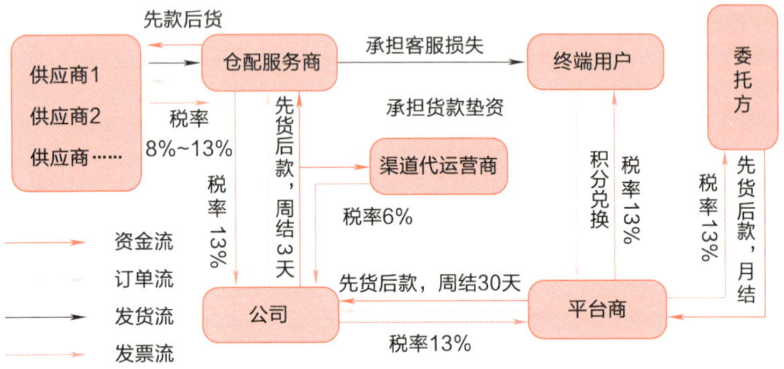

图 4-3　渠道业务逻辑

表 4-1　渠道盈利标准化控制表

序号	商品名称	兑换价	京东价	兑换价与京东价差率	平台扣点	结算价/元	成本			整体毛利计算			运营商最高毛利		我司最低边供	
							采购成本	仓配费用	仓配商利润	成本价/元	毛利率	毛利/万元	率	额/万元	率	额/万元
1	A															
2	B															
3	C															
4	D															
5	E															
6	F															
7	G															
8	H															

续表

序号	商品名称	兑换价	京东价	兑换价与京东价差率	平台扣点	结算价/元	成本			整体毛利计算			运营商最高毛利		我司最低边供	
							采购成本	仓配费用	仓配商利润	成本价/元	毛利率	毛利/万元	率	额/万元	率	额/万元
9	I															
10	J															
11	K															
12	L															
合计																

渠道业务逻辑图：明确了资金流、订单流、发货流和发票流；每一个环节交易的收支方式，先款后货多少账期，先货后款多少账期；税率的区别；主要的职责和风险点在哪里，谁负责。

渠道盈利标准化控制表：根据业务流程，销售模式，各相关方职责、权利、义务的细化，可以得出这个渠道业务上各端的利润分配情况。按各自的营业收入情况计算，大致是私域电商平台有平均 20% 的毛利率，X 公司有最少 15% 的毛利率，渠道代运营商有最多 12% 的毛利率，仓配服务商有 7% 的毛利率，供应商有 10% 的毛利率。这样整体价格体系就形成了，相当于兑换价格 100 元的话，X 公司的出货价格是 80 元，仓配服务商的出货价格是 58.4 元，供应商的出货价格是 54.31 元，供应商的采购成本是 48.88 元。之后再进行对标分析，符合行业行情的话，就是一个可以实现的价格体系，基本体现各相关方的合理利益。

战略订量：商业模式设计

边际利润财务运营模型的基本逻辑是“量、本、利”。首先是数量。上文介绍了收入来源的要素之一——价格，下面说说数量。对数量的管理分为三个层次：一是最低起订量，二是经济订量，三是战略订量。最低起订量是满足经营的最低数量要求，它是衔接销售、运输、仓储、生产、包装、采购全环节的起订量要求。只有满足最低起订量的要求，我们才有可操作的运营管理基础。经济订量是满足经营最优成本的数量要求。达到这个要求，我们可以拿到最低的采购成本。战略订量是要完成战略目标的数量要求，达到战略订量要求，再加上周转次数，就能实现我们的战略发展目标，取得市场经济地位。

满足最低起订量是定价的基础

数量的核心管控点是最低起订量，就是每一批次多少量才能起订，这个标准必须确定。一旦没有标准和管理，一整套边际利润财务运营模型系统运转起来，第一个破坏它的就是最低起订量。不少销售认为，最低起订量应按照客户和渠道的要求来设计。假设工厂做一个批次产品的最低起订量是 5000 盒。但是考虑到业务刚刚起步，经销商需要多少就应该卖多少。生产一批，卖不出去，就先囤着是绝对不行的，我们必须反过来，从生产的最低起订量出发，销售的最低起订量就是多少。而且各个产品的每个 SKU 都要设定清楚，严格执行最低起订量。没有最低起订量的要求，我们的预算就会成为空谈。

比如采购成本。生产一个 SKU，采购原料、辅料、包装等都有最低起订量。拿包装来说，满 1000 盒供应商才供货，这个最低起订量就是成本的开始。只产出 100 盒成品，成本也是 1000 盒。剩下的 900 盒就得等订单，存货就开始形成了，保质期就开始缩减了，产品损耗就开始发生了。又如生产成本。假设一条生产线日产 1000 盒成品，那么销售最低起订量就是 1000 盒。因为机器一开，水、电、气、人工等成本费用就是为生产 1000 盒配置的。公司每换一个 SKU 生产，仅工艺调整、设备清扫就得占用大量劳动力和劳动时间。如果是接一个订单就生产一批货，今天这个客户要三盒，明天那个客户要六盒，四个渠道八十个经销商天天要你改变计划，你的供应系统就全乱了。工厂厂长每三天就得打个申请，这块建个车间，那块建个仓库，这边要招人，那边能耗超标了，问题就全来了。

业务运营起来，第一个破坏我们运营管理标准化控制表数字的，就是最低起订量。这个量守不住，表中的采购成本、毛利率、变动成本费用、边际利润率、固定成本费用、净利润等数字就会跟着改变，运营的轨迹就会脱离预算的轨道。许多生意失败的原因就在这里。而它又非常隐蔽，不易被发现。比如，公司通过整体运营分析，发现边际利润率比预算低了，低在哪儿了？销售一部、二部、三部、四部的数据都没有问题，在分账上都没有体现。体现在哪儿了？体现在公司整体的共用账上了，问题藏在供应链和仓库里。这个共用账就是潜在的地雷，积累到一定程度，就会把连同四个销售部门在内的整个公司引爆。所以我们在运用边际利润财务运营模型时，比较强调销售部门的变动费用，要全链条统计和计算。

各个销售部门都是根据业绩合同、考核指标来做事。完成了合同、订单，各个销售部门的数据就没有问题。但一算公司总账，数就不对了。原因在于中台部门没人负责。因此，销售的责任必须一背到底，一竿子捅到底，对销售、生产、采购、研发、仓储、物流各个环节负责。销售很不容易，每卖出一份产品都很辛苦。但销售是前台，前台一动，从头到尾全程的结果就会跟着动。销售绝对不能只负责销售一端，生产、供应链等都忽略。

其实，我们去采购，供应商卖给我们东西时也是有最低起订量的。而我们卖东西给别人，却没有起订量，为什么？一是因为我们没有标准，没有财务数字的要求。二是因为在业务流程里，在销售和供应链之间，我们缺少一个环节，这个环节能够清楚地设定最低起订量，严格卡死生产成本。也就是说，销售这边不到最低起订量不下单；供应这边不到最低起订量不生产。

在这个环节上，销售和供应链的内勤这个岗位尤为重要，我们把闸口放在了供应链部内勤岗。他不仅是一个统计者，更是一个组织者。他就像业务负责人的宰相，手拿公司制度、标准，通过管理业务信息来管理业务行为。他要一手托两家，上承销售，下启供应。订单来了，内勤要把关够不够最低起订量：够了，下单生产；不够，几个销售部门凑一下；还不够，等凑够了再生产。不够最低起订量绝不生产。有特殊需求，最低起订量 1000 盒，客户就只买 200 盒，其他 800 盒没有销路，怎么办？没关系，我们把所有的费用算清。买 200 盒的产品，要承担 1000 盒的成本，还要不要？要，就做这个生意；不要，就不做这个生意。

如果业务特点决定了客户需求的品种多，单品需求的数量少，达不到最低起订量要求怎么办？举个混合糖果的例子，假设一条生产线日产 10 万小袋糖果，单个客户有需要 10 袋装的，有需要 20 袋装的，有需要 50 袋装的，怎么办？拓展客户数量，收集所有客户的需求，把相似的需求集中起来，对需求进行分类，为每一类确立标准，然后安排生产和供应。把所有的小袋统一化，小袋生产出来了，再根据 10 袋装、20 袋装、50 袋装进行分装。

当然这样做是一个很难的过程，但我们只能选择做困难的事。扭亏为盈的诀窍，就是别人都觉得难的地方我们能突破；别人粗犷管理的地方，我们精细化管理。严格制定和执行最低起订量，就好比我们长跑遇到的第一个耐力极限。这是很难受的一个阶段，扛过去，就能保护我们运营管理标准化控制表中的数字，就能夯实确保公司经营系统持续健康发展的基础。

经济订量是商业模式的设计单位

最低起订量满足了生产一批次产品的最低数量要求，而经济订量满足了生产一批次产品最低成本的要求，经济订量决定了最终的直接成本。只有报了采购数量，供应商和工厂才会核报价。而只有达到一定的数量，我们才会得到最低报价。这需要对上述直接成本里的主要元素，原料、内袋、盒子、外箱、运费以及加工费逐项打开，分析每一个主要元素的经济订量，再确定我们采购的经济订量。在原辅料价格合理的情况下，我们尽量使用工厂的常备库存，避免自己备货的风险。工厂没有库存的，我们再采购。比如要做到成本最低，需要原料 5 吨（100 克 / 袋）一采购，内袋 5 万个一采购，盒子（10 袋 / 盒）1 万个一采购，外箱（10 盒 / 箱）5000 个一采购，加工能力一天 2 万盒，运输一个标准车是 5000 箱。我们的经济订量就是 2 万盒 / 批次，采购上，成品是 2 万盒、外箱 0.4 个经济订量、盒子 2 个经济订量、内袋 4 个经济订量、原料 4 个经济订量、运输 4 个经济订量。超过及整倍数经济订量的都好操作，比如外箱没达到经济订量，解决办法是用通用箱，其他产品也可以贴标使用。

经济订量确定后，就成为销售和采购生产的最小单位，成为运营管理标准化控制表最严格的单位，也是产品初期锁定成本的关键要素。销售按经济订量接单，采购按经济订量采购，供应链部按经济订量下单生产。我们的成本才会做到最优，我们的原料、辅料、包材、成品等的库存才会最小。工厂排产也会舒服很多，供应商、生产商、我们多方共赢。这就要求我们的销售渠道和售点足够广，销售的数量足够覆盖经济订量。

这里要特别注意产品包装的通用性设计。有这么一家公司，其产品众多，多就多吧，盒子的大小、形状还不一样。外箱更是千奇百怪，外箱的规格就有十几种。别的产品急着出货，想借用一下它的外箱都没法用，一是印上了文字，二是盒子要么装不进去，要么就是空一大块，这会造成大量的物流损耗。这家公司的总经理记得有一回参观展会，一位行业专家见到他的产品就把他叫到一边说："是不是一家人，外人扫一眼就能看出来。你再看你们的产品，有高山流水，有小桥人家，有闲云野鹤，有桃花盛开，怎么也看不出是一家啊。"这位总经理一看还真是，再加上高矮胖瘦、赤橙黄绿，整个一个"横看成岭侧成峰，远近高低各不同"。

如果公司统一盒子和箱子的规格，在工厂包装环节，工人就会更熟练、效率会更高。包材厂也很高兴，因为好备材料，盒子纸板都剪裁好了，要印哪个产品印哪个。他们去包材厂，包材厂的人说："你们用一个板型的包装，备货费用都不用你们承担，我们承担都行。"因为几种产品同时在用这个包装，包材厂根本不愁备了货用不了。

这家公司的总经理就问产品部为什么包装规格差异这么大，原来换一个领导搞一个包装样式，换一家设计公司搞一个包装样式，时间一长就形成了这种情况。这家公司通过一年的调整，外箱由十几种变成三种，盒子样式基本统一。公司的产量和效率都提高了，特别是其品牌形象更突出了。

战略订量打造大单品

现在很多公司都在提倡"聚焦、做精、减法"，实行大单品战略。有的公司还设计了"13511"的大单品战略，即单品的营业收入按每年 1000 万元、3000 万元、5000 万元、1 亿元、10 亿元的规模阶段逐步发展。假设这个单品的价格是 100 元 / 盒，那么就按 10 万盒、30 万盒、50 万盒、100 万盒、1000 万盒的销售数量进行发展。数量背后，就是产品、客户、渠道的分解。笔者认为这是品牌产品公司必需的发展道路。

作为品牌产品公司，笔者发现销售和中台部门的思路有根本不同。销售是客户缺啥就想供啥，客户今天说这个产品好卖，销售就找中台部门要。中台部门正相反，它希望有啥卖啥。笔者开始是偏向销售的，市场、客户一有需求，就想着马上做出产品，开展销售。但经历了几轮，笔者发现这条路是走不通的。不同的产品，配方、原料、辅料、加工工艺、包装、质量安全要求都不同，研发需要大量时间打磨，甚至需要这家公司在这个产品上长期积淀经验。有时候，一个产品看着像是已有产品的同类或相关品类产品，实则它们之间的区别很大。

比如，笔者认识一家生产调味品的公司，它主营酱油和醋，后来认为烹饪黄酒有市场，就生产烹饪黄酒，没几个月就出事了。原来，它选择了调味品的产品标准，没有选择黄酒的产品标准。对于酒类产品，都要严查塑化剂，这一查，其产品塑化剂超标了，被勒令下架，造成大量损失。还有一家做月饼的公司，当时认为无糖月饼市场需求量大，就用代糖调料替代白糖原料，而对这种代糖调料是有量的要求的，这家公司没有掌握好量，造成了腹泻事件。还有家生产功能性食品的公司，它喜欢生产一些含有药食同源原辅料的产品，突出食品功效。但是药食同源产品极其讲究，有的产品如果生食就不行，必须做成熟的。如果错吃了，可能会引发事故。

所以对一家品牌产品公司而言，产品聚焦非常关键，可以延伸，但必须是相关性很强的延伸。有一家公司做了一款产品，第一年做到了 1000 万元，第二年做到了 3000 万元，第三年做到了 7000 万元。你会发现整个公司都变了。原来小批量多产品的时候，销售部、市场部、供应链部、质量安全部都是一团糟，看似很忙，什么都在做，却什么都没做深入，原料、辅料、包材、产成品库存也是乱七八糟。工厂也很不开心，到了供货旺季都得求工厂排单。做了超级单品后，你会发现，公司不是在忙于做单或做系统等事务性工作，而是忙着往上下游不断深挖整条供应链的核心能力。销售很开心地拓展客户，帮助客户开发下游客户。供应链部围绕产品加强对各种原料、辅料的把控。市场部能够做出一整套指导终端售点的卖点体系。质量安全部有计划、有步骤地盯着关键指标检测结果，在过程中开展抽查。工厂更开心，因为这家公司每月固定有两批产品，每批 200 万 ~300 万元，它早早就备好了原辅料包材，制订好生产计划，而且每年主动要求给他们降价。

不少企业都把达到国内市场前三名作为战略目标，当订量达到战略订量要求时，才是一家公司能实现战略目标的开始，国内市场前三名的地位才有了数据支撑。

时间管理：实现“短平快”

收入等于价格乘以数量，还要考虑实现收入的时间。时间管理讲究“短平快”。

“短”就是产品的销售有一个周期，分为三个层次。一是用保质期来计算，比如有的产品的保质期是 12 个月，理论来讲，它的销售周期就是 12 个月。二是用货架期来计算，许多销售渠道在距离保质期终止多长时间就停止销售，比如有的商超要求保质期不过半，那么产品的货架期就是 6 个月。三是用销售期来计算，因为有的产品生产出来后还要运输一段时间，这段时间就会占用货架期。假设运输需要 3 个月，那么这个产品的销售期就只有 3 个月。我们在时间管理时就要按照最短的销售期进行设计，这样才能保证边际利润财务运营模型的准确。

“平”就是因节庆时节等有销售淡旺季，农产品也有收割采摘季，而厂房、机器、设备、仓库、人员及其产生的固定成本费用是全年平均分摊的，是总经理每天一起床就支出的成本费用。许多公司的经营月分为大月、中月、小月，即盈利月、盈亏平衡月、亏损月。“平”的时间管理，就是尽量做到资源和产能利用的最大化，就需要全年各季、各月，甚至各周、各日的销售数量要尽量平均，避免明显的淡旺季。至少要减少和消灭小月，增加大月和中月。

“快”就是根据订单需求，供应链从采购、生产到交货的时间要越快越好，这样可以实现按订单生产，较少占用供应商、工厂、渠道的库存和资金，周转更快。这需要根据渠道销售模式、原辅料采购特点、包装形式、加工方式、运输半径等进行整体供应链设计，以使速度最快。

“短”：以最短销售期为准

对时间的第一种理解是保质期。产品是有生命周期的。消费者关注的是保质期。企业关注的是货架期。还是拿进口椰汁产品这个比较极端的例子来说。其保质期是 12 个月，从生产出来到船运到岸通关，可以销售 3 个月，商超、电商等主流渠道的货架期是保质期的一半，也就是超过 6 个月就不能销售了，进口椰汁的实际销售期只有 3 个月。所有的财务模型必须按照 3 个月内能完成销售来设计。但实际上，3 个月内只能销售 1/3，2/3 销售不出去，只能打折，赔钱甩出去，以免颗粒无收。产品在货架期内不能销售出去，又是一个破坏运营管理标准化控制表数字的原因。

公司在设计边际利润财务运营模型和运营管理标准化控制表的时候，没有想过产品不能如期销售出去怎么办。没有想清楚这个重大前提，我们的模型和表就全是纸上谈兵。有些企业在设计的时候就先假定实际销售量只占 1/3，还有 2/3 全部算货损，放在费用里。这种情况在毛利极高的高科技公司是存在的，但是它们的财务运营模型和控制表经过测算，风险是能承担的，也能达成财务目标。

如果没有能力在 3 个月内把产品全部销售出去，公司就必须在生产前锁定销售，先有订单再生产。当时这个椰汁销售团队的办法是这样的，第一步找到经济订量，化整为零，以一个集装箱为单位。一个集装箱是 2 万盒（1000 箱）。这样既满足了生产商的经济产量，也满足了包材商的经济产量，还满足了货运商的经济运量，这就是椰汁销售的经济订量，销售单位就是 1000 箱一批次。第二步是确立销售标准，对经销商的要求就是 1000 箱 / 批次订货，经销商下单后 95 天交货。

第三步，谈支付方式。经销商感觉交货周期太长，要求下订单后预先支付 20%，收到货支付 80%。这貌似合理，交货的时候经销商会把其余款项打过来。但笔者听说过一个真实案例，这种模式也是有风险的。有一家公司，一个客户订了 2000 万元的货，合同要求客户支付 20% 的订金，其余 80% 的款项，客户在收到货并验收合格后 5 个工作日内支付。这家公司把货备好以后，发现联系不上这个客户了。货又不能处理，怕过几天客户要货，公司就违约了。就这么等来等去，货架期很快就过去了。客户只损失了 20% 的订金，但公司承担了剩余的所有成本。

所以，品牌商当然希望经销商交全款下订单，这样风险最小。后来，这家公司提出下订单付全款，价格优惠 3%。一般来讲，资金年化成本率是 5%，三个月的话也就是百分之一点几，他们把价格优惠 3%，经销商爽快地答应了。但是，这样做的前提是计算运营管理标准化控制表里的数字，因为价格变了要全部重新测算，价格一变，表里的数字就全变了，要确认还能不能实现预定目标。这家公司经过测算，按此方案开展了业务。

“平”：平均大小月、淡旺季

对时间的另一种理解是销售时间。有一家品牌食品公司，主要渠道是节庆福利。它的销售时间非常明显，1 月，因为临近春节，销售量非常大。2 月，过春节，从春节前 15 天就没订单了，春节后才慢慢有了些订单，销售量非常少。3 月、4 月销售量比较小。5 月销售量提高了一些，因为端午节。6 月、7 月销售量比较小。8 月临近中秋、国庆，销售量上升，9 月销售量较大。10 月又进入淡季。11 月因为元旦、春节开始有起色，12 月能冲一把。这样的公司，1 月的业绩简直是燃爆了，按此发展全年真是太棒了。然而，后面好点的月份能收支平衡或微盈，不好的月份就亏损。这家公司的总经理说，他 9 月上任，8 月的经营数据刚出来，财务经理跑到他的办公室大喊：“总经理，得想办法了，要不 1 月的利润就赔完了。”他现在都对财务经理惊恐的表情印象深刻。

时间的不均衡也是影响经济订量的重要因素。因为公司的生产和采购有周期性，一定是越均衡越好安排：雇多少人，需要多少人工成本费用；机器设备配置多少，需要多少产能利用率；库房的大小，不能忙时不够用，闲时又空着。时间均衡非常关键。

另外，还是要运用边际利润财务运营模型，这家公司 1800

万元的固定费用，平均一个月是 150 万元。每个月别管业务怎么样，150 万元是必须花出去的。经营利润预算全年是 1200 万元，平均一个月是 100 万元。这意味着边际利润每月要达到 150 万元，才能不赔本，达到 250 万元，则能完成平均分摊到月的经营利润。按照 15% 的边际利润率计算，每月的营业收入分别要达到 1000 万元和 1670 万元。这家公司的销售时间分配很明显，大月（盈利月）是 1、9、12 月，中月（盈亏平衡或是微盈月）是 5、8、11 月，小月（亏损月）是 2、3、4、6、7、10 月。原则就是中月向大月发展，小月向中月发展。

怎么办呢？一是现有福利渠道。原来的产品比较适用中秋、国庆和元旦、春节两个档期销售，公司从已有的产品里挑出几款适合端午节和防暑降温的产品，提高 5、6 两个月的销量。二是在现有福利渠道的基础上，拓展电商渠道，增加 5、6 月（“6 · 18”）、10、11 月（“双十一”）的销售。三是拓展会员制体验店渠道的销售，这个渠道的大月恰恰是 2—10 月。四是拆开大包装，卖里面的小规格包装，拓展商超便利店，特别是量贩式精品食品店的销售，这个渠道是 1—12 月均有销售。这样经营了两年，小月没有了，中月变成了 2、4、10 月，大月变成了 3、5、6、7、8、11 月，超大月变成了 1、9、12 月。全年没有一个亏损月。

“快”：交货速度“唯快不破”

对时间的另一种理解是交期，即从客户下单到交货的时间。因为市场的不确定性越来越大，经销商囤货的积极性越来越低，整个链条都在去库存，各个环节都以销定采的话，就要求我们必须最大程度地减少交货时间。一位总经理在接手一家品牌食品公司的时候，发现一个很有意思的现象。他一到任就去拜访客户和生产工厂，到客户那里，他发现只有销售人员去过，市场部、产品部、供应链部的人都没去过。他去了工厂发现，供应链部的人去过，质量安全部的人偶尔去，销售部、市场部、产品部的人都没去过。后来，他就拉着销售部、市场部、产品部、供应链部、质量安全部的人一起去工厂。当时正值福利渠道的客户催货，赶在节前供货，要求一周内交货。而工厂反馈，要 10 万袋，一天只能生产 5000 袋，需要 20 天。公司去工厂实际考察后发现，他们的包装是自封袋式的，就是消费者开封后一次吃不完，有类似拉链的装置封住袋口，这种包装形式需要人工介入，工厂一天只能生产 5000 袋。而工厂有自动化生产线，生产的是三边封的袋子，用这种袋子，工厂一天生产 5 万袋，两天就能完工，再加上检测 3 天，运输 1 天，6 天就能交货。

销售急得不得了，这位总经理就问供应链部的人为什么不换包装形式。供应链部的人说市场部不同意。总经理又问市场部的人，市场部说，这是 1kg 规格的产品，没有哪个家庭能一两天吃完，吃不完，敞着口非常影响品质和客户体验。销售急着出业绩没错，市场部考虑品牌形象也没问题，那么怎么解决呢？他们现场召开了团队学习会议，首先列出两种包装的优势和劣势。自封袋包装，生产周期长，客户体验好。三边封包装，生产周期是自封袋的 1/5，但是消费者吃不完需要自己用夹子夹住，影响品质和客户体验。可一算成本，连包材费带加工费，后者能比自封袋便宜 1.5 元 / 袋，对于经销价 16 元 / 袋的产品来说，省了近

10%。而这个产品是纯原料分装产品，主要就是低成本竞争。差异化竞争的产品是他们按配方添加多种原料的混合装。低成本竞争的产品，他们就以速度和成本为主。差异化竞争的产品，他们就以品质和体验为主。确定这样的原则，各部门都接受了。总经理跟经销商商量这个事，经销商喜出望外，说只要能如期交货就行。

下一个问题就是包材，他们紧急找到附近的包材供应商，包材供应商说这种三边封的包装非常好做，现在给他制作文件，他自己加班制版，第二天至少可以生产 5 万袋包材。第二天运过来 5 万袋包材，工厂连夜生产也是 5 万袋。后天再运过来 5 万袋，生产就接上了。整体来看，7 天就能把货送到客户手上。市场部、产品部、供应链部、质量安全部的同事就在包材厂和生产工厂修改文件、盯样、确认、生产，居然完成了订单。结果既保证了这个产品快速交货，又把边际利润提高了近 10%。

再介绍一个 Z 品牌直播带货渠道“料厂仓配”一体化供应链变革的案例。

直播带货因为迅速带来销量而火了起来。一时间各路演艺明星、商界名流涌入直播赛道，各品牌商家纷纷投入直播，好像只要做直播就能大卖。做过几次，大家就知道直播很难。特别是代茶饮直播，能真正带来爆发式销量的少，产生直接盈利的少，很多都“翻车”了。

究其原因，直播带货做得好不好，关键是供应链。特别是初级农产品，必须打破传统工厂式的供应模式，变为适应直播带货渠道需求的“料厂仓配”一体化产区供应链模式。为此，我们以 Z 品牌两次请 W 主播直播的经验进行分析。

一、渠道分析

以W主播直播Z品牌的X1产品为例，单品直播时间2分钟，直播间同时在线观看人数超1000万，X1产品链接点击次数超过60万，点击率6%；店铺X1产品访客数超过37万次，访问率3.7%；销售超过2万罐，产生181万元销售额，销售率0.5%。除了爆量销售，W主播直播还有以下几个特点。

（一）优点

1. 超强的拉新能力。W主播单场直播2分钟为Z品牌旗舰店吸引22 608名会员，其中99.8%为Z品牌新会员，具有很强的拉新能力。而Z品牌天猫旗舰店最近增长2万会员用了2个月的时间。

2. 超快的销售转化。虽然库存设置为2万罐，但访客数近40万人次。迫使消费者产生急迫感，无暇选择。消费者正常访问购买时间为17秒，直播带货仅为7秒，大部分消费者在7秒内做出购买行为。

3. 潜在的二次销售。针对直播时未下单的用户，仍有二次营销的机会。除已成交订单，直播当天,X1产品收藏人数为3808，加购人数为7667，对后期购物车以及潜在购物人群的营销提供了便利。

（二）问题

1. 冲动消费多。有12 584位消费者下单未支付，占总下单人数50 976的24.7%。在产品的选择以及价格设置上，需要更具性价比。

2. 退款率高。直播带来的部分冲动型客户，虽产生了实时购买，但3天内退款率达17.60%，退货金额38.6万元，短期内的退款率飙升。

3. 客单价很低。直播 X1 产品客单价 88 元，与日常店铺客单价 350 元相差较大。而直播带货的主力价格带就是 50~100 元。

（三）渠道小结

W 主播直播带货是个能瞬间销售数万单产品、吸引数万名会员、带动持续消费，同时又冲动消费多、退款率高、客单价低的渠道。

二、消费者分析

我们对 W 主播直播带货所有订单（包括支付和未支付的订单）的地址进行了分析，Z 品牌 X1 产品共计 38 392 单，Z 品牌 X2 产品共计 14 942 单。

1. 从消费者区域分布来看，X1 产品的消费者主要分布在华东（占比 40%）和华北（占比 18%），X2 产品的消费者主要分布在华东（占比 38%）和华北（占比 20%）。这与直播带货渠道的消费者主要在非发达地区的传统认知不一样。

2. 从消费者省市分布来看，X1 产品和 X2 产品的消费者分别分布在江苏（占比 10% 和 9%），上海（占比均为 9%），浙江（占比 8% 和 4%），山东（占比 7% 和 10%），广东（占比 7% 和 9%），北京（占比 6% 和 9%）。直播带货渠道的消费者基本分布在东部沿海发达地区。

3. 从消费者所在城市级别来看，X1 产品和 X2 产品的消费者分别分布在一线和新一线城市（占比 41% 和 45%），二线城市（占比 22% 和 20%）。这与直播带货渠道的消费者主要分布在三、四线城市的传统认知不一样。

4. 从消费者年龄和性别来看，X1 产品和 X2 产品的消费者 70% 左右为女性，50% 左右在 20~40 岁。

5. 消费者小结：W 主播的代茶饮消费者主要是华东、华北地区一、二线城市的青年女性。这对于 Z 品牌已有的以 35 ~ 49 岁为主的男性消费者来说，弥补了 Z 品牌的市场空白。

三、产品分析

W 主播直播带货销售的产品主要是受女性欢迎的美妆、服装鞋帽、小食品等。选品的流程是：中介推荐、填表、寄样、初选、中选、W 主播本人亲自终选。选品的基本标准是市场认知度高、价格优惠力度大或是扶贫助农主题。代茶饮在直播的产品中占比很小，直播的次数较少。

（一）现状分析

从部分资料来看，2020 年上半年，W 主播直播带货销售的产品品类共计 10 种（见表 4-2）。

表 4-2　W 主播直播产品信息

品牌	产品	规格	日常价（元）	直播价（元）	销量（个）	备注
B 品牌	安化黑茶	200g/ 罐	189	98	12 000	扶贫助农
X 品牌	黄山毛峰	60g/ 罐	188	99	14 000	黄山毛峰文化节
X 品牌	玫瑰花茶	20 朵 / 袋	89.9	39.9	30 000	
H 品牌	六安瓜片	150g/ 袋	98	49	16 000	

续表

品牌	产品	规格	日常价（元）	直播价（元）	销量（个）	备注
M 品牌	蒙顶甘露	100g/ 罐	298	298	20 000	买一发二，扶贫助农
Y 品牌	口碑龙井	200g/ 包	219	169	11 000	正常选品
Y 品牌	冻干柠檬	200g/2 盒	28.8	23.8	150 000	正常选品
YZ 品牌	小青柑	90g/ 袋	128	78/3 袋	60 000	正常选品
C 品牌	小青柑	125g/ 罐	168	88	20 000	正常选品
C 品牌	都匀毛尖	200g/ 袋	158	118/2 袋	14 000	扶贫助农

注：以上表格仅统计 W 主播直播当天销售数据，因为直播价和日常价有区别，直播多有赠品、优惠券等促销活动，数据仅作为参考。

（二）品类分析

从表 4-2 中我们可以看出，排在前五名，销量超过 2 万单的分别是：

1. Y 品牌冻干柠檬代用茶 150 000 单；
2. YZ 品牌小青柑调味茶 60 000 单；
3. X 品牌玫瑰花茶代用茶 30 000 单；
4. C 品牌小青柑调味茶 20 000 单；
5. M 品牌蒙顶甘露绿茶 20 000 单。

以上数据中，代用茶、调味茶等现代茶共四款，占据前四名。传统茶只有地标茶蒙顶甘露绿茶位列第五名，而且是扶贫助农项目，得到了当地政府大量的资源支持。从品类上看，冻干柠檬、小青柑、玫瑰花茶等现代茶产品更受 W 主播的消费者欢迎。

在上述数据之外，在天猫上搜索“W 主播推荐茶”，排名靠前的茶，如表 4-3 所示。

表 4-3　天猫"W主播推荐茶"

品牌	产品	类别	当前售价	当前月销量
SDL	黑乌龙茶 349ml	饮料	139 元 /24 瓶	18 000
LD	组合：荷叶白茶、玫瑰红茶、焦糖波斯	调味茶	109 元 / 组	10 000
WKZ	果汁茶 250ml	饮料	92 元 /16 袋	10 000
GYC	爆摇奶茶 53ml	饮料	50 元 /5 支	8000
HYC	冻干玫瑰 60g	代用茶	39.9 元 / 袋	5000
DX	柠檬薄荷金花黑茶 40g	调味茶	7.9 元 / 袋	2000
DX	红豆薏米 40g	代用茶	16.9 元 / 袋	500

7 款产品中有 3 款是饮料，其他 4 款也均为现代茶。

（三）价格分析

从上述产品来看，产品的日常价均在 100~200 元；直播价基本上是打了五折，在 50~100 元。代用茶、其他调味茶产品的日常价均在 20~50 元；直播价基本上是六至八折再买一发二或买一发三。这些直播价符合 W 主播零食类 50 元上下的第一价格带。

（四）产品小结

如果我们把代用茶、调味茶统称为现代茶，W 主播直播的茶叶产品主要是市场认知度高的 50 元上下的现代茶和地标茶。

四、盈利分析

我们用边际利润财务运营模型来测算一下 W 主播茶叶直播的

盈利情况。这里排除了“赔本赚吆喝”的纯市场宣传投入因素。

（一）盈利测算

1. 假设 W 主播直播带货一款标价 200 元、直播价 100 元的产品能卖出 20 000 个，那么其成本必须控制在 55 元以内，才能实现盈利（见表 4-4）。

表 4-4　标价 200 元、直播价 100 元、销量 20 000 个的商品信息

数量	20 000 个
日常价	200.00 元
含税销售单价	100.00 元
不含税销售单价	88.50 元
含税成本价	55.00 元
不含税成本价	48.67 元
不含税收入	1 769 911.50 元
不含税成本	973 451.33 元
税金及附加	14 633.63 元
毛利	781 826.55 元
毛利率	44%
直播整体扣点	30%
直播整体扣点费	600 000.00 元
平台扣点	2%
平台扣点费	40 000.00 元
仓配费单价	3.00 元 / 单
仓配费	60 000.00 元
边际贡献	81 826.55 元

续表

直播固定费用	75 000.00 元
项目利润	6826.55 元

2. 如果销量在 10 000 个左右，再假设标价 200 元、直播价 100 元的产品，其成本必须控制在 50 元以内，才能实现盈利（见表 4-5）。

表 4-5　标价 200 元、直播价 100 元、销量 10 000 个左右的产品信息

数量	10 000 个
日常价	200.00 元
含税销售单价	100.00 元
不含税销售单价	88.50 元
含税成本价	50.00 元
不含税成本价	44.25 元
不含税收入	884 955.75 元
不含税成本	442 477.88 元
税金及附加	14 633.63 元
毛利	427 844.25 元
毛利率	48%
直播整体扣点	30%
直播整体扣点费	300 000.00 元
平台扣点	2%
平台扣点费	20 000.00 元

续表

仓配费单价	3.00 元 / 单
仓配费	30 000.00 元
边际贡献	77 844.25 元
直播固定费用	75 000.00 元
项目利润	2844.25 元

（二）盈利的关键点

从表 4-4 和表 4-5 分析得出，由于直播扣点、直播固定费用、平台扣点等谈判的空间很小，随着各路演艺明星的加入，费用还会水涨船高。决定直播带货盈利点的主要是直播价格、销量、成本、仓配费四个指标。另外，备货量的合理程度、配送时间的长短决定了退单率的高低，库存和时间对销量也起到重要作用。

五、供应链的特点

综合上述分析，W 主播的人设定位是：把市场认知度高的 50 元上下的现代茶和地标茶，通过能瞬间销售数万单、吸引数万会员、拉动持续消费的渠道，卖给华东、华北地区一、二线城市青年女性消费者。

从供应链的角度出发，成本、费用、数量、时间决定了直播带货的成功与否，其具有以下几个特点。

（一）备货风险高

W 主播直播带货的备货存在高风险性。虽然该渠道能够瞬间爆单，但是数量不确定性高。是能销售 1 万单、2 万单还是 5 万单，我们无法比较准确地预估，也就无法准确地备货。货备多了，形成库存积压；货备少了，影响销量。

以 X1 产品为例，该产品是现有库存产品，原计划在电商平台销售，备了一年的销量 3 万罐。提报 W 主播直播库存 2 万罐，销售一空。按需求的情况来看，销售 2.5 万 ~3 万罐是有可能的。

以 X2 产品为例，预估该产品能销售 6 万袋，而实际销量只有 1.4 万袋。如果真按 6 万袋来备货，那么损失会非常惨重。

（二）时间要求快

按照 W 主播的选品流程，报送产品后的时间会很长，短的两三周，长的一个月。一旦入选，其工作人员会通知后天晚上就要上直播。上直播当天晚上，要求消费者要见到快递单号，第 2 天上午要见到快递公司的揽收记录，最晚在直播的第三天要实现全部快递发出。这样才能最大程度降低退单率。

传统的供应流程包含两部分：消费者下单前流程是设计→开模→制作包装→采购原料→加工→分装→入仓；消费者下单后流程是打单→分拣→打包→快递公司揽收→发货→消费者收货。传统的消费者下单前流程需要一两个月的时间，而且需要提前做足库存，就是按照预计销量并加上富余的情况计算库存量，时间长，库存风险高。

传统的消费者下单后流程，以每天分拣、打包 7000 单计算，如果销量 2 万单，需要 3 天时间，第 4 天最后一批货快递公司揽收，第 4、第 5 天最后一批货发出。这对于当晚直播，第 2 天上午让消费者见到揽收记录，最晚第 3 天发出的要求来说还有差距，退单风险大。

（三）价格砍得低

如上文所述，W 主播直播时产品的价格一般是日常价的五折左右，根据边际利润财务运营模型测算，Z 品牌的现代茶成本甚至要控制在日常价的 25% 才能盈利。还要找到市场认同的日常售价在 100~200 元之间的产品，整个 Z 品牌符合条件的产品凤毛麟角。

（四）产品优势少

W 主播直播的与 Z 品牌相关的产品，主要是市场认知度高的现代茶和地标茶产品。Z 品牌的自有工厂全部无法生产，OEM 厂能生产的不足一半。能生产的 OEM 厂选取得不合理：要么以高端茶叶产品为主，价格高；要么它们也做电商和直播带货，怕 Z 品牌与它们竞争，所以会用高报价拒绝合作。

六、供应链的再造

面对这些供应链难题，Z 品牌决定把传统工厂式的供应模式，变革为“料厂仓配”一体化产业供应链模式：从直播带货渠道需求开始，围绕地标茶和现代茶产区，贯通原料、包装、加工、成品、监控、检测、入仓、分拣、打包、配送直到消费者确认收货，把正确的产品用最低的价格、最短的时间、最正确的通路交付给终端的系统最优化流程。

（一）对直播带货渠道需求的及时响应

所谓传统供应模式是指，Z 品牌要以经销商的订单来预测消费者需求，多级分销的体制会让这个反射弧反射时间太长，往往等供应链反应过来时，市场需求热度早已退去。这便增加了商品的库存积压，造成浪费。此外，如果市场出现突发情况，对某些商品的需求急剧增加，Z 品牌势必不能做到及时生产与补货。无论是效率、利润，还是用户满意度，都大打折扣。

直播带货是一个迅速爆发需求，迅速起销量，又迅速降温的渠道。品牌商通过直播带货渠道直面消费者，中间没有层层分销商。它讲究的是“天下武功，唯快不破”，必须及时响应市场需求，渠道热销的产品必须迅速跟上，从产品概念到送到消费者手中，不是几个月，而是几天，为此必须建立“料厂仓配”一体化产区供应链模式。

准备工作

产品符合应季地标功能代茶饮 + 扶贫助农主题，其价格合适，市场认可的日常价在 138 元 /200g/ 袋，直播价 118 元 /2 袋，成本 26 元 / 袋，成本售价比低于 1 ： 4，符合价格要求。

包装选取通版牛皮纸袋 + 贴标的方式。通版牛皮纸袋成本低，只需 0.3 元，且无须开版印制和备库，随时可以从市场上按需采购。Z 品牌根据渠道预估 6 万袋的销量，提前印制贴标，每个 0.12 元，共 0.72 万元，把库存风险降到最低。牛皮纸袋的形式最大程度地减少了快递过程中的磕碰损失以及快递包材耗费。

原料提前锁定。由于加工厂就在原料产区，每天有大量符合要求等级的原料，Z 品牌提前对原料做了检测，随时可满足采购需求。

加工厂日产量可达 2 万袋。加工厂对设备及装袋能力进行了前期试验，可满足日均加工 2 万袋的能力，并可时时进行生产监控。

为满足配送时间要求，提前联系了当地快递，产品每加工完成 2 万袋，则整车发送至物流中转站，由该地直发全国消费者，操作、快递总费用平均 2.85 元 / 袋。

时间进度

直播日前 2 天，W 主播直播通知直播时间，Z 品牌通知工厂先按照 2 万袋进行生产，并随时根据销量加单生产。

直播日前 1 天，工厂完成备料、备包材工作。

直播日，直播当晚数据显示销量 1.8 万袋，工厂连夜生产。

直播日第 2 天，开展打单工作，消费者可在平台查到快递单号，晚上工厂完成分装 2 万袋。

直播日第 3 天，提前沟通快递，显示揽收记录（快递公司要显示揽收记录，必须 24 小时内实现发货）。消费者可在平台查到揽收记录，退单率降低。工厂发专车至物流中转站。快递公司开展分拣、打包、贴单工作，并陆续发出包裹。

直播日第 4~5 天，实现主要包裹全部发出。

总结

整个过程，选品和确定直播用了一个月的时间，而从生产到全部发货完毕用了 7 天的时间，从直播下单到消费者收到产品最快只用了 3 天的时间。全程除贴标库存，实现库存最优乃至零库存，降低了风险。由于原料基地—加工厂—仓库—配送之间的距离很近，实现了低物流费用、快供应速度。初步实现了“料厂仓配”一体化产区供应链模式。但是，由于没有 ERP（企业资源计划）系统，人工核单和调整退换单等耗费时间、人力，现正在计划上线自有 ERP 系统。

（二）对供应链布局的完善和优化

未来供应链的变革，是为了适应 Z 品牌贴近消费者，贴近年轻人的战略布局，而采用“产区供应链 + 自有工厂”模式。自有工厂是适应 Z 品牌原有的以经销模式为主的供应体系。产区供应链是适应新型渠道需求的，“料厂仓配”一体化的产区供应链系统，包括产区原料、产区工厂、产区仓库、产区快递配送等。

1. 完善产区布局。Z 品牌迫切需要在供应链空白区域，以 OEM 形式建立产区工厂，发挥 Z 品牌的管理优势，用强大的 OEM 管理体系管理和发展产区工厂。

2. 最优供应链设计。在产区工厂的选择上，更要考虑产区原料采购、产区仓库、产区快递配送等整个供应链设计，从成本、距离、通路衔接上实现最低、最短、最合适的设计。与当地适合的快递公司开展合作，打破传统生产线—工厂仓—物流公司—电商仓—快递员—快递物流周转中心—消费者的路径，变为生产线—快递物流周转中心—消费者的最优路径。

3. 优化工厂结构。目前的新产品开发，是一个快速把握市场需求，不断创新、不断产品迭代的过程。现在的一些产区工厂，其专业性极强，相当于为某类产品量身打造的工厂。这类工厂加上 Z 品牌的管理，要比建立自有工厂风险低。另外，在同一产区设置工厂，应有两三家不同特点的企业，满足不同的产品需求，满足市场化竞争的需求，不能被同一工厂因垄断而控制。

综上所述，直播带货只是近期涌现的一个新渠道，它可能无法持续，但是这种品牌商直面消费者的模式肯定是未来的发展趋势。这对 Z 品牌整个供应链的设计、搭建、流程、管理都提出了更高、更快、更强的要求。消费者在需要安全的同时，更需要快速、便捷、便宜。

从预计到预算：锁定固定收入“额”

很多公司亏损的最大原因，是有销售的预算，没有收入的锁定，就是预算都是预估的，实际达不成。那么我们按边际利润财务运营模型设计的预算额来控制的固定成本额就不准确了。往往是固定成本额小于边际利润的预算额，却大于边际利润的实际额。因为固定成本一旦预算就很难更改，一般都能按预算执行。但边际利润不一定，计划不好的话，它与预算的偏差有可能很大。要是实际多于预算，那是好事，但如果实际低于预算，那就有可能造成利润指标达不成，甚至出现亏损。所以要能活、能盈利的临门一脚，就是锁定固定收入，即保证我们边际利润的预算额至少等于实际额。

具体原则有以下几个。

1. 真正差异化的市场定位。我们要么把握别人满足不了的市场需求，要么把握渠道或原料资源，要么把握核心技术，要么把握系统化的低成本，要么把握资金资产优势。总之，我们必须是“我有人无”的存在，并且新进入者是有门槛的，我们的优势是有办法拢得住的。

2. 要建立有边际利润的业务点及其组合。固定收入就是所有有边际利润的业务点及其组合。要围绕渠道和消费者需求，设计一套组合拳，第一个方案不行还有第二个、第三个、第四个，形成组合来满足消费者需求。每个业务点的销售规划都要落到产品、客户、渠道、数量、价格和时间。落不到就是“预计”，落到了就是“预算”，先从“预计”进步到“预算”。

3. 要低估自己。一是有边际利润各业务点的营业收入，虽然能从“预计”进步到“预算”，我们还是要进一步看能不能落实到合同，落实到合同还要再打个折扣，这样才能保证营业收入预算尽量贴近实际。二是各业务点的边际利润率，“按高了做，按低了估”，千万不能乐观，稍有风吹草动，就会造成边际利润率的降低。三是固定成本费用，“按低了做，按高了估”，要考虑一些因不可控因素造成的超支。

锁定能带来边际利润的业务

我们还是以前文 C 公司的楼宇店业务为例。

有了首家店的经验，C 公司对模式进行了复盘和重新梳理，并研究如何设计并筹备第二家楼宇店。

（一）商业模式：收入能锁定，模式能复制

团队经过分析，认为楼宇店业务发展的核心是“能活”。“能活”的商业模式就是找到“固定收入”。一是固定收入来源能锁定，二是固定收入模式能复制。固定收入就是不随环境变化，能稳定、长期得到的业务收入，财务底线是过盈亏平衡点。固定收入公式是：（开店第一年）固定收入带来的边际利润（以下简称“固定边贡”），要覆盖固定资产投入及固定成本费用（以下简称“固定投入”）。如图 4-4 所示，我们把业务比喻为卡通人，把各项业务带来的固定边贡比喻为基石，把固定投入比喻为水缸。商业模式的根本是“能活”，一家店能活，对于单店来说是有单店利润，对于公司来说是有边际利润。只要一家店能活，这家公司的商业模式就是复制和扩张了，扩张得越多越盈利。

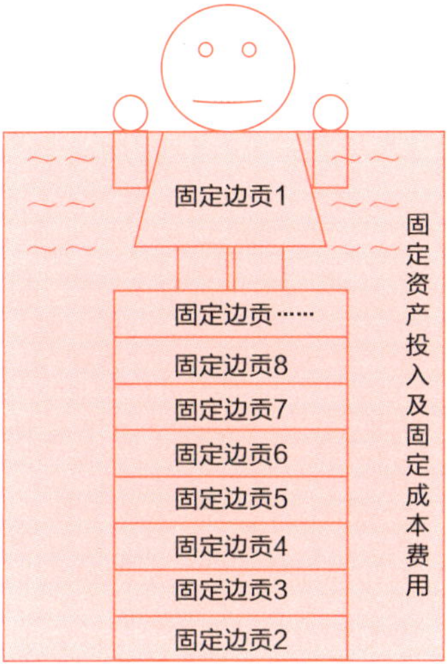

图 4-4　业务“卡通人”

（二）有销售模式的规划，没有固定收入的锁定

首家楼宇店预算预计了 600 万元营业收入，而实际只有 500 万元，去掉特渠、团购、经销商渠道的销售额 400 万元，实际围绕楼宇内部相关的销售额只有 100 万元，远低于预计。做预算不能只是“预计”，“预计”意味着意向，有很多不确定性。做预算应该是“锁定”，就是肯定能达到的收入。很多渠道店不能活的原因是固定收入无法锁定。店开了，销售不知道在哪里，可是固定资产已经投入，固定成本费用已经产生，这无异于赌博。

零售店销售确实存在很大的不确定性，但难点恰恰也是蓝海，解决难点是打造核心竞争力的关键，怎么把不确定性变成确定性很关键。团队经过调研发现，楼宇店商业模式本身没有问题，但他们忽略了楼宇店销售的核心：员工卡的消费。很多公司是每月固定往员工卡里充钱，主要用于员工在食堂吃饭，有的公司把福利费用也充到这张卡里，供员工消费。举个例子，一个员工一天的餐标是 40 元，一个月按 20 个工作日计算就是 800 元，全年是 9600 元。再加上福利费用 2000 元，这个员工的卡里一年有 11600 元。虽然 9600 元是餐费，但是员工由于出差或改善口味到外面吃饭，平均会有 30% 左右的费用是积存在卡里的，9600×30%+2000=4880，一个员工一年卡里的金额沉淀会有 4880 元，约 5000 元。如果这栋楼里有 2000 人，一年就是 1000 万元。这笔钱员工都会想办法消费出去。这 1000 万元的消费应该是楼宇店商业模式的核心，也是锁定固定收入的最重要来源。一般一栋楼宇里能用员工卡消费的地方并不多，只有两三个。这 1000 万元，去掉在楼宇里其他通路的消费，团队完全可以把目标设在 40%，即 400 万元左右，一定要消费在 C 公司开的楼宇店里。团队在开店标准上加了一条，“要有员工卡且能在楼宇内刷卡消费”。

（三）预算固定收入，以收定投，量力而投

新楼宇店的销售预算应该如何定？楼宇里员工卡的沉淀资金 1000 万元，虽然 C 公司把其中的 40%（400 万元）设定为楼宇店销售目标，但它仍然不是锁定的固定收入，仍然有很大的不确定性。首家楼宇店的实践经验提供了参考，首家楼宇店在没有消费员工卡的情况下，首年有 100 万元营业收入。那么 C 公司在不改变产品、价格等因素的情况下，就以 100 万元营业收入作为新楼宇店的首年营业收入预算。经调研，新店所在楼宇里，除了食堂，只有 C 公司的楼宇店可以刷员工卡消费，并且在“百日营销会战”时有 50 万元的收入来自新楼宇店所在楼宇的大公司。C 公司完成这个 100 万元的营业收入的可能性是非常大的。但还不保险，团队认为还得再打七折，首年 70 万元营业收入肯定能完成。

有了极保守的营业收入预计，C 公司再做边际利润财务模式测算，直接成本多少、变动费用多少、固定费用多少、固定投入控制在多少，就好算多了。一是减少固定投入。在楼宇里开店，需要前期投入装修和家具费用。地方是别人的，而且楼宇的物业方是很强势的，说不定哪一天遇到什么变化就得撤离。怎么办呢？轻资产、可移动，期初投入，一次摊销。不购买而是租赁店面桌椅，所有的设施设备不固定、易拆卸。好处是既减少了由此带来的固定费用，又没有投资风险，资产都是“活”的，说撤店马上能撤店。二是减少其他固定费用。由于 C 公司的产品和服务能够用员工卡消费，受到员工欢迎，这也使得 C 公司在谈判上占据了有利位置，积极争取店面的租金、物业、水电等费用均被免除，把这部分节省出来的费用转化为价格优势，给员工带来实惠。三是减少变动费用。进货，先货后款有账期；出货，先款后货或现款现货不赊欠，至少要达到应收账款和应付账款相抵销的收付模式。这样应收账款少或等于零，就算有库存也是应付账款。这种用别人的钱做自己买卖的商业模式，说白了就是“空手套白狼”。四是快周转、以销定采。首家店没有经验，进货时不管有没有销路，进了再说。要开新店就要把产品进一步细分：哪些是节庆产品，需要提前多长时间备货；哪些是日销产品，需要让供应商日配日清；哪些是引流产品，需要低价格和大数量；哪些是礼盒产品，需要高利润和小批次；哪些是试销产品，让供应商在店里赊销。这样可以很好地提高周转率，降低库存。

（四）锁定固定收入，锁定能带来边际利润业务点的收入及其组合

有固定收入的预算，还不是锁定。锁定固定收入是肯定能带来边际利润的业务点收入及其组合。业务点就是各产品、客户、渠道（区域）。能“活”不赔的关键，首先是第一年要达到 70 万元的营业收入，70 万元的营业收入能不能落实到每一个产品、客户、渠道。为了保证让楼宇内工作人员把至少 70 万元的员工卡金额消费在店里，必须围绕员工卡的消费特点，依法、多途径、多方法地锁定固定收入。业务范围就是多业务。商业模式就是“能活”，运用多种业务点的组合让边际利润覆盖固定投入和固定成本费用。

组合的原则有四个。一是能增值。组合中各业务点都能产生足够的边际利润，不会因为增加了这个业务点的边际利润而减少了那个业务点的边际利润。二是能协同。各业务点间有协同关系，用最少的费用增加固定收入。三是有长短期战略安排。有的满足短期需求，有的满足长期需求。四是风险控制。平衡数量、价格、需求之间的关系，不会带来经营风险或风险可承受。

团队首先围绕员工都想买什么做了调研和试验，列了几种业务组合。一是日常饮食产品，比如米、面、油、肉、蛋、奶、水果、蔬菜、饮品、面包等。二是日常使用产品，纸巾、卫生用品、洗护用品等。三是偶尔消费产品，坚果、果干、巧克力、糖果、其他零食。四是节庆礼品类产品，茶叶、酒水、月饼、粽子、保健品等。有了这些零售业务，能不能锁定 70 万元营业收入，做到边际利润覆盖固定投入和固定费用呢？团队感觉还是无法锁定。

五是再增加楼宇及周边 5 公里内公司团购，能覆盖了吗？团队感觉还是未必。六是增加社区团购。七是增加现制水饮服务。八是增加外部产品利用专题促销服务，以此类推。直到觉得设计的产品和服务肯定能锁定 70 万元营业收入，做到边际利润覆盖固定投入和固定费用。

构建单点盈利的可复制模式

经过一年的实践，经营结果出来了。第一年完成营业额 72 万余元，毛利率 46%，变动费用率 8%，边际利润率 38%，边际利润额 27.6 万元，固定成本费用和固定资产投入 13 万余元，净利润 14.5 万元。特别是第二家店，经过与物业方谈判，谈成了免租金和水电费。另外，固定资产投入只有 2.6 万元。第二家店较第一家店，虽然营业收入减少了，但却盈利了，如表 4-6 所示。

表 4-6　经营结果

项目		第一年已完成情况	第二年计划	备注
营业收入		722 461.54	794 707.69	锁定
直接成本		387 012.47	425 713.72	
毛利		335 449.07	368 993.97	
毛利率		46%	46%	
变动费用	运费	12 480.00	13 728.00	
	日常消耗品	27 321.60	30 053.76	
	库存费用	18 974.26	20 871.69	
	水电费	0.00	0.00	
	小计	58 775.86	64 653.45	

续表

项目		第一年已完成情况	第二年计划	备注
变动费用率		8%	8%	锁定
变动成本费用合计		445 788.33	490 367.17	
边际利润额		276 673.20	304 340.53	
边际利润率		38%	38%	锁定
固定成本费用及固定资产投入	租金	0.00	0.00	
	店员工资	105 600.00	105 600.00	
	装修及部分家具费	10 194.00	0.00	
	固定资产	15 656.00	0.00	一次摊销
	小计	131 450.00	105 600.00	锁定
盈亏平衡点		343 248.16	275 747.48	
盈亏平衡日均营业额		1430.20	835.60	
含税年销售额		845 280.00	929 808.00	
实际测算日营业额		3522.00	3874.20	
日客流量		75.00	75.00	
人均消费额		46.96	51.66	
利润总额		145 223.20	198 740.53	
所得税		0.00	3.49	
净利润		145 223.20	198 737.04	
销售净利率		20%	25%	
ROIC		60%	58%	

1. 收入预测基本准确。从第二家楼宇店开业营业一年的情况来看，锁定固定收入 70 万元，实际 72 万元，说明确实锁住了。

这样C公司在做边际利润财务运营模型测算的营业收入时就不是可能的收入，而是完完全全可以实现的收入。那么C公司的各项指标，如直接成本率、变动费用率、边际利润率、固定成本费用额等的模型测算才有了真实依据。而团队实际建立了8个业务组合，他们做了最保守的预估，预计的是200万元的营业收入。但他们仍然选择锁定的固定收入是70万元。从实践来看，从第一家店600万元的销售预估，到实际只有100万元。再到第二家店保守预估200万元，锁定固定收入70万元，到实际72万元，可见零售店业务的随机性很大，容易造成预算乐观而实现困难。

2. 以收定投，量力而行。财务模型里设计的是营业收入70万元，边际利润率20%，固定投入一次性折旧、摊销，这样固定投入和固定费用要控制在16万元以内。团队实际固定投入和固定费用为13.15万元，严格控制在了标准内，这样保证了盈利。可喜的是，虽然实际营业收入与预算基本一致，但实际边际利润率达到38%，比模型里的20%足足高了18个点。主要原因就是其高边际利润的节庆礼品类产品、楼宇及周边团购的占比，由销售规划的20%提升到实际的60%。而团队在做边际利润财务运营模型时，仍然按最低的边际利润率计算，这也保证了模型的有效性，即边际利润财务运营模型里营业收入、毛利率、边际利润率、经营利润率只能比标准高，不能低；直接成本率、固定成本费用额只能比标准低，不能高。不足的是，C公司虽然锁定了固定收入，与实际基本一致，但并没有锁定业务点的收入。预算里收入来源的业务点与实际不一致，得亏团队仍然按最低边际利润率进行测算，否则又会造成指标偏离标准。

3. 可盈利、可复制、可推广。第二家店成功了，团队总结了几条心得。（1）通过找到精准客群和提供多种业务组合来锁定固定收入。（2）建立最苛刻的边际利润财务运营模型，比如最保险的收入、最低的边际利润率、最少的固定成本费用等标准。（3）以收定投、量力而投、期初投入一次摊销，固定投入和固定成本费用一定要控制在模型标准内。（4）楼宇店虽然是零售店，但更要做好背后的团购。在一家店的模式成功可盈利的基础上，公司下一步的目标就是复制这个模式，不断开店推广。一家店盈利 15 万元，对店而言是净利润，对公司而言就是边际利润。假设公司后台费用 150 万元，那么开 10 家店，公司就能实现盈利。假设公司第一阶段的利润指标是 1350 万元，那么公司开 100 家店就可以实现利润目标。

确保所有收入的真实性前提

在边际利润财务运营模型里，锁定固定收入起到非常关键的作用，但是也有很多负面案例。笔者曾经跟一位做品牌服装生产企业的老板聊天，他讲了一个做假收入的例子。他说，服装行业不好做，为什么服装的毛利高，因为尺码、规格、款式太多，断码要甩，换季要甩，尾货要甩，没有足够的毛利是覆盖不了这些损失的。经销商也忌惮这些因素，所以订货都很谨慎。他的公司新招的一位 T 总经理很厉害。他年初入职，3 月开了一次年度订货会，一次订货会就签了 2 亿元的合同，快把全年业绩完成了。笔者很惊奇，他是怎么只用三个月时间就做到如此卓越的。笔者问：“这个 T 总经理有什么诀窍？”老板说：“我也没搞明白。只是感觉业绩这么好，用人真的很关键，用对了人，业绩一下子就上来了。”到了年底一决算，业绩比历史增长 100%，比预算增长 50%，他大大奖励了这位 T 总经理。但是第二年春节一过，一大堆经销商找上门来，要求退货退款。他一问才知道，这位 T 总经理跟经销商签的合同都包含可退货条款。经销商大胆订货，一年内销售不出去，全额退货。这倒是解决了经销商的后顾之忧，但公司可就麻烦了。结果几亿元的货，退回来一大半。工厂全年都在赶订单，一周时间，60% 的货又都回来了，仓库满了，办公楼的过道里也满了。

上面例子中的 T 总经理实在不靠谱。下面这个例子却是好多公司都出现过的，靠给经销商压货增加收入。笔者认识一位开酒厂的老板，那时高端白酒的行情不错。他觉得大发展的时机来了，就追着已有的经销商压货，又开发有钱的新经销商，出来一批产品就要求经销商入手几百箱。笔者到他的好多经销商的库房里看过，堆得满满的。笔者问经销商：“赚钱吗？”经销商说：“当然赚钱了，一件酒能赚 50%。”笔者说：“这库房里的酒可是没见少。”经销商说：“赚钱是赚钱，就是走的量有些少。不过没关系，白酒这玩意越老越值钱。”笔者问：“那你的下游客户销得怎么样？”他说：“他们的库房也是满满的。”那这个产品就是没有被消化，都“堵在胃肠里”了。价格上涨的时候，经销商都想着压点货，价格一跌又都急着甩货。行情不行了，经销商大量甩货，甩又甩不出去，价盘就崩了。没有了价格体系的支撑，大家几年缓不过来。现在对股权合作项目的尽职调查，不仅调查公司的库存，还调查上下游的库存，笔者觉得很有必要，这非常能看出发展趋势。其实这里面就是边际利润财务运营模型，量、本、利三要素的作用，收入等于价格乘以数量，不能只看价格，还要看数量。没有数量的价格是假的，没有数量的利润也是假的。

笔者也曾跟保健品生产企业的老板聊天，他说他们公司的收入曾经一下子增长了 5 倍，而且他想把收入做多就做多，想把收入做少就做少。我问他有什么诀窍。他说，其实也简单，就是以前按经销价卖给经销商，他的收入就是经销价乘以数量。后来他有了融资需求，想做大收入，怎么办呢？他直接对终端，按终端价乘以数量，数量没变，但他的收入一下子扩大了 5 倍。毛利率还奇高，原来 40% 的毛利率，一下子到了 80%。他的净利润没什么变化，因为税等因素可能还降了。其实，就是经销商的利润变为服务费，经销商挣的钱纳入他的营销费用里了。笔者说，那这也容易被识破啊。他说，他不只做保健品，还做别的买卖，他想办法调调账，这个保健品业务的账就相当漂亮了。笔者不禁赞叹有的集团公司要求的“集团有限相关多元化，业务单元专业化”太高明了。如果业务单元也是个“小多元”，那好多业务就说不清楚了。

有一次，有位财务人员问笔者：“你们的毛利率还能不能提高一些？你看另一家公司做米、面、油的，毛利居然比你们还高 5%。”笔者就乐了：“你看把毛利率提高到多少？从 20% 到 50%，我都能做到。”这位财务人员傻了眼。其实就和上一段说的一样，这要看销售模式和销售环节的定位，从成本到终端价是 50%，最多就是 50%；从成本到经销价是 20%，最少就是 20%。收入也会根据价格的不同而升降。无非合作伙伴是经销商还是服务商。所以要比较毛利，还得看变动费用。毛利再高，变动费用更高，有什么意义呢？公司整体还是要看净利润，各产品、客户、渠道还是要看边际利润，这是最真实可靠的。

还有一家公司，也是马上要上市，必须快速把营业收入提上来，实现快增长和大规模。但是这家公司并没有想着怎么把主业做大，而是想着怎么快速收购营业收入高的贸易企业。这些企业对公司没有业务协同关系，在战略上没有互补性，在产业链上没有衔接，在管理方式上也有很大不同。好的公司不太好收购，为了能快速收购，他们不得不把一些问题企业作为收购对象。这些问题企业没有什么实质业务，好多就是“空转”，但是营业收入很高。而且它们还存在许多瑕疵，比如税务上的、业务管理上的。最终花了大价钱收购后，公司营业收入虽然扩大了不少，但是也埋下了许多风险和隐患，后续造成了巨大的损失。

举上述几个例子就是要说明，不管市面上有多少种玩法，都必须回归商业的本质来经营。要想做长久买卖，收入必须做实，固定收入必须锁定。

第五章

轻资产：
优化流动、固定资产结构

企业财务的核心体系就是“三张表”——资产负债表、损益表、现金流量表。这三张财务报表是企业运营管理的依据。笔者在刚接触三张财务报表的时候，觉得这三张表既独立又似乎有联系。有没有一种可能，将三张表联系到一起，形成财务运营的整体逻辑，但是，笔者百思不得其解。学习边际利润财务运营模型之后，你会有一个神奇发现，就是资产负债表中的资产与损益表有了直接、明确的钩稽关系，资产的结构、资产的数额会影响成本费用，从而影响盈利能力。这对于我们理清三张表的关系，设计合理的资产结构，构建投资的财务模型，“盈”在起跑线上，发挥非常关键的作用。笔者每次讲到这里的时候，所有的学员都瞪大了眼睛，他们和我一样感觉到了神奇。这些学员可不是学校里的学生，他们是各企业的经理人。大家都觉得神奇，那看来这真的很神奇。

资产结构：固定资产 & 流动资产

还是以 T 总公司为例。2013 年，T 总公司下属 H 公司业务团队刚刚运用边际利润财务运营模型系统梳理了产品，明确聚焦 HC 产品，并在此基础上着手打造产品力，对未来发展进行战略规划。王总带着 T 总公司的管理团队听取了产品运营分析结果汇报。他们之所以要去各地听，就是要和各地的业务团队一起研讨、一起交流，把运营管理的思路、方法、工具送到一线，把运营实践的想法、做法、反思带回总部。H 公司汇报完，王总就该公司下一步如何投资新建工厂做了指示。

他说，目前 H 公司主打的 HC 产品所处的市场空间很大，在该产品市场的赛道内竞争者还不是很多。要按照选经理人、组建团队、制定战略、运营执行、考核评价的步骤进行推进。目前，经理人和团队已经有了。在制定战略的时候，首先要明确愿景，也就是企业的发展目标是什么。假设根据 HC 产品的发展趋势，5 年后市场规模将达到 100 亿元 / 年。如果 H 公司占到市场份额的

10% 能达到第一名的市场地位，发展目标就是 5 年后 HC 产品达到 10 亿元营业收入 / 年。10 亿元的营业收入应至少产生 1 亿元净利润。H 公司的业务团队就要研究，实现这个目标的基本路径是什么，能不能做到，什么时间做到，用什么做到。关键是业务团队敢不敢进行愿景式设想。一是敢想。分阶段设定 1 年、3 年、5 年的目标。二是会干。按设想进行规划，通过努力来接近并实现这个目标，需要业务团队把自己的思维和视野都打开。

王总特别提醒 H 公司的业务团队，一定要谨记“销售在前，投资在后”的原则。他说，H 公司 HC 产品要达到营业收入 10 亿元的 5 年发展目标，首先要明确第一年的发展目标和每一年的增长速度。比如，第一年的发展目标是营业收入 2 亿元，净利 0.2 亿元，投入资金小于 1 亿元，ROIC 为 20%，当年市场份额占比 5%，5 年平均复合增长率 20%（假设行业是 5%）。有了目标，H 公司的业务团队必须将收入来源明确到产品、客户、渠道（区域）。明确通过生产 HC 产品多少个 SKU，在什么客户、渠道，在什么时间，以什么价格销售多少数量。发展目标要从年度分解到季度，从季度分解到月度，从月度分解到日，逐步细化成详细的销售计划。再把销售计划落实到可实现的合同订单。在这个过程中，H 公司的业务团队一定要注意，“宁可订单等工厂，不可工厂等订单”。等工厂建好了，再去销售，就来不及了。

王总在会议室的大白板上写下“有了可实现的销售计划，再做资产投资设计”。他说，根据 HC 产品第一年的发展目标，H 公司的业务团队要计算，要进行投资，需要使用多少资金，怎么分配这些资金。首先，业务团队要看哪些地方要使用资金，比如土地、厂房、设备、办公等设施、原辅料库存、生产在线库存、成品库存、应收账款、预付账款、日常行政、人工成本，还有其他不可预见的成本。设备里面又包括工艺、能耗、产能、价格等。其次，业务团队在使用任何资金时都要有所依据，明确为何使用、使用多少、使用了这些资金对公司发展目标有什么影响。

王总画了一张资产结构与边际利润关联图（见图 5-1）。他说，业务团队要分析投资需要资金的地方在哪里。把它们归归类，就会发现，投入到土地、厂房、设备、办公等设施的资金形成了固定资产，投入到原辅料库存、生产在线库存、成品库存、应收账款、预付账款等的资金形成了流动资产。按照边际利润财务运营模型，损益表的成本费用分为变动成本费用和固定成本费用。而资产表有流动资产和固定资产。流动资产会占用资金，产生资金成本，从而产生变动成本费用。固定资产会占用资金和转化资金形成资产，产生资金成本和折旧、摊销，从而产生固定成本费用。这样，我们就能看到资产结构的设计，对成本费用的影响，对边际利润财务运营模型的影响。

王总还拿一个投资项目来举例，假设所有资金全部为贷款。

变动成本费用：按月需求计算，且周转均为全年 12 次，利息按年息 6% 计算。原辅料库存 1300 万元，产生变动成本费用 78 万元；生产在线库存 500 万元，产生变动成本费用 30 万元；成品安全库存 800 万元，产生变动成本费用 48 万元；应收账款 300 万元，产生变动成本费用 18 万元；预付账款 100 万元，产生变动成本费用 6 万元；其他费用和不可预计费用 60 万元，再加上直接材料成本 13 000 万元，以及水、电、工、气、油、煤 200 万元，销售、

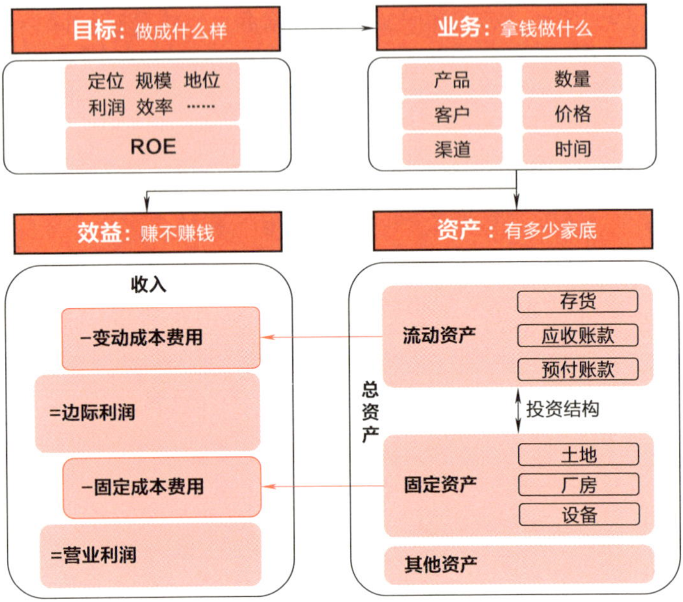

图 5-1 资产结构与边际利润关联

管理、财务费用 1000 万元，变动成本费用共计 14 440 万元。

固定成本费用：土地投入 3000 万元，按 20 年分摊，每年产生固定成本费用 150 万元；厂房投入 2500 万元，按 25 年分摊，每年产生固定成本费用 100 万元；设备投入 1500 万元，按 5 年分摊，每年产生固定成本费用 300 万元；办公设施投入 500 万元，按 5 年分摊，每年产生固定成本费用 100 万元；不可预见投入 100 万元，按 5 年分摊，每年产生固定成本费用 20 万元；上述固定资产投入 7600 万元，按 6% 的年息计算，利息每年 456 万元。这样，固定资产投入的 7600 万元，共产生固定成本费用 1126 万元。再加上人工及其他费用 2000 万元，固定成本费用共计 3126 万元。

王总带领H公司的业务团队计算出了投资边际利润财务模型，如图5-2所示。这个图，列出了所有的投资资金去向，以及由此产生的变动和固定成本费用。流动资产产生的变动成本费用，一方面占所有变动成本费用的比重不算大，另一方面就算投产后也是可以通过营运资金的设计来调节的，下文中会详细介绍。固定资产产生的固定成本费用，占所有固定成本费用的比重非常大，而且固定资产一旦投入，固定成本费用就不能变了。所以固定资产投资一定要注意，在投入之前，资产表与损益表要反复验证，测算资产投入和结构能不能达到发展目标。达不到目标，就要修改，直到测算出能达到目标的投资的边际利润财务运营模型。

	流动资产	年息	变动成本费用
原辅料	1300	6%	78
生产在线库存	500	6%	30
成品安全库存	800	6%	48
应收账款	300	6%	18
预付账款	100	6%	6
合计	3000	6%	180

	固定资产	折摊年限	固定成本费用
土地	3000	20	150
厂房	2500	25	100
设备	1500	5	300
办公设施	500	5	100
其他	100	5	20
利息	7600	6%	456
合计	7600		1126

	金额
营业收入	20 000
变动成本费用	14 440
流动资产产生	180
直接材料成本	13 000
销售管理财务	1000
水、电、工、气、油、煤等	200
其他	60
边际贡献	5560
边际贡献率	28%
固定成本费用	3126
固定资产	1126
人工及其他	2000
营业利润	2434
营业利润率	12%
ROIC	23%

图5-2 投资的边际利润财务运营模型

在实际管理中，王总要求 H 公司业务团队要根据投资的边际利润财务运营模型做出运营管理标准体系，形成年度财务管理预算，再细化到月度财务管理预算。H 公司业务团队要年年月月按照预算标准管理这些数据，只有收入、利润、现金可以超过控制标准，除现金的流动资产、固定资产、变动成本费用率、固定成本费用额都不能超过控制标准。特别是把变动成本费用额换算成费用率，H 公司业务团队就卡住了变动成本费用率和固定成本费用额，注意一个是“率”，一个是“额”，因为和它们的名字一样，一个是“变动”的，所以要卡“率”；一个是“固定”的，所以要卡“额”。让全公司、各部门、各员工都狠狠地管控住这些数据标准。比如原辅料库存 1300 万元的管控标准不能超过，因为这会带来 78 万元的变成成本费用的管控标准不能超过，管理的责任部门要明确在供应链部，这就是职责清晰、制度严格。比如管控标准是土地投入资金 3000 万元、设备投入资金 1500 万元，业务团队必须在该管控标准内购买土地和设备。H 公司要对责任部门进行考核激励，对实际发生成本费用小于控制标准要求的部分，也就是节约的部分进行激励。“大的节约有大的激励，小的节约有小的激励”。比如采购设备的责任部门，设备采购资金标准为 1500 万元，实际采购金额为 1400 万元，降低了 100 万元，可以用这节省的 100 万元作为基数，设定其中的 5% 作为公司对该责任部门的激励。

通过上述案例，我们也就明白了有些公司的亏损，实际从该公司成立之前的项目计划书阶段就注定了。有些公司是“先天性不足”，表现为资产结构不合理、成本费用高，再加上销售不通畅、盈利能力不足等，怎么努力都无法盈利。比如有家企业，每年只能做 1 亿元营业收入，25% 的边际利润率，却投资固定资产 2 亿元，由此产生的固定成本费用每年 2500 万元。这家企业每年 2500 万元的边际利润只能覆盖这 2500 万元由固定资产产生的固定成本费用，人工及其他固定成本费用根本无法用边际利润覆盖，亏损是必然的。也有人会问，上述案例中的企业发展目标是用 5 年时间做到 10 亿元营业收入 / 年，如果只按照第一年 2 亿元营业收入的发展目标来进行投资，怎么能满足 5 年后发展目标的需求呢？笔者觉得，企业的发展目标每年都在增长，企业的投资也应该每年增加，一步到位是不对的。这更考验业务团队的能力，要综合考虑哪些投资需要一步投资到位，哪些投资需要分几步进行，怎么与当地政府谈判争取更多的政策支持。了解了资产表和损益表之间的钩稽关系，由此我们可以在投资阶段就打通投入、资产、成本费用、利润的联系，设计好盈利模式。只有公司从基因开始就是优秀的，经营才能步入正向循环。

正向投资：投资规划五步法

笔者按照王总的思路，又整理了一下，形成了一个“投资规划五步法”（见图 5-3）。投资一定是从战略出发的。一是明确我们要干什么。二是愿景，量化来说，就是我们的目标，如收入、利润、回报、周转、时间等。然后是收入的规划，如产品、客户、渠道（区域）、数量、价格、时间等，把规划落实到 SKU、终端售点，以及每一天。三是根据需要的数量、时间、工

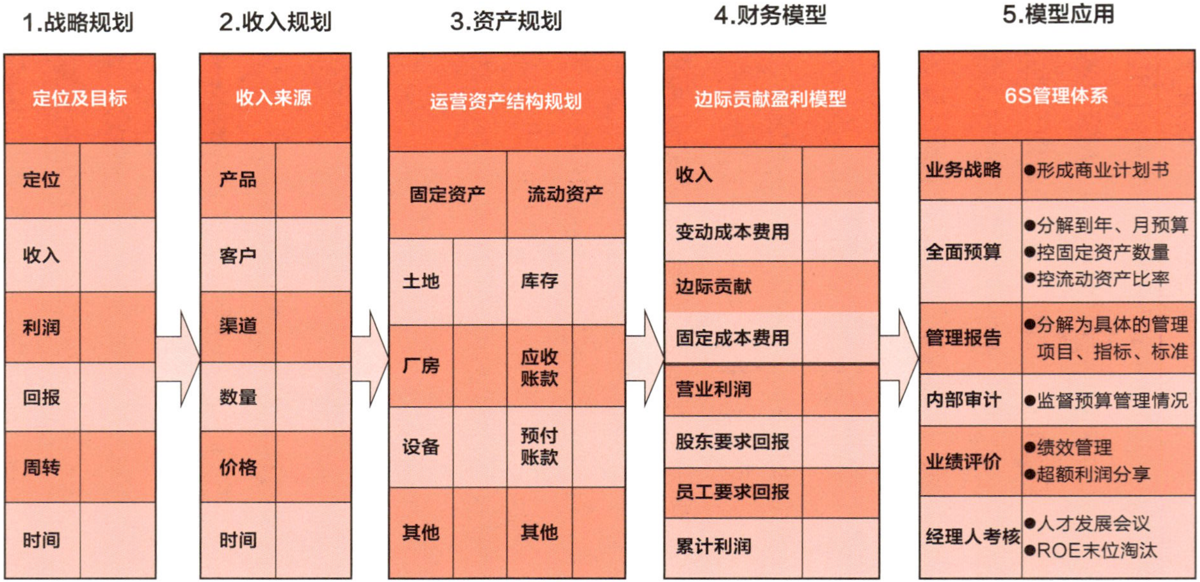
1.战略规划
定位及目标
定位
收入
利润
回报
周转
时间
2.收入规划
收入来源
产品
客户
渠道
数量
价格
时间
3.资产规划
运营资产结构规划
固定资产
流动资产
土地
库存
厂房
应收账款
设备
预付账款
其他
其他
4.财务模型
边际贡献盈利模型
收入
变动成本费用
边际贡献
固定成本费用
营业利润
股东要求回报
员工要求回报
累计利润
5.模型应用
6S管理体系
业务战略
●形成商业计划书
全面预算
●分解到年、月预算
●控固定资产数量
●控流动资产比率
管理报告
●分解为具体的管理项目、指标、标准
内部审计
●监督预算管理情况
业绩评价
●绩效管理
●超额利润分享
经理人考核
●人才发展会议
●ROE末位淘汰

图 5-3　投资规划五步法

艺、能耗和产量，进行资产结构规划，从流动资产和固定资产两个维度梳理需要的投入。四是再按其产出的变动成本费用和固定成本费用，计算出项目的边际利润财务运营模型。最后，过程中根据模型开展 6S 管理，保障战略的构建、落实、执行、监控和驱动。

把投资的边际利润财务运营模型分解为具体的管理项目、指标、标准的运营管理标准化控制表，形成年度、季度、月度财务预算。财务模型打开来会有几百项 KPI，指标展开得越细，管理精细度越高。指标分级管理，业务总经理管到最核心的三四十项指标，各层级管理到这几百项指标。时刻盯销售的进程，控变动成本费用率，控固定成本费用额。开展内部审计，监督预算管理情况。按照指标进行绩效管理和超额利润分享。对经理人进行考核，召开人才发展会议，进行人才动态调整。

H 公司不愧是能打硬仗的企业，它很快根据这个思路，测算了投资的边际利润财务运营模型和运营管理标准，做了新厂的商业计划，并开始了审批流程。在执行过程中，他们也遇到了不少问题。比如争取到厂址旁边的一块荒地，去了一看，那是一块荒坟地，清朝留下来的坟墓都有，建设过程就过于烦琐了，而成本费用肯定增加不少，于是赶紧制订新方案。还有对老厂址的利用，这是一处有百年历史的厂房，新的建设不仅最大程度地保留了古迹之韵，还拓展了产能。最为关键的是成功运用有百年历史的仓库，利用其独有的有益菌群环境储存产品，促进产品转化有益物质的特点，提炼了品类品牌和核心卖点，使产品具备非常好的差异化。

投资策略：以收定投，量力而投

笔者曾经跟一位经营木材生意的老板聊过边际利润财务运营模型，他听了深有体会。他说，他们公司曾经在俄罗斯远东地区纳霍德卡港，符拉迪沃斯托克（海参崴）旁边的一座海港城市，投资兴建了一家准三星级宾馆Y大厦。这里临近日本海，水深浪静，冰情较轻，可全年通航。从1950年起符拉迪沃斯托克（海参崴）被作为军事基地封锁后，纳霍德卡成为苏联远东主要的民用深水港。俄罗斯远东地区外贸货运量的2/3由此出口，输出以煤、水泥、木材、钾盐、矿石、原油等为主，也是重要的渔港。有铁路支线通往西伯利亚大铁路。Y大厦1991年兴建，1994年完工，当年年底开始营业。其占地面积2150平方米，建筑面积10 012平方米，共有客房85套，办公用房15套，另有各类配套的经营辅助用房。

但其自开业以来连年亏损。他当年对俄罗斯投资，起因是想充分利用国家给予的木材监装补贴款政策。他本来要投资修建“监装楼”，但经不住这个说、那个劝。一方面，他们公司确实控制了大多数从俄罗斯进口木材的业务；另一方面，纳霍德卡是中国进口俄罗斯木材的主要装运港口，有大量的监装业务，可以带动饭店的需求。他想着既然对外投资这一步都已经迈出来了，干脆从“监装楼”突破为“大饭店”，两不耽误。这就超出原有的投资计划和预算，投资总额为1.1亿元，超出预算约62%。笔者粗算了一下，本来660万元/年的固定成本，增加到1500万元/年。当地的投资环境也不是太好，增加了许多经营成本。比如不能使用市政用电，必须自己发电；供热面积过大，超过当地市政供暖能力，只能自己烧锅炉供暖。增加酒店业务也突破了监装业务的战略重心。

“屋漏偏逢连夜雨，船迟又遇打头风。”Y大厦刚投资不久，还没完工，国家的新政策就出台了，中俄边贸兴起，他们公司的业务大幅减少，木材监装业务客源也落空了。1992年后，符拉迪沃斯托克（海参崴）重新开放，纳霍德卡的港口地位受到重大影响，一蹶不振。1998年，亚洲金融风暴使卢布贬值，再次使当地工业受到打击。2006年，因年久失修，Y大厦遭当地政府以大厦外墙破损存在安全隐患为由，强制停业维修，至2008年3月中旬恢复营业。2006年以来，他多次与不同客商洽谈转让事宜，均因经营环境恶化、设备老旧等没有成交。他在国内和当地中介机构挂牌公开Y大厦出售信息，无人问津。2012年底，他才与交易方达成转让协议。

这个老板聊到这里，不住地感慨，他说在进行投资决策前，必须从三个方面对项目进行全方位评估思考。一是投资项目必须符合投资主体的发展战略，并对投资主体的战略实施和业务发展有正向推进作用。二是投资项目必须具备经济可行性，能为投资主体带来稳定持续的投资回报；项目财务指标和回报能力要符合投资财务模型的量化要求。三是项目投资主体必须具备对项目运营的实际管控能力。他对笔者说，可不能想当然啊。

第六章

负资本：从采销两端设计资产负债结构

上一章，我们讲了资产负债表里的流动资产、固定资产与边际利润损益表里变动成本费用、固定成本费用之间的关系。由此理清了损益表与资产负债表的钩稽关系，并构建出投资的边际利润财务运营模型，让我们的业务“盈”在起跑线上。但我们知道，现金流是企业的血液，很多企业的死不是因为亏损，而是因为资金链断了。盈利的公司可能会死，因为现金流断了。亏损的公司可能一时死不了，因为还有现金流。没有现金流了怎么办？要么从外部往里输血，如融资、贷款、向股东借钱，要么在内部想办法。

协调资金运作：兼顾采销两端

笔者有幸见识过好几家亏损和现金流紧张的企业。它们在没有新的资金投入的条件下，仍然有重振现金流的办法。首先，肯定是迅速根据边际利润财务运营模型提升盈利能力，这是根本。没有可持续盈利能力的企业，就算现金流有所改善，也不会长远。这样的企业改善现金流有时候反而有害，只会让交了货的供应商更收不回货款，让付了钱的经销商更收不到产品。外部输血也一样，没有盈利能力只会坑害股东或债权人。对于企业来说，“失信于天下”才是彻底的死亡。所以，一家企业如果看不到可持续盈利的希望，不如停止经营，清算关闭。

其次，就是降低营运资本，做多经营性现金流。办法是通过收付两端结算模式的变化改善现金流。我们讲投资收益率，就是在说投多少钱，能赚多少利润；怎样投同样的钱，赚更多的利润。比如，投 1 亿元资金，有的企业可以实现 10 亿元营业收入、1 亿元净利润。有的企业只能实现 1 亿元营业收入、1000 万元净利润。

后一类企业要实现 10 亿元营业收入、1 亿元净利润，就需要 10 亿元资金。这就涉及资产结构、财务模型，以及收入来源。

这一节重点介绍流动资产和流动负债的设计。通过设计减少营运资本，最好使其是负的。某种意义上来说，越负越好。这是在用别人的钱，做自己的买卖。再加上收入的增加带来净利润的增加，从而带来经营性现金流的增加，经营性现金流越多越好。“赚有利润的营收，赚有现金的利润”的目的就达到了。这里面有什么诀窍？流动资产和流动负债之间又有什么钩稽关系？

S 公司在 2010 年以前经营的主要是土特产。传统的 S 公司团队是做进出口国际贸易业务的，商业模式就是简单的一买一卖，员工们也都熟悉相关的利息、汇率、价格等条款。S 公司之前所遵循的是传统的出口贸易商业模式，商品低价的时候大量购入，拥有大量的库存，无论是参加展览会还是与客户谈判，卖出时都遵循价高者得的原则。整体来说，就是一买一卖吃差价，并且高库存对于吃差价来说是有利的。

自 2010 年开始，S 公司从做出口贸易转型为经营品牌小包装产品，将其放在国内商超等渠道销售，商业模式与以往有了很大区别。以前是低采高销赚差价，大量库存垄资源。现在是产品差异化树品牌，运营精细化提效率。为了集中力量，S 公司将原先平铺的多业务缩减到 FM 产品和 JG 产品两块，主要走高端路线。S 公司的 FM 产品的主要闪光点在于酿造时间长，比一般产品营养价值高，由此进行差异化定位，虽然价格相较于市场同类产品高，但是鉴于其品质较好较纯，市场前景还是很广阔的。在商业模式上，S 公司经营 FM 产品的模式也有了较大改变，专门寻找那些品质能够得到保证的出口货源，以高品质和良好来源地作为自有品牌产品的品质保证。S 公司在 JG 产品方面的销售模式和 FM 产品类似，市面上大批量养殖的 JG 产品占绝大多数，而 S 公司对 JG 产品的定位是具有高营养价值的“原木养殖”，走的也是高端路线。

在一次运营分析会上，S 公司总经理郑总发现公司整个库存 592 天，某成品库存 164 天，这个周转速度太慢了。他说，一是保质期问题，成品库存 5 个半月，假设这个产品的保质期是 12 个月，那么我们把货运到渠道时，这个产品的效期已经过半了。实际销售期只有一半，好多渠道产品临期是不让销售的，这一头一尾，我们还能销售几个月？消费者的体验也不好。原料库存一年半，对产品的新鲜度也是很大考验。二是好的商业模式一定是“轻资产，负资本，快周转”的。“库存”就是流动资产，销售额与库存的比就是“周转”，销售 1 亿元，库存要 1.5 亿元，那我们要达到 10 亿元营业收入的目标，需要 15 亿元的库存，公司承受不了。理想的周转越快越好，销售 1 亿元，库存 1000 万元才好。三是这个“资本”就是营运资本，我们看了库存指标，再看应收账款、预付账款的流动资产指标，以及应付账款、预收账款的流动负债指标，发现流动资产指标大于流动负债指标，营运资本为正且多，说明我们在占用大量自己的钱做生意。

针对这种情况，郑总带领团队一起讨论了如何削减库存，如何改变采销两端的收支方式，如何计算边际利润贡献，等等。这些方案的执行过程倒也不像之前想象的那么困难。由于做贸易的惯性思维，S 公司应收账款过多，购买原料又要预付款，导致资金周转慢。在分析会现场，有人给供应商发了一条短信，提出不能再给预付款，对方爽快地同意了。“发条短信就搞定了，你为什么不去做这件事？因为你习惯了，惯性思维固化了你的行为。”郑总说。正因为采取了差异化战略，再加上好的运营管理，S 公司的转型实现了 180 度的大转弯。FM 产品和 JG 产品这两块业务议价能力较强，在理解了内贸商业模式的前提下，S 公司又通过减少应收账款和预付账款的方式加快资金周转速度、减少库存，还采取措施，让资产结构与新商业模式相匹配，比如尽量占用供应商和客户的资金，减少自有资金占用。通过调整，S 公司在一年内实现了扭亏为盈，利润从负 600 万元增长至正 600 万元，库存周转从 592 天降到 90 天，利润、效率等指标均大幅提高。

变通收付模式：做多流动负债

他们具体是怎么做的呢？大约在 2018 年，笔者代表另一家公司找郑总谈合作。聊天过程中，就聊到了“两金”问题，笔者当时就比较发愁现金流的问题。当时，笔者的公司盈利能力不断提高，有一两个业务发展得非常快。但是库存很高，股东要求抓“两金”的管控，笔者在寻找好办法。郑总说，方法很简单，没有那么复杂。他拉过白板，给笔者很详细地讲了起来。

笔者结合自己的理解梳理了一下。他说，改善现金流，肯定离不开三张财务报表。从财务人员的角度来分析三张表非常繁杂，因为他们考虑得太全面。从业务人员的角度来分析，则要抓要点。比如资产负债表里的负债，有流动负债和非流动负债，流动负债和流动资产存在一种非常有意思的关系。流动负债，主要看应付账款和预收账款。流动资产主要就看应收账款和预付账款。这就可以由前文中的资产结构与边际利润关联图描述流动资产与变动成本费用、固定资产与固定成本费用之间的关系，进而引申出流动资产与流动负债关联图（见图 6-1），讲述流动资产与流动负债之间的关系。

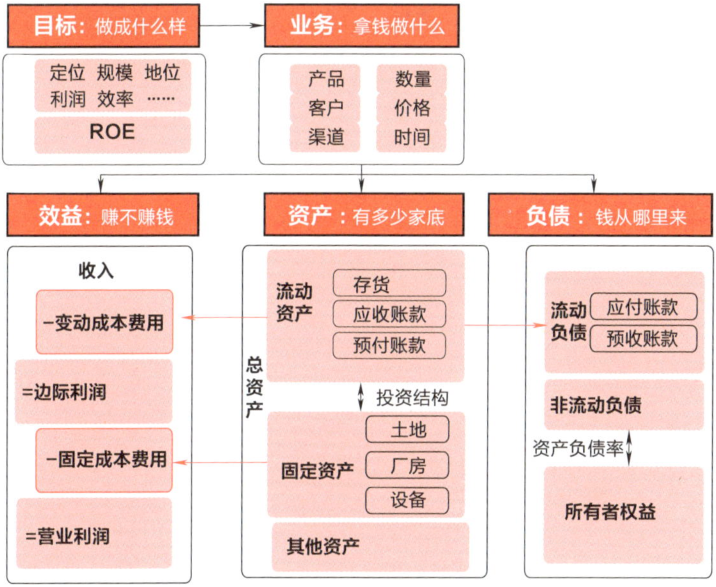

图 6-1　流动资产与流动负债关联

我们再来看看业务。业务一头是销售，另一头是采购。销售，根据收款方式的不同，会产生“预收账款”或“应收账款”，都有个“收”字。“预收账款”相当于借来经销商的钱却没给货，是流动负债。“应收账款”相当于借给经销商货却没收到钱，是流动资产。比如，假设一家销售公司的一买一卖模式，先不考虑生产。第一，销售现款现货 100 万元，那么没有“应收账款”的流动资产，也没有“预收账款”的流动负债。第二，销售先款后货 100 万元，1 个月交货，那么没有“应收账款”的流动资产，有 1 个月 100 万元“预收账款”的流动负债。第三，销售先货后款 100 万元,1 个月收款，那么有 1 个月 100 万元“应收账款”的流动资产，没有“预收账款”的流动负债。无疑第二种情况最好，既做了业务又赚了钱，这 1 个月 100 万元“预收账款”的流动负债，增加了 1 个月 100 万元的现金，相当于用下游客户的钱做买卖。第三种情况最坏，虽然做了业务且赚了钱，这 1 个月 100 万元“应收账款”的流动资产，减少了 1 个月 100 万元的现金，且有收不回款的风险。第一种情况介于后两种情况之间。

采购，根据付款方式的不同，会产生“应付账款”或“预付账款”，都有个“付”字。“应付账款”相当于借了别人的货却没给钱，是流动负债。“预付账款”相当于借给别人钱却没收到货，是流动资产。比如，依然假设一家销售公司的一买一卖模式，先不考虑生产。第一，采购现款现货 100 万元，那么没有“预付账款”的流动资产，也没有“应付账款”的流动负债。第二，采购先款后货 100 万元，1 个月交货，那么没有“应付账款”的流动负债，有 1 个月 100 万元“预付账款”的流动资产。第三，采购先货后款 100 万元，1 个月付款，那么有 1 个月 100 万元“应付账款”的流动负债，没有“预付账款”的流动资产。无疑第三种情况最好，1 个月 100 万元“应付账款”的流动负债，增加了 1 个月 100 万元的现金，相当于用供应商的钱做买卖。第二种情况最坏，1 个月 100 万元的“预付账款”的流动资产，减少了 1 个月 100 万元的现金，且有收不回货的风险。第一种情况介于后两种情况之间。

上面是采和销分开分析的。如“采销两端设计收付模式”（见图 6-2），一个业务应该从采销两端进行整体设计，而不应该分开设计。销售先款后货，采购先货后款。应付账款、预收账款的流动负债越多越好，应收账款、预付账款的流动资产越少越好。流动资产减流动负债等于营运资本，营运资本越少，占用的公司资金就越少，就可以产生和释放现金流。营运资本为负，越负越好，负得越多，越说明公司在用上下游，即供应商和经销商的钱来做自己的生意。这对于没有外部资金投入的公司而言，是救命稻草。下面，我们加上生产环节，对一个业务从采销两端进行整体设计。在计算营运资本的时候，加上库存，只先考虑收支方式的不同对应付账款、预收账款的流动负债和库存、应收账款、预付账款的流动资产的影响，其他因素，暂不考虑。

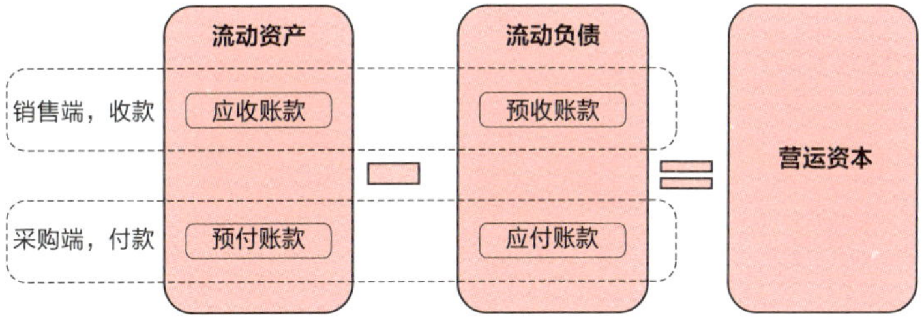

图 6-2　采销两端设计收付模式

第一种是不理想的业务模式，主要是以产定销、采销两端设计不合理的业务模式。

一是采销两端现款现货。如图 6-3 所示，以产定销，需要企业大量囤货。假设采销两端都是现款现货，但我们有 1 个月的生产周期，只实现了 10 万元的销售。流动负债中，应付账款为 0，预收账款为 0。流动资产中，虽然应收账款和预付账款均为 0，但是库存有 93 万元。营运资本 = 流动资产 - 流动负债 =93 万元，营运资本为正，这说明这个业务占用了公司 93 万元现金。100 万元采购的原辅料包材一入仓，存货就产生了，资金成本就出现了。如果产品生产完成，只实现了 10 万元的销售，什么时候销售完存货就是一个很迫切的问题。这个业务有 10 万元的收入、3 万元的毛利，看似不错。再想想 100 万元 1 个月的资金成本，93 万元成品存货直到销售出去的资金成本、仓储及管理费用、占压的资金，每过一天都距离产品逾期更近一天，以及可能产生的存货跌价损失，这就不是好业务了。

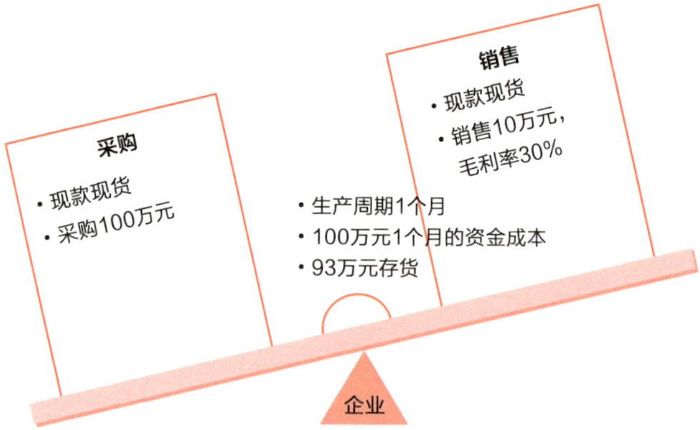

图 6-3　采销两端收付方式设计不合理示意 1

二是采购先款后货，销售先货后款。如图 6-4 所示，如果很不幸，渠道很强势，我们的销售是先货后款，账期 3 个月。供应商也很强势，我们的采购是先款后货，货期 2 个月。这个业务模式，流动负债中，应付账款为 0，预收账款为 0。流动资产中，应收账款是 10 万元，3 个月账期，预付账款是 100 万元，2 个月账期，库存 93 万元，1 个月账期。在流动资产最多的时段，营运资本 = 流动资产 - 流动负债 =203 万元。营运资本为正且比上一种模式增加了 110 万元。营运资本越多越不好，占用了企业 203 万元自有资金。别的先不谈，资金至少被占了 203 万元。只谈 203 万元从采到销 6 个月的资金成本，假设年息 6%，就是 6 万元左右。这笔业务 10 万元的收入，3 万元的毛利，减去这 6 万元，相当于亏钱。这还不包括后续的资金成本、相关费用，以及产品销售出去却收不回应收账款、采购付了款却得不到货物、存货逾期减值的风险。关键 203 万元的投入，只获得 10 万元的收入，这个资产周转率就太差了。

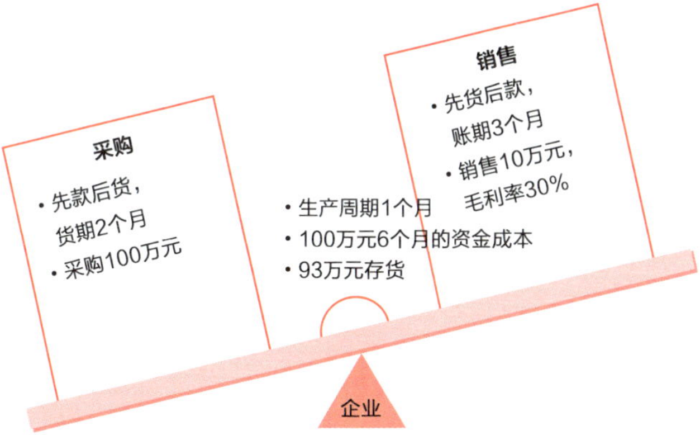

图 6-4　采销两端收付方式设计不合理示意 2

第二种是理想的业务模式，就是以销定产，采销两端设计理想的业务模式。必须根据销售订单、经济起订量来开展采购。如果做不到，宁可不开展这项业务，当然，战略采购另论。销售员会问，没有产品怎么销售？可以先做样品和宣传资料，收集销售订单，在订单量满足经济订量的情况下，再开展采购和生产。销售形成规模和周期后，才可以考虑合理备货。

一是采销平衡的设计。如图 6-5 所示，在以销定采的基础上，我们要从采销两端设计业务模式。假设经济订量是 20 万元，我们凑足了 20 万元的销售订单，并且销售先款后货，货期 1 个月，那么 20 万元预收账款就有了，这是好事。采购现款现货，生产周期 1 个月，我们会发现我们没有花自己的钱做这单业务，完全是用客户的钱来做这单业务。流动负债中，应付账款是 0，预收账款是 20 万元,1 个月账期。流动资产中，应收账款是 0，预付账款是 0，库存是 14 万元。营运资本 = 流动资产 - 流动负债 =-6 万元。我们在用下游客户的钱做自己的生意，且有了 1 个月 6 万元的现金。生产结束，交完货，库存也是 0，6 万元的现金就是利润。“两金”以及其所带来的费用、风险没有了，我们的现金流健康了。当然，让客户先款后货承担货期是有难度的。首先，要确保公司的产品具备差异化竞争能力。其次，要从盈利模式上设计好客户的收益，让客户更有钱赚。再次，如果与客户谈判不成，那么公司宁可降低几个点的毛利率收益，只要降低的毛利额不高于资金成本，通过让利给客户的方式促成这种采销模式。

二是采销完美的设计。如图 6-6 所示，如果我们足够强势，有很好的品牌和产品，销售端的模式谈成客户先款后货，账期 1 个

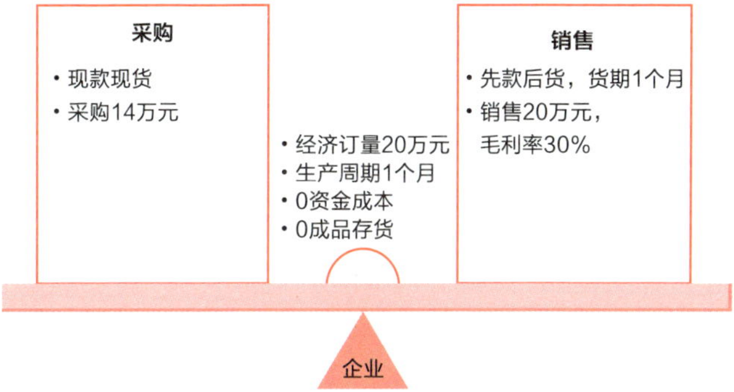

图 6–5　采销两端收付方式设计平衡示意

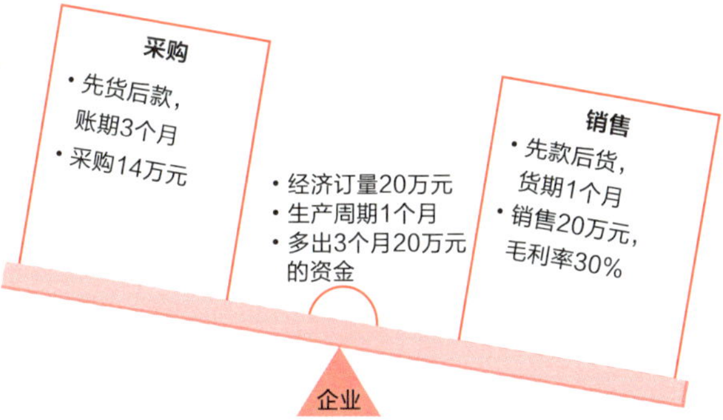

图 6–6　采销两端收付方式设计完美示意

月；采购端的模式谈成供应商先货后款，账期 3 个月；生产周期 1 个月。这个业务的流动负债是，应付账款 14 万元，3 个月账期，预收账款 20 万元，1 个月账期。流动资产是，应收账款 0，预付账款 0，库存 0。营运资本 = 流动资产 – 流动负债 =–34 万元。营运资本是负数，而且对比上一个模式的 –6 万元，负得更多了。我们在用上下游供应商和客户的钱做自己的生意，且有了 2 个月 34

万元现金流。我们会发现我们有了更多资金，有了资金沉淀收益。通过采销两端业务模式的设计可以增加现金流，也可以省钱，还能赚钱。我们的现金流更加充裕，抵御风险的能力更强，用这些现金可以做更多战略业务布局。

三是采销变通的设计。如图 6-7 所示，我们不可能所有的业务采销两端都谈判得那么完美。如果遇到非常强势的客户渠道，其销量非常好，我们又不能放弃，销售端只能让客户先货后款，账期 2 个月。我们就必须在采购端，至少谈成供应商先货后款，账期 3 个月，使得采销两端设计平衡。这样的业务模式中，流动负债是应付账款 14 万元，3 个月账期，预收账款 0。流动资产是应收账款 20 万元，2 个月账期，预付账款 0，库存 0。营运资本 = 流动资产 - 流动负债 =6 万元。这 6 万元是预期利润，可以接受。但是也会有供应商不愿意的情况。怎么办？一是要找长期合作供应商，企业自身要有良好的信用，让供应商相信企业有还款能力。二是企业绑定供应商使其成为战略供应商，一起做大规模，让供应商赚更多的钱。三是如果上述方法都不行，宁可提高一些采购价，只要提高的采购金额不高于资金成本，就可以实行这个采销模式。

郑总最后说，综上所述，现金流的问题，不能指望事后清理，更需要我们在业务开始前，就从采销两端做好模式设计。收付模式的设计，不只是销售部门的事，也不只是采购部门的事，应以一项业务的完成，从采销两端整体设计，只有这样，才能找到理想的模式。这对企业经理人的运营管理能力提出了更高的要求，销售经理不只考虑销售，还要考虑采购，采购经理不只考虑采购，还要考虑销售，企业一把手更是要有统筹采销能力。这对企业的管

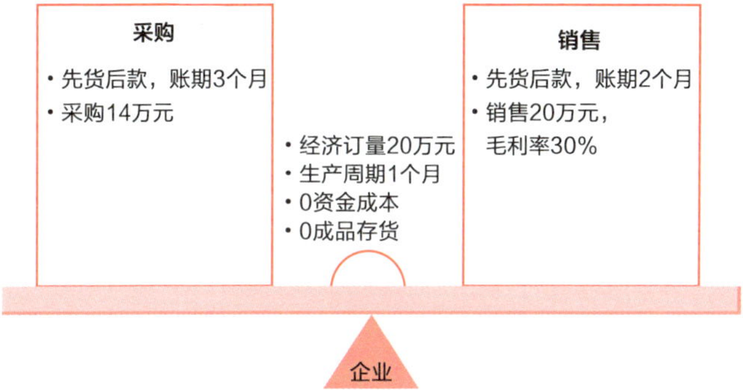

图 6-7　采销两端收付方式设计变通示意

理系统，特别是财务、法律部门，在采销合同条款的制定和采销付款的把控上提出了更高的要求。

优化现金流：践行“十字方针”

郑总还举了一个例子。有一家企业，它的流动资产里，应收账款近 1 亿元，预付账款约 0.5 亿元，库存约 0.5 亿元。它的流动负债里，应付账款（对供应商的欠款）近 3 亿元，预收账款金额不大。乍一看，营运资本为负的 1 亿元，基本在用上游的钱做生意，应该不错。其实，并非所有企业都是营运资本为负就好。这家企业的应收账款和应付账款都逾期严重，库存过期、临期严重；最关键的是，这家企业当年营业收入 5 亿元，亏损 5000 万元，累计亏损 2 亿元，不是盈利能力很弱的问题，而是亏损严重。这个亏损还没算应收账款、库存都逾期严重的减值损失。这就失去了“负资本”的作用，“负资本”一定是和“高盈利、轻资产、快周转”结合的。这家企业自身的造血能力不足，失血又很严重，现金流已经负得很严重了，且没有股东愿意再输血了，这意味着要生存，一切都需要自己腾挪。这就属于严重的盈利能力不足且资不抵债。供应商纷纷上门讨债，舆情事件不断。销售端由于供货出现问题，客户信心不足，销量也在大幅度减少。各股东的意见也很大，公司甚至有清算倒闭的可能。许多人认为这家公司没戏了。它是怎么起死回生的呢？新任总经理做了以下几件事。

第一，开展边际利润财务运营模型分析。一家公司整体亏钱，不可能所有业务都亏钱。一算账，发现这家公司一年的固定成本是3000万元，亏损5000万元，这说明肯定有负边际利润的业务，亏边际利润是个无底洞，填不满了。方法仍然是不断打开、细分、深挖。从产品、客户、渠道（区域），按照一个完整的业务链条进行梳理，这家公司原来有好几个销售部、好几个产品部。销的只管销、不管采，采的只管采、不管销，储的只管储，运的只管运。这样肯定有很多成本费用是隐藏的，没人负责。公司从采购、生产、仓配、运输、销售整条线，逐个进行边际利润财务运营模型梳理。这样，首先发现了几条有边际利润的业务线，且它们的规模较大。

第二，原来是大家都在一家公司里吃大锅饭，亏钱不知道怎么亏的，赚钱不知道怎么赚的。现在分灶吃饭，各主一摊。先把有边际利润的业务线独立出来，分别成立几个事业部。以产品为主线，从采购、生产、仓配、运输、销售整条线进行运营。成立新公司，轻装前进，把有边际利润的事业部都归入新公司，并且创造利润。边际利润为负的业务就留在老公司关闭清算，债务也基本留在老公司，同时新公司用稳定收益为老公司还债。

第三，解决现金流。公司提出了“一切围绕现金流”的口号。

一是提出了“扩销、催收、缓付、去库、降费”的“十字方针”，企业各业务建立严格的边际利润财务运营模型，不断想办法通过开拓和深耕客户、渠道（区域），扩大产品的销售量；对已有应收账款专人专项催收；对已有的应付账款多做解释工作，争取用时间换空间；不断清理和销售库存，确立以销定采原则；在各个环节、领域降低成本费用。

二是重点抓降低固定成本费用，从新公司到各事业部，严格锁定固定成本费用，并不断想办法降低，减少盈利负担。仅人员就裁减了70%，办公区域也减少了80%，总体固定成本费用由3000万元减少到2000万元。

三是各事业部的业务确保有边际利润，分别建立企业使命、经营目标、战略规划、配置资源、运营管理和考核评价体系。确保各事业部盈利，努力覆盖2000万元的固定成本费用，实现企业整体盈利，并进一步完善可持续、可增长的盈利模式。新成立的公司经过一段时间的经营，由于盈利能力较好，争取到银行贷款支持，并且积极筹划公司层面的股权合作机会，争取更多的融资机会。

四是对新开展业务提出了“收付五原则”：采购无预付账款；经销无应收账款，直营无逾期，赊销风险全覆盖；先卖后买控库存；先收后付控现金；营运资本为负，经营性现金流为正。首先就断了某些人员的预付念想，采购严禁预付，必须先货后款。经销业务的销售一律先款后货至少是现款现货，不能有应收账期。

直营业务的销售就是紧盯账期，把业务员工资、绩效和逾期应收账款绑定，产生逾期就缓发，什么时候收回来款什么时候发放。个别大特渠、大通路必须赊销的话，严格履行审批制度，审批权收紧，并且要求赊销业务必须确保全覆盖且边际利润率大于10%。

在这套组合拳的持续作用下，这家公司第一年就实现了大幅减亏，第二年实现了现金流为正，第三年实现了盈利，并且不断提升盈利能力和水平。一家濒临破产的公司走向了新生。

第七章

快周转：转出现金流

从“流动资产与流动负债”的关联再延伸，就形成了“效益与资产关联”（见图 7-1），即损益表与资产表的关联。从图 7-1 中，我们会发现收入和资产的比例关系决定了周转次数，进而决定了经营效率。我们的目标里最重要的一个指标就是 ROE。股东投了多少钱，能产生多少回报，同样投入一笔钱，产生的回报越多越好。ROE 公式的变形，就是效益 × 效率。一方面是盈利水平，另一方面是周转次数。比如，曾经有一个面粉企业的案例，面粉行业的利润水平很低，边际利润率可能只有 5%。怎么提高 ROE 呢？低成本，快周转。一方面想办法降低成本费用，提高利润率；另一方面加快周转。比如 5% 的利润率一年周转一次，ROE 只有 5%。如果做到一年周转 6 次，那 ROE 就是 30%。这比利润率为 25%，但一年只周转一次的业务还要好。

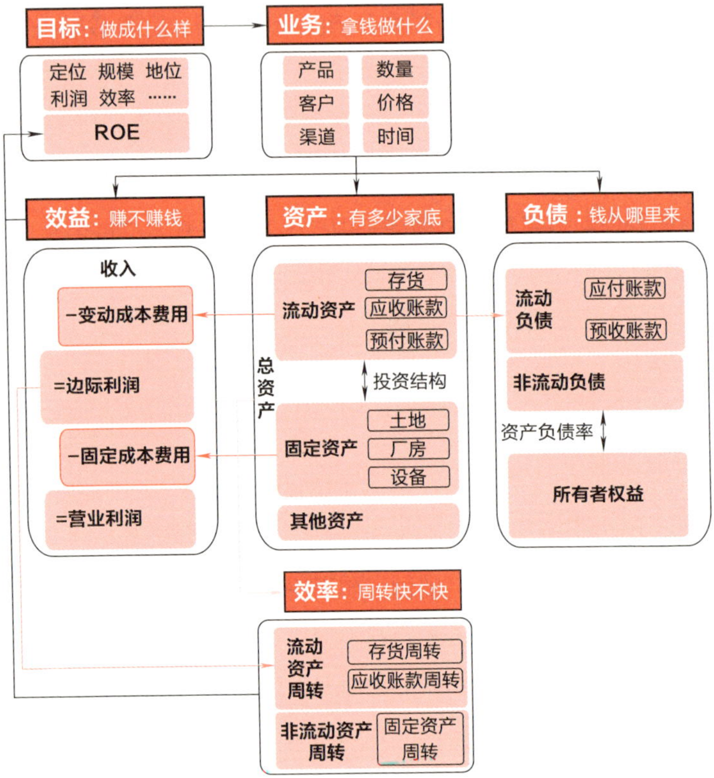
目标：做成什么样
定位 规模 地位
利润 效率 ……
ROE
业务：拿钱做什么
产品 数量
客户 价格
渠道 时间
效益：赚不赚钱
收入
−变动成本费用
=边际利润
−固定成本费用
=营业利润
资产：有多少家底
总资产
流动资产
存货
应收账款
预付账款
投资结构
固定资产
土地
厂房
设备
其他资产
负债：钱从哪里来
流动负债
应付账款
预收账款
非流动负债
资产负债率
所有者权益
效率：周转快不快
流动资产周转
存货周转
应收账款周转
非流动资产周转
固定资产周转

图 7-1　效益与资产关联

“三大法宝”：提高周转率

那么怎么提高周转率呢？很多企业负责人想了不少办法。比如笔者跟某茶企副总经理陈总了解过他们提高存货周转率的做法。2012年，该茶企在国际贸易环境中逆势增长，并在国外市场稳健布局，同时，它开始发力国内市场，短短几年时间，国内销售额由原来不到8000万元发展到突破2亿元。这一惊人业绩得益于公司大胆的创新转型，得益于销售部门的开拓和拼搏，也离不开从提升细节做起，做好存货管理的有力支撑。该公司在没有投入扩大库容的情况下，通过不断提升存货管理水平，特别加强了对库存周转率、仓储利用率、供应商考核、库存原料采购计划等关键环节的控制，解决了业务增长与库容不足的矛盾问题，从而能有效地规避存货风险带来的经营风险。

一、提高仓储空间使用周转率

周转率是影响库存持有成本的重要因素之一，而原料进货批量又直接影响周转率的高低，因此确定合理的进货批量很重要。茶叶是季产年销产品，以往传统做法是在收茶季时大量收购，再慢慢使用，而且进货量多少以车计算（运费以车计算），一车数量往往是720件甚至更多，为了更好地完成原料库存周转率2.5次以上的目标，就必须减少进货批量，提高仓储空间使用周转率。结合运费因素，现物流成本由供应商负责。他们把进货批量由每车720件调整为600件。既要能保证一车的运输要求，又能让供应商容易接受，物流成本可控制持平。这有一个度的把握，如果件数再减少，物流成本占比增加太多，供应商不接受。同时，供应也会因离产区有一定距离而产生困难，最终导致与供应商的关系僵化。

例如，相同品质的一车茶，数量由720件调整为600件，相同仓位空间年可存放数量会出现明显差异。（1）720件所占的空间：720件÷25件/托盘＝28.8个托盘（24个＋4.8个），600件÷25件/托盘＝24个托盘。（2）相同品质的原料茶拼配比率一样，假如每十天拼配一次、每次拼配200件，720件要：720件÷200件/次×10天/次＝36天拼配完，600件要600件÷200件/次×10天/次＝30天拼配完（仓储空间使用周转率就由每年10次提升到12次）。（3）相同仓位空间（24个托盘是相同的）年可存放数量比较：720件中的24个托盘可进货量为24个×25件×360÷36＝6000件，600件中的24个托盘可进货量为24个×25件×360÷30＝7200件。从上面的计算结果可以看出，减少每批进货数量可以增加仓储空间的使用效率，提高公司存货周转率，给公司带来较大的经济效益。自实行以来，公司的存货周转率有所提高，由 2011 年的 1.29 次提高到 2012 年的 1.47 次。

另外，削减滞销库存货品，提高仓储空间使用率和周转率。公司由采购部门负责产品拼配方案制订工作，促使采购人员根据供应的原材料情况制订最佳的拼配方案，重视原料采购与原料使用的高度结合，特别是要重视积压存货的优先使用和及时消化使用，减少或缩短不适销货品的存放空间和时间。

二、库存分类管理

2007 年下半年，W 茶产品，特别是公司一直以来坚持的传统加工方法的原料茶产品，以及主产区原料茶产品的消费开始恢复，并逐渐热销，到 2009 年底销量大幅增加。2010 年初，公司产品 A 系列的原料价格上涨且出现缺货，茶叶是季产年销产品，这时还没到产茶季节，即使是产茶季节，从开始采摘、生产、加工，到可以使用也要近两个月的时间。为了不影响消费者的消费需求，只能通过 G 原料茶 +J 原料茶的拼配方案来保证生产正常进行，这时的产品原料价格高，而且产品质量不一定有保证。这一教训告诉我们，库存管理很重要，存货的分类管理更重要。

2010 年，公司经营业绩大幅增长，对原辅料的需求量大幅增加，因此公司按照原辅料品种和用途的不同采取类似库存周转率 ABC 分析法将其分类，分别采取不同的管理方法。A 类为大宗的比较紧缺的或价格高的原料：如 AA102、AA103 等某产地茶产品，销量大、利润高，产地只采春茶；2009 年研发的明星产品

“HHH”，原料价格高，但可给公司带来大幅的利润增长；YY907产品年销量2000万元以上，只用J产区一级原料。公司对A类原料加强了管理，做好采购计划，及时采购或抢购入库。B类为可替代或用量比例小于20%的原料：如BB105、BB101、BB102等产品，原料用量比例小；BB803、BB801、BB104、BB102、BB103等产品原料产量大，供应商常年有库存，容易采购；这类原料就要尽量减少库存。C类为使用过，可库存也可不库存的原料：如CC210、CC211等袋泡茶产品，这类原料能使用的尽量及早使用。对于包装物料等辅料采取按订单生产的实际情况进料，使库存保持在最低限度，避免了因订单变化而造成不必要的浪费。库存周转率ABC分析法是一个动态的管理过程，要根据实际情况随时调整，按照各类物资重要程度不同分别控制，抓住重点，分清主次，以达到事半功倍的效果。

三、定期盘点优化库存结构

建立库存数据库，以ABC分类为基础，确定各库存原辅料的安全库存量，建立库存预警系统。根据采购战略，确定关键原材料的最佳库存量。在确保货源供给前提下，茶叶存销比率努力按照30%来控制，同时根据所掌握的市场需求情况，预测需求数量，以月或季度为单位进行循环盘点，及时发现库存水平和短缺品种，采取相应的处理措施。按月做好采购存货分析，及时掌握存货的品种、数量等情况，提高存货数量管理控制的水平，对因客户合同变更产生的滞销库存，销售部应积极向其他市场、客户进行推销，采购部在拼配加工时尽力加以消化和使用，同时要求综合实力强的供应商协助消化。对库存6个月以上的茶叶原料应配合质量安全部进行理化检测、感官品质的不定期复查，对有质量隐患的及时采取加工措施予以消除。

四、充分利用供应商库存，实现库存前移

利用供应商库存，既强化了供应商的责任意识，同时也是一种风险转嫁，做到尽可能利用供应商库存资源，快速满足公司需求，在保证价格优势的基础上，确保供货及时。目前，公司利用多年与供应商建立的良好合作关系，供应商多设库存，公司少设库存，减少资金占用，降低了库存风险。根据采购战略，确定关键原材料的最佳库存量。在确保货源供给的前提下，茶叶存销比率努力按照30%来控制，大宗产品原料、包材进货，与供应商签订采购合同，可根据销售业务要求，采取分批进仓，要求供应商必须保持一定比例的库存，做到保质、保量和按时供货，并作为考核评定供应商综合能力的主要条件和要求。严格按照《供应商质量安全管理办法》的要求重新对供应商进行甄选。对于不合格供应商，坚决予以淘汰，原辅料供应商数量由原来的130家左右，减少至100家左右，这大大提升了供应商队伍的水平。

供应商的考核选择：采购部根据物料需求计划（销售部门的销售情况及计划）、产地信息、行业动态及供应商的供货信息（根据物料需求品种、数量寻找合适的供应商，包括供应商的供货能力、服务、质量、性价比、历史交货记录等，这些在供应商管理制度中有详细记录），结合质量管理部门的考核结果，选择战略合作供应商。根据茶的产品特性（不易变质，容易保存），采购部门在茶季前做好采购计划（计划包括品种、等级、数量、质量要求等），及时向战略供应商下达计划要求；在茶叶生产季节，经常到厂家检查计划实施进度、实施质量，及时跟踪实施情况，确保采购计划的高质量完成，实现库存前移的目标。

五、提高仓储利用率

利用率较低是仓储工作较为突出的问题。为解决存货与库容这一对矛盾:（1）公司仓储部通过细化现场管理制度、商品管理制度、安全保卫制度、卫生制度等进一步完善规范仓库管理。制定了原料入库、包装物料、材料内部调拨（生产领用）管理、盘点（包括审计、公司内盘）、发料作业（出库）等管理流程并严格执行，使得各项操作有序规范进行;（2）综合实际情况对仓位分配进行了更为科学的布局与安排，合理安排库容，提高仓储的利用率;（3）仓库如同家里的衣柜，及时进行货物整理、货物堆尾的整理，提高仓位可利用空间、提高空间利用周转率。由于茶叶季产年销的特性，货物进仓后，往往不是一次性用完，就会存在堆尾现象，这时就要进行重新整理，腾出空间，不能因为少量堆尾货物浪费较大的使用空间。

在这个案例中，该茶企主要做了三方面的工作：一是通过提高库存周转率，可以大大减少茶叶原料管理环节、仓储时间、存货数量、占用资金等，降低采购成本，能有效规避存货风险带来的经营风险。二是积极培育核心供应商，实现库存前移。基于企业与供应商共同发展理念的基础，建立战略合作伙伴关系，实现可持续发展。供应商的实力直接影响供应能力的强弱，既要努力寻找优秀的供应商，优胜劣汰，也要积极培育核心供应商，特别是有资质、有信誉、有实力的供应商，实现茶叶的稳定供应和安全库存。三是强化存货管理。面对企业业绩的快速增长，容易出现库容不足、存货管理混乱等问题。简单的扩建仓库或者租用面积更大的仓库，只能治标，不能治本。该茶企从加强内部管理入手，立足产业链各个环节，充分利用供应商资源，加强了内部各个环节的协调互动，为长远发展奠定了基础。

防范应收风险：识别与应对措施

有一位长期从事审计的朋友跟笔者聊过一个案例。长江公司是一家以生产汽车钢板为主的企业，也是甲公司的主要供应商之一。长江公司于 2010 年 3 月初与甲公司签订买卖合同，供应甲公司钢板。长江公司先货后款，销售给甲公司钢板 4000 吨，货值 2700 万元，账期 60 天。由于汽车行业不景气，甲公司资金回笼速度变慢，支付能力下降，导致拖欠货款。由于行业竞争的加剧以及为了维持经营，长江公司选择继续向甲公司供货并于 2010 年 6 月再次发货 3600 吨，货值 2300 万元，并把原来的账期由 60 天修改为 90 天。

截至 2012 年前三季度，长江公司应收账款上升至 5000 万元，而且账龄都在 2 年以上。对于这高达 5000 万元的应收账款，公司没有进行任何坏账准备计提。而参考同行业公司黄河公司却按照相关会计准则计提了坏账准备。截至 2012 年前三季度，黄河公司计提的坏账准备约 2000 万元。具体来看，黄河公司 1 年以内（含 1 年）计提 5%，1~2 年（含 2 年）计提 30%，2~3 年（含 3 年）计提 60%，3 年以上计提 100%。黄河公司管理层对外表示，账龄 1 年以内无重大收款问题，按照账龄分析法以 5% 比例计提坏账准备。可见即便在对收款乐观的情况下，黄河公司仍对 1 年以内的应收账款计提了 5% 的坏账准备。

由于这两家钢板厂的销售政策以及下游客户并无明显区别，坏账准备计提不应该相差过大。对此，长江公司对报表的解释是，管理层认为应收账款主要款项可以收回，且债务人均有偿还能力，故坏账准备计提比例较低。坏账准备通常计入资产减值损失，从而影响利润。如果按照黄河公司的计提比例，长江公司当年前三季度应该计提坏账准备 3000 万元。

一、问题及原因

深入分析长江公司应收账款发展过程，以下几个原因不可忽视。

1. 应收账款信用政策制定疏漏。信用政策的制定如同赊销经营这座大厦的地基建造。地基的牢固与否直接关系到上层建筑的稳固程度，信用政策制定的好坏直接关系应收账款回收的效果，从而影响企业资产的优良。因此，只有建立严密稳固的信用基础，才能在赊销经营时无后顾之忧。然而，在长江公司对甲公司应收账款事件中，长江公司对于与甲公司的销售所制定的信用政策既不严，也不牢。

2. 执行合同不力。按照合同规定，甲公司接货 60 天内就应该付款，否则长江公司就有权拒绝发货，而之后甲公司以受全球经济危机影响、国内汽车行业不景气、甲公司资金回笼速度减慢、支付能力下降等为理由拖欠货款。拒付或拖欠货款时，长江公司却置合同规定的付款期限于不顾，对甲公司继续发货。在没有严格的信用期间限制的条件下就很难保证能按时收回货款。

3. 未做好催收工作。首先，是应收账款追踪分析。长江公司应收账款一旦为客户所欠，公司就必须考虑如何按期足额收回的问题。要达到这一目的，长江公司就有必要在收账之前，对该项应收账款的运行过程进行追踪分析管理，即事中控制。一方面要定期与客户沟通，维护良好的合作关系；另一方面要实施科学的管理，提高应收账款的回收率。其次，是应收账款账龄分析，是指各账龄的余额占总计余额的比重。根据应收账款分析表，对不同拖欠时间的账款及不同信用品质的客户，公司应采取不同的收款方法，制定出经济可行的收账政策。在财务核算中，公司要严格执行坏账准备金制度，用账龄分析法对不同的应收账款采取不同的比例计提坏账准备，对不能回收的及时核销，保证财务报表的真实性。

4. 清收责任未明确。销售人员为了片面追求销售数量而盲目赊销，长江公司内部控制中未明确销售人员及管理人员回收账款的责任。首先应当明确办理该项销售业务人员的责任。销售部门考核要根据资金时间价值、赔偿能力等实行谁经手谁负责、谁回笼谁得益的制度，将回收责任和期限落实到人，辅以考核挂钩、奖惩兑现的手段，充分调动营销人员收款的积极性。

二、方案措施

1. 建立专门的信用管理职能。传统的企业组织结构，一般以财务部门担当信用管理的主要角色，进行赊销管理，这已不能适应完善企业信用管理的需要。企业信用风险管理是一项专业性、技术性和综合性较强的工作，须特定的职能或组织才能完成，因此企业须设立独立的信用管理职能。企业一般采取两种方式设立信用管理职能，一种是财务总监领导下的信用管理职能，另一种是销售总监领导下的信用管理职能。两种方式各有利弊，适用于不同的企业管理体制。信用管理职能要取得财务部门和销售部门支持，并在赊销管理中起到主导作用。根据统计，财务总监负责下的信用管理成功率为 70%，而销售总监负责下的信用管理成功率仅为 30%。目前我国约有 2% 的国有企业设立专门的信用管理职能，而外资企业的这一比率在 10% 以上。

2. 制定合理的信用政策。信用政策也就是应收账款的管理政策，是指企业对应收账款投资进行规划与控制而确定的基本原则与行为规范。信用政策包括信用期间、信用标准和现金折扣政策。首先是制定信用期间。信用期间是企业允许客户从购货到付款的时间差距，或者说是企业给予客户的付款期间。其次，设定信用标准。信用标准是指企业愿向客户提供商业信用而要求客户达到的信用状况方面的最低标准，即客户获得商业信用所具备的最起码条件，通常以预期的坏账损失率表示。如果客户达不到信用标准，便不能享受信用优惠或只能享受较低的信用优惠。通常以一组具有代表性、能够说明付款能力和财务状况的比率（如流动比率、速动比率等）作为信用风险指标，根据数年内的情况，分别找出信用好和信用差两类客户的信用标准，利用既有或潜在客户的财务报表数据，计算各自的指标值，并与上述标准比较，进行风险排队，并确定各有关客户的信用等级。最后，现金折扣政策。现金折扣是企业对客户在产品价格上所做的扣减，其主要目的在于吸引客户为享受优惠而提前付款，加速本企业的资金周转和减少坏账损失，缩短企业的平均收款期。现金折扣能给企业带来收益，同时也会增加成本，即价格折扣损失。

3. 对客户的信用进行评估。对拟赊销的客户进行深入的实地调查，调查的内容主要有：客户的品质、能力、资本、抵押和条件（“5C”系统），客户与企业往来的历史记录，客户的规模、财务状况、发展前景、行业的风险程度等。根据调查的结果来评定其信用等级，并建立赊销客户信用等级档案。

4. 建立应收账款的监控体系。应收账款的监控体系应包括赊销的发生、收账、逾期风险预警等各个环节。一般销售业务要经过接受顾客订单、批准赊销信用、按销售单供货、按销售单装运货物、向顾客开具账单、记录销售、收回资金这样一个业务流程。赊销监控主要发生在接受顾客订单、批准赊销信用、记录销售和收回资金流程。在接受顾客订单流程，顾客的订单号只有在符合管理层的授权标准时才能被接受，销售主管部门应根据信用部门提供的情况决定是否批准赊销信用。在批准赊销信用阶段，信用管理部门的职员在收到销售单后，将销售单与该顾客已被授权的赊销信用额度以及至今尚欠的账款余额加以比较，并对每个新顾客进行信用调查，建立客户动态资源系统。根据调查的客户资信状况和其他相关信息，信用部门决定是否批准该客户的赊销，并在销售单签署明确的意见。在记录销售和收回资金流程，财务部门应将销售数据和资金收回数据及时反馈给信用管理部门，更新客户动态资源系统。

5. 实行科学的合同管理，用法律保护合法权益。现金收入以外的供货业务都应该签订合同，主要的供货业务应使用统一的合同文本，合同要素齐全具体，特别是收款期及延付的具体违约责任等应清楚、准确，只有这样，才能用法律武器尽可能地保证自己的利益不受侵害。

6. 发挥财务的监督职能，辅助应收账款的回收。企业的财务部门应按赊销客户设立核算应收账款明细账，对赊销业务及时进行会计核算，并定期统计应收账款各客户的金额、账龄及增减变动情况，及时反馈给企业主管领导和销售部门，为评估、调整赊销客户的信用等级提供可靠依据，进而也能了解赊销总体情况。

7. 实行积极的收款政策。对逾期未结清欠款的赊销客户，企业应组织力量督促经销人员加紧催收，特别是对一些信誉较差、欠款时间较长、金额较大的赊销客户，需要有专人负责，兑现落实经办赊销人员的奖惩。企业必须加强对应收账款的管理，正确衡量信用成本和信用风险，合理确定信用政策，及时收回账款。只有这样，才能保证企业在激烈的市场竞争中立于不败之地。

应收账款周转也是评价一个企业周转效率的重要指标。鉴于许多负面案例，许多公司都专门建立了严格的应收账款制度和管理原则。一是一般性业务不允许有应收账款。二是不得不有应收账款的业务，必须风险可控制。“风险可控制”是指应收账款的对象是关联企业，或者信保全覆盖。三是不得不有的风险可控外应收账期，必须风险可承担。比如，信保覆盖 90%（一共 200 万元营业额），有 10%（20 万元营业额）未覆盖。“风险可承担”是指这个生意的边际利润率大于 10%，200 万元营业额至少产生 20 万元的边际利润。

此外，应收账款会产生经营风险，产生财务成本，占用经营资金，影响发展规模，降低周转效率，对经营的影响巨大。运营分析时，必须说清应收账款的“三个比”和“两个可”。“第一个比”，跟预算比。公司的生意模式和财务模型是怎么设计的，预算要控制在什么范围，严格卡预算，不能超预算，只能低于预算，这里强调的是应收账款的“率”的管理。“第二个比”，跟同期比。一般意义上讲，应收账款率降低，说明企业的核心能力增强了，在销售端的谈判能力提高了。“第三个比”，跟营收比。营收里有多少是通过销售先货后款的模式带来的，这也检验了公司经营的安全性，如果比例较大，说明公司是高风险经营模式。“两个可”就是上面说的“风险可控制”“风险可承担”。在这种严格要求下，应收账款被有效控制，应收账款周转、流动资产周转乃至总资产周转指标都会有明显改进。

分析现金流：从三个维度剖析

前面我们说，学习了边际利润财务运营模型之后，你会有一个神奇的发现，就是资产负债表中的资产与损益表有了直接的、明确的钩稽关系，资产的结构、资产的数额会影响成本费用，从而影响盈利能力。这个钩稽关系对于我们理清三张表的关系，设计合理的资产结构，构建投资的财务模型，“盈”在起跑线上，起到非常关键的作用。后来，笔者发现神奇的还不只这些，流动资产、流动负债、效益和效率与现金流也有钩稽关系。我们可以由原来只能从公司整体层面分析现金流，深入到从每一个业务、产品、客户、渠道来分析现金流。

有这么一家渠道销售公司。新总经理到任第一天，采购、销售、财务就跑到总经理办公室。他们拿出一大页应付供应商货款的单子，里面密密麻麻写了几十家供应商的情况。

销售急着说：“总经理，这里面的供应商得付款啊，再不付款，人家就不供货了，客户可就急了。”

总经理看了看采购，采购说：“总经理，我们梳理完了，这个月要付 1000 万元，能拖的都没有列上。”

财务说：“我们的资金没有那么多，这个月只能付 500 万元。”

三人说完又一起瞅向总经理。总经理仔细看了看单子，单子上有名称、数据、账期，备注里有历史情况。有的已经拖了很久，有的应付账款数额大，每月付几万元，有的付得很痛快。总经理问：“咱们目前付款的原则是什么？”

采购说：“每个月都是把全部到期、逾期应付的列出来，催得急的就列入表格，催得不急的先不列入，然后找财务来碰，有钱就付，没钱就找总经理拍板。”

总经理又问采购：“账期是怎么谈的？”

采购说：“采购全是先货后款 3 个月，但 3 个月也经常付不了。”

总经理说：“采购先货后款，3 个月相当不错啊。”

销售说："咱们公司的销售模式还是把控得比较严的，能先款后货就先款后货，但是量不大。量大的有不少是大系统集中采购的特通渠道，这些渠道的应收账期也不短，也得两三个月。"

总经理说："那这样的话，前后账期可以抵销了啊。"

财务说："主要还是盈利水平低，咱们平均 3%~5% 的边际利润率，再加上固定成本费用又多，公司整体亏损，就接续不上了。"

总经理又问："这里面有没有好的业务？"

销售说："有好的业务，比如咱们的渠道店业务不错，很稳定。一个月有 200 万元的收入，周转也快。但是供应商嫌我们的款期长，供价高，导致我们的边际利润率低。"

他们几个一起按重要紧急标准排出前 500 万元的付款计划，算是把这个月先对付过去了。总经理反复叮嘱，对未如期付款的供应商不要置之不理，以他多年接手亏损企业的经验来说，欠款的供应商更需要公司提供情感价值。公司必须沟通解释到位，争取供应商的理解和支持。

然后总经理就想，得理出个思路。情况基本已经摸清楚了。说来说去，就是边际利润、周转、应收账款、预付账款、应付账款、预收账款、库存这么几个指标，好的一点是预付账款完全卡住了，没有了。但这又是个系统思考的过程。一条杠子卡采购，先货后款 3 个月，也有问题。供应商会提高供价，降低我们的边际利润率。再加上经常到了 3 个月，我们也可能付不了款，供应商的价格越来越高，我们的边际利润率越来越低，进入恶性循环。各个业务的周转率也不一样，有的业务比如大系统的集中采购，一年就一两次，量大利低，周转也就一两次。还有渠道店业务，每月能周转至少一次，一次量不大，但全年算下来量不小，周转能有 12 次。这些因素都得考虑进去。还有就是销售管卖，采购管买，财务管卡资金。一个业务从头到尾没有人负责，这样的结果就是采购一刀切，没有因业务的不同而设立不同的标准。

总经理感觉还是应从边际利润财务运营模型入手，要理出一个“边际现金流”的公式或是思考逻辑。业务人员能理解、能掌握，不能“太财务”了，要不大家包括总经理自己都理解不了。首先要解决的就是一个业务理一条线，而不是采购卡先货后款 3 个月，销售卡先款后货，特殊大通路再另行审批，这样没有突出每个业务的特点。“死”的标准就会导致“死”的业务，“死”的业务就导致“死”的公司。还是要不断打开、细分、深挖。就是我们解决问题不能大锅烩，得分层次、分类别、分阶段分析和解决。佛教有个词叫“十方”，东、西、南、北、东南、西南、东北、西北、上、下，这特别好，思考问题不是一维的，不是二维的，不是三维的，系统思考必须是多维的。维度有多高，我们的系统思考水平就有多高。

必须逐个业务来打开，从采销两端收支方式、盈利水平、周转情况进行整体设计。但是该公司的业务实在太多太杂了，怎么办呢？新业务“随有随设计”。老业务先搞 TOP10（前 10 名）的业务，再搞 TOP20（前 20 名）的业务，逐步都搞完了。其实具体一看，一般 TOP10 的业务就覆盖了公司 80% 的业务，顶多到 TOP20 的业务。这个业务的打开不能是从产品 /SKU 的维度来进行，这家公司的特点是一个业务对着一个渠道，然后进行产品组合方案设计和供应，所以必须一个渠道一个设计。按照产品、客张楠写的这本书很宝贵。书中的理念和方法来自实践，很有力量。

——宁高宁
第十三届全国政协常委，原中国中化集团董事长

书中介绍的财务运营模型可大可小：小到一张表，可以让企业负责人总揽全局，通过控制标准达成经营目标；大到可以扩展至几千个指标，管理企业的每一个细节，通过比战略、比历史、比预算、比行业、比标杆实现精细化管理。这本书在统一企业思维逻辑和语言的基础上，为学习型组织建设提供了方法，助力企业实现可持续发展。

——迟京涛
原中国储备粮管理集团有限公司总经理

《边际利润》是一本帮助经理人成长为企业家的经典之作，其理论有力，案例翔实，仿佛在叙述一个个利润管理故事，是一部难得的注重理论联系实际的教科书。

——王震
原中国土产畜产进出口总公司总经理

《边际利润》这本书揭示了一个关键真相：毛利率会骗人，只有边际利润才是真实的盈利指标。书中介绍的方法不仅仅是理论，更是经过实践检验的实战工具。

——张丽俊（Cherry）
酵母咨询创始人，拉姆·查兰管理实践奖得主

边际利润是什么？一句话：收入减去变动成本费用，剩下的才是真正能“养活公司”的钱。它决定了你的每一单业务，到底是在为公司赚钱，还是在为别人打工。这本书把边际利润讲得通透且务实。

——马想
得到App首席运营官，得到新商学负责人

企业要想走出困局，就要注重两件事：边际利润提升，销售规模扩大。

——于冬琪
新能力咨询创始人，畅销书《种草》作者

作为一名长期陪伴创业者的“小而美创业实战派”成员，我深知“赚钱”才是商业的终极目的。问题是，很多人不是不努力，而是不知道自己到底赚没赚钱、赚了多少钱。《边际利润》一针见血地解决了这个问题。

——凯莉彭
个人品牌商业顾问，《把热爱变成事业》作者

做企业不能只看流水。《边际利润》这本书讲透了中小企业的生存法则——不是比谁跑得快，而是比谁活得久。建议每个创业者都对照书里的方法，好好算算自己的生意：到底哪些在失血，哪些在造血。在这个时代，能活下来的企业才是赢家。

——沈帅波
“进击波财经”主理人，《伟大的复利》作者

在零售行业摸爬滚打这么多年，我深知边际利润就是生死线。当前，零售业普遍面临增长瓶颈，这本书提供了一套完整的盈利提升方案。

——黄碧云
商超零售咨询师，《摆摊式创业》作者

在国际经济贸易压力增大的环境下，《边际利润》提供了一个从“大而快”到“盈而稳”的破题思路，并用精细化管理理念提供了有价值的实操工具。

——钱自严
资深财务人

户、渠道、数量、价格、时间、收入、成本、费用、利润、周转、回报的要素顺序梳理一遍。

首先确定要素，总经理觉得决定公司每个业务的现金流的核心要素，就是采购“付”的方式、销售“收”的方式、库存水平、盈利水平、周转次数五个方面。变成基础的财务指标就是应付账款、预付账款、应收账款、预收账款、存货、边际利润、周转次数。这里盈利指标用的是边际利润，这就是边际利润的好处。按道理来说，应该用净利润，前面我们已经说了，净利润细化不到各个业务，因为只有边际利润额减去公司整体的固定成本费用后，才有可能得出净利润。公司整体的固定成本费用无法分解到各个业务点。总经理管这个指标叫“边际现金流”，其实也可以称它为单个业务经营性现金流或自由现金流，但是这个总经理理不清上述两个现金流的概念，就起了个新名字——“边际现金流”。通过“边际现金流”就可以细化为单个业务的现金流。还是按照边际利润财务运营模型的步骤，我们把每个业务都打开、细化、精算，每个业务都有“边际现金流”，保证每个业务都有正向现金流，所有的“边际现金流”加在一起，就能覆盖公司整体固定的现金流出。这样，公司的整体现金流状况就好转了。

边际现金流：细化单个业务现金流

具体的公式，总经理感觉应该是业务人员好理解、好操作的三板斧式公式。边际现金流 = 每批次（边际利润额 + 流动负债 − 流动资产）× 周转次数 = 每批次（边际利润额 + 应付账款 + 预收

账款 - 存货 - 应收账款 - 预付账款）× 周转次数。从这家公司的实际情况来说，它已经去除预付账款，公式就简化为：边际现金流 = 每批次（边际利润 + 应付账款 + 预收账款 - 存货 - 应收账款）× 周转次数。其中，“边际利润”=（售价 - 采价）× 数量 - 相关变动费用；应付账款、预付账款是采购和供应商商定的采购方式；预收账款、应收账款是销售和客户商定的销售方式；存货由于是销售公司，模式是一进一出，主要看收付方式，有可能为 0，也可能会有；周转次数就是这个业务一年进行几次。整体打开，销售端负责这么几个指标：售价、数量、应收账款、预收账款、库存、周转。采购端负责这么几个指标：采价、应付账款、预付账款。一共是 9 个指标，如图 7-2 所示。

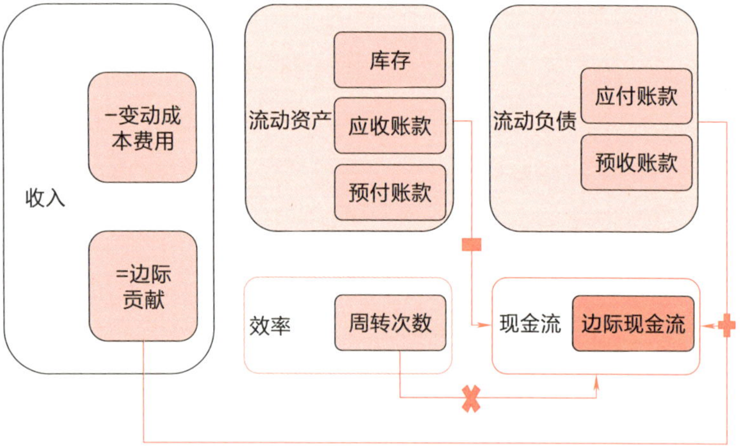

图 7-2　边际现金流逻辑

然后要解决的就是一个业务一条线的组织架构，销售要负责这条线的采销两端的模式设立，这是一个经过反复权衡的思路。过去的架构采销分离是对的，不能一个业务线由一个部门或是一个人完全把控，这里面存在一定风险。一是“政治”风险，业务人员可能会把这条业务线做熟了，结果人离职了。二是“经济”风险，业务人员把控采销两端，他如果不专业，会降低公司收益和效率。三是“廉洁”风险，业务人员权力过大有可能会钻空子，出现吃回扣等问题。采销分离很好地把控了风险，但是也有坏处。在销售端、着急的是销售，采购则不管，价格高低无所谓，付款方式好坏也没他的事。采购只管采购，他不管这个业务是什么特点、什么模式，需要怎么配合，他只按标准办事。比如，采购卡死一个标准，先货后款 3 个月，一视同仁。要付款了，采购是不会考虑销售的特殊性和紧急性的，他首先考虑哪个供应商催得急、哪个催得不急。

这是一家渠道销售公司，得有人对一个业务线的整体负责，总经理选择的是矩阵式，总负责人是销售。一个业务一条线，销售当“线长”。但部门分开，一个销售、一个供应链。销售的职责是谈判销售事宜。采购的职责是根据销售情况谈判采购事宜。然后由总负责人（还是销售）进行整体设计和测算。符合标准的继续推进，不符合的打回再从采销两端进行谈判修正。这样的好处是，有人为这个业务整体负责，同时也进行部门分离，在一定程度上控制了风险，可以先试验起来。考核上也进一步明确，以前总经理背收入和利润指标，经营班子、销售部门经理也一样，到了业务员就背收入指标了。这样的好处是简单、算得清楚，坏处就是销售不算利润账了。现在根据公司现金流紧张的实际情况，考核销售人员的利润和现金流指标，利润就是边际利润，现金流就是边际现金流，这下就好办了。他们把TOP10的业务分层级、分类别进行推进。

改善边际现金流：分模式实施

第一类：楼宇店业务。这个业务模式和上文中提到的楼宇店业务类似。每月销售200万元，需要与所在楼宇的物业每月对账后结算。说是1个月账期，实际对账和开票总是耽误时间，相当于销售模式是先货后款，2个月（一年周转6次）；平均边际利润率是20%；采购金额是每月160万元，采购模式是先货后款，3个月（一年周转4次）；库存水平平均每月是50万元；由于业务整体结算是每月一次，周转就按12次/年计算。这个业务全年边际现金流 =（边际利润40万元 + 应付账款160万元/4+ 预收账款0 − 应收账款200万元/6− 预付账款0− 库存50万元）× 周转12次≈ −40万元。这说明此业务的现金流是逆向的，公司在此业务上"失血"。怎么改善呢？业务团队一起研讨，就是从售价、数量、应收账款、预收账款、周转、库存、采价、应付账款、预付账款几个维度逐一分析。由于所在楼宇的物业要求，店铺产品的售价要和市场上的标杆渠道一致，售价变化的可能性不大，这就对选品、价格和活动提出了更高的要求。

如果销售模式无法由应收改为预收，那么业务团队可以在如何缩短账期上发力，加快对账速度，加快结算。这一点大家是有深刻体会的。开始的时候，合同约定是销售先货后款，1个月，但是结算对账总是不及时，经常要 2 个月才把账款收回来，有时候甚至需要 3 个月。业务员给总经理的解释就是，客户不着急，总是有事。总经理拜访客户时，客户又总是说，因为你们公司的某个单据、某张发票或是某个结算数没有提供给他，所以他没法走手续付款。经营班子研讨后决定，只要产生逾期应收，不管任何原因，就扣发该销售部门经理和销售人员的绩效，什么时候把逾期应收收回来，再补发。二是做好和客户的沟通，按照客户结算付款的时间节奏开展工作。很多公司都是必须每月 25 日前把当月所有账结算清楚，下个月月初一起付款。如果这个月没有结算清楚，就得等下个月结算。楼宇店的销售人员必须配合客户的时间节奏，客户要求 25 日前结算清楚，公司销售人员就要在 25 日的前一周把所有材料准备好。三是按客户要求梳理好各类票证。如果一个月 100 万元的账务里有 1 万元没有算清楚，楼宇店的销售人员要与客户沟通，能不能把这 1 万元没有算清楚的账务放到下个月核算，先结算已经算清楚的 99 万元账务。四是不能总是发邮件、发微信，楼宇店的销售人员能不能实地拜访客户，“当面锣对面鼓”，当面沟通，当面对账，不能总是通过网络联系。这几个措施一出，情况立马改善了，应收的几项的周期从 2 个月缩短到了 1.5 个月。

对于降低采购价格，延长应付账期有没有办法呢？经业务团队调研，供应商认为目前已经给公司 3 个月的账期了，公司还经常给供应商结算不及时，供应商只能提高给公司的供价来弥补占压资金的损失。业务团队分析认为，楼宇店业务周转比较快，盈利水平高，完全可以对销量多的产品供应商如期付款，甚至加快付款。但是供应商得降低他们的供价，公司要以加快付款来换取更高利润。公司怎么与供应商谈判呢？还是分层级、分类别，根据盈利水平和周转率排出 TOP10 产品的供应商，并依次进行谈判。公司分管销售的副总经理带领团队去谈判，效果非常好。某一个产品系列，供应商给公司的供价降低了 15%，公司就把该产品的售价降低 5%。一方面，边际利润提高了 10%；另一方面，销量也增加了不少。条件是，公司对供应商历史应付未付的账务分 12 个月逐月支付，新发生的账务按约定账期结算清楚后，公司收到发票后必须给供应商付款。在这种思路下，楼宇店业务的边际利润率整体提高了 5%，平均月库存降到了 40 万元。边际现金流 =（边际利润 50 万元 + 应付账款 150 万元 /4+ 预收账款 0 - 应收账款 200 万元 /8- 预付账款 0- 库存 40 万元）× 周转 12 次 =270 万元。楼宇店业务的正向现金流产生了。

第二类：某大系统集供业务。这类业务的特点是一年就两个批次，一批次销售 2000 万元；渠道很强势，需要公司交货后 2 个月才付款；采购上，公司还是先货后款，3 个月；平均边际利润率是 1.5%；库存由于以销定采，采来就运走，或是从厂家直接发出，没有库存。全年边际现金流 =（边际利润 30 万元 + 应付账款 1970 万元 /4+ 预收账款 0 - 应收账款 2000 万元 /6- 预付账款 0- 库存 0）× 周转 2 次 ≈ 378 万元。这是一个贡献现金流，但不怎么贡献利润的业务。还是从售价、数量、应收账款、预收账款、周转、库存、采购价格、应付账款、预付账款几个维度逐一分析。售价、数量、销售方式都有明确的标书标的，这个不好改善。采购的价格值得去深挖，公司的边际利润率太低了。批次也可以拓展，现在一年做 2 次，公司能不能一年做 4 次？

集供业务的负责人也非常给力。他围绕采购进行谈判。首先，设定层级，由于大系统集供的订单量越大，客户压价越多，公司决定分层级设立边际利润率标准。比如 500 万元以下一单的，公司要保证至少 5% 的边际利润率；500 万 ~ 1000 万元一单的，公司要保证至少 4% 的边际利润率；1000 万元以上一单的，公司要保证至少 3% 的边际利润率。以此来限定公司的采购价。公司给供应商的条件是历史上应付未付的账款，分 12 个月逐月支付。新发生的账务按约定账期结算清楚后，公司收到发票后必给供应商付款。其次，深入拓展，看还能开拓哪些大系统集供渠道。非常了不起的是，这个业务从以前周转 2 次提高到了 4 次，平均边际利润率也提高到 3.5%。全年边际现金流 =（边际利润 70 万元 + 应付账款 1930 万元 /4+ 预收账款 0 – 应收账款 2000 万元 /6– 预付账款 0 – 库存 0）× 周转 4 次≈ 877 万元。公司的边际利润和边际现金流都提高了。

第三类：随机性业务。这类业务多的时候一年有三四单，少的时候一年能有一单就不错了。对于这类业务，公司业务团队研讨的办法是和供应商一起合作拓展业务，能拓展新业务的用新业务赚的钱还老业务对供应商的欠款。没有新业务的，公司要做好对供应商的解释沟通工作，用时间来换空间，争取多一些时间。核心还是提升公司可持续盈利能力，多拓展有边际现金流、有边际利润的业务。非常令人欣喜的是，在这个过程中公司又拓展了某私域渠道的业务。特别是销售模式谈成了先款后货，这对于这种重大私域渠道来说，简直棒极了。由于销售上是先款后货，1 个月，采购上公司是产品客户签收后就给供应商付款，一般来说是

10 天左右，所以这个业务基本是平均一个月 400 万元的销售额。由于量大、收款条件好，公司找到了价格最合适的供应商，这样边际利润率能达到 12%。这个业务全年边际现金流 =（边际利润 48 万元 + 应付账款 352 万元 /36+ 预收账款 400 万元 /12- 应收账款 0 - 预付账款 0 - 库存 0）× 周转 12 次≈ 1094 万元。这真的是个完美业务。在这个私域渠道，公司主要是做好选品和供应链服务工作。

这样，公司就有了新的业务贡献的 1094 万元边际现金流，有了通过改善老业务贡献的 877 万元和 270 万元的边际现金流，还没算其他业务的边际现金流。该公司的边际现金流总计超过 2600 万元，假设公司的固定现金流出是 2000 万元，公司就有至少 600 万元可以还历史性债务了，经营开始好转。

第八章

用边际利润财务逻辑打造运营力

笔者认为，运营力就是运营管理能力，是从目标到指标，从抽象到具象，从战略到落地的过程管理。它的体系是“6S 管理体系”，即战略管理体系、全面预算体系、管理报告体系、内部审计体系、业务评价体系、管理团队及经理人评价体系。它的依据是业务竞争战略设定。它的逻辑是边际利润财务运营模型的钩稽关系。它的标准是边际利润财务运营模型中设定的数字。它的管理是根据逻辑和标准进行的管控。它的行动是对销售、结算、库存、采购、生产、物流等各经营环节的优化、改善、提升。它的结果是达成企业的发展愿景和目标。

边际利润财务运营模型的作用

在运营力里，边际利润财务运营模型有以下六大作用。

第一，它是战略定位的量化。比如目前营业收入3亿元，我们要达到该行业的领先地位够不够，怎么增长才能达到？营业收入分解到了哪些产品、客户、渠道？它们的数量、价格、时间是什么？企业是亏还是赚？盈利水平怎么样？是不是每个产品、客户、渠道都有边际利润？整个边际利润是否能覆盖固定成本费用？增长率如何？单个产品、客户、渠道是不是在增长？产品是不是在迭代升级？客户、渠道、区域是不是在扩大，是否可持续？

第二，它是经营的公式和标尺。运营模型是企业整体运营的逻辑。它按照经营要达到的目标，对7大类21个要素的标准进行了设定。这个标准是进行管理的核心依据，其管理思想就是依据财务指标进行管理，比如营业收入≥3亿元，毛利率≥30%，变动费用率≤10%，边际利润率≥20%，固定费用额≤3000万元，经营利润≥10%，存货≤1000万元，应收账款、预付账款=0，预收账款、应付账款≥ 3000 万元，周转次数≥ 3，现金流≥经营利润，ROIC > 20% 等。运营管理就是通过运营分析，查找偏差，进行改善。

第三，它是商业模式的核心基础。比如，公司的竞争战略是低成本，就要把系统成本做到所处行业最低，变动成本费用率、固定成本费用额要从销售、库存、采购、生产、物流等经营环节做到所处行业最低。比如，公司的生意模式是快速周转，就要把周转率做到所处行业最高。应收账款天数 1 天或者没有，任何市场环境下确保净利润率不低于 10%，总资产周转率不低于 2 次。具体动作就是采购，先货后款，账期 90 天；生产，以销定产，成本比竞争对手低；销售，先款后货，款到，下订单，再生产。

第四，它是“一大五分”的逻辑。边际利润财务运营模型，这是一个大逻辑，里面有五个分逻辑。一是从目标分解到每一个产品、客户、渠道，对其进行边际利润盈利分析，这样我们可以把一家企业打开来，分析它的盈利点、亏损点在哪里，进行改善。二是资产结构与边际利润损益表的逻辑。流动资产，资金、存货、应收账款、预付账款是多少；固定资产，土地、厂房、设备是多少；它们的结构关系是什么样的，流动资产产生变动成本费用，固定资产产生固定成本费用；资产结构对边际利润和经营利润盈利水平的影响是怎样的。三是投资的钱从哪里来，是股东投资，还是银行借款，涉及资本的结构，如所有者权益、银行贷款、应付账款、预收账款等。四是营业收入与资产的逻辑，这构成了周转指标，如总资产周转、库存周转、应收周转等。周转的快慢决定了企业效率的高低。五是边际利润、流动负债、流动资产、周转与现金流的逻辑，首先通过采销两端收支模式的调整，提高预收账款、应付账款的流动负债，降低应收账款、预付账款的流动资产，营运资本为负，经营性现金流为正。然后提高边际利润、周转次数，带来现金流的提升。最后，通过边际利润财务运营模型，业务团队将战略目标分解到 7 大类 21 要素。又通过对这 7 大类21要素的标准设定和运营过程管理提升，实现企业的战略目标，达到股东 ROE 指标的要求。

第五，它是企业整体规划的一环。企业一把手不能只钻进某一块业务，必须建立维度够、要素全的整体逻辑，进行规划。第一步，确立经营目标。第二步，制定竞争战略。差异化还是低成本。第三步，明确商业模式。追求轻资产、快周转、负资本、低风险。第四步，打造核心竞争力和模式驱动力。深入产、供、销各环节，分析是技术、成本、原料把控，还是渠道垄断。第五步，建立运营管理系统思考财务模型。第六步，建设运营管理体系。明确战略、财务、人力资源、法律、质量安全怎么管理。第七步，配置资源。明确组织架构设计、团队搭配、人员组成，以及投资来源、资本结构设计。

第六，它是全面预算管理的维度。预算、考核与企业战略规划的财务模型要一致，这个一致就体现在都使用边际利润财务运营模型的逻辑。首先，围绕 7 大类 21 个要素不断分解到每一个细节，凡是有资金流的都应该进行预算。其次，不同的战略目标和生意模式，KPI 标准不一样。比如成本领先，预算考核关注成本。差异化更多关注市场、品牌、产品、渠道、客户。最后，通过实际数据与标准数据的对比，从偏差中发现问题。判断所发现的问题是战略性问题，还是运营、体系、团队、执行力的问题。如果是战略性问题，再细分，是政策、文化、环境、商业模式哪方面出现的问题。如果是运营层面的问题，再细分，是采购、生产、销售、产品、客户、渠道、数量、价格、时间、收入、成本、费用哪方面出现的问题。找到是哪一类问题里的哪一项问题，不断深入，就能找到问题的关键点。再从整体逻辑的角度进行系统解决。

第七，它是系统思考模型的基础。边际利润财务运营模型是建立维度较全、内部钩稽关系较清晰的系统思考模型的基础，是转变经理人思考模式的方法。比如有的企业从对外贸易型企业向品牌实业型企业转型。对外贸易型企业的核心竞争力是对进出口产品配额的掌控，人员的专业能力是外语能力和填写单证的能力，业务的风险主要由供应商、经销商、代理商等来承担。而品牌实业型企业投资金额多，项目运转周期长，要承担所有经营环节的风险，这和对外贸易型企业完全不一样。企业要实现转型，首先要在所有经理人头脑中构建全维度、全要素的系统思考模型。

用边际利润财务运营模型来考核评价

边际利润财务运营模型的主要目标之一是ROE（见图8-1）。从模型中可以看出，ROE来源于效益、效率和资产负债结构。ROE按照这个逻辑图展开，就是效益 × 效率 × 杠杆。效益就是利润率。效率就是周转率。利润率打开，就是营业收入、变动成本费用、边际利润、固定成本费用、净利润。周转率打开，就是存货周转、应收账款周转、固定资产周转等。利润率和周转率再打开，就是销售管理（产品管理、客户管理、渠道管理、数

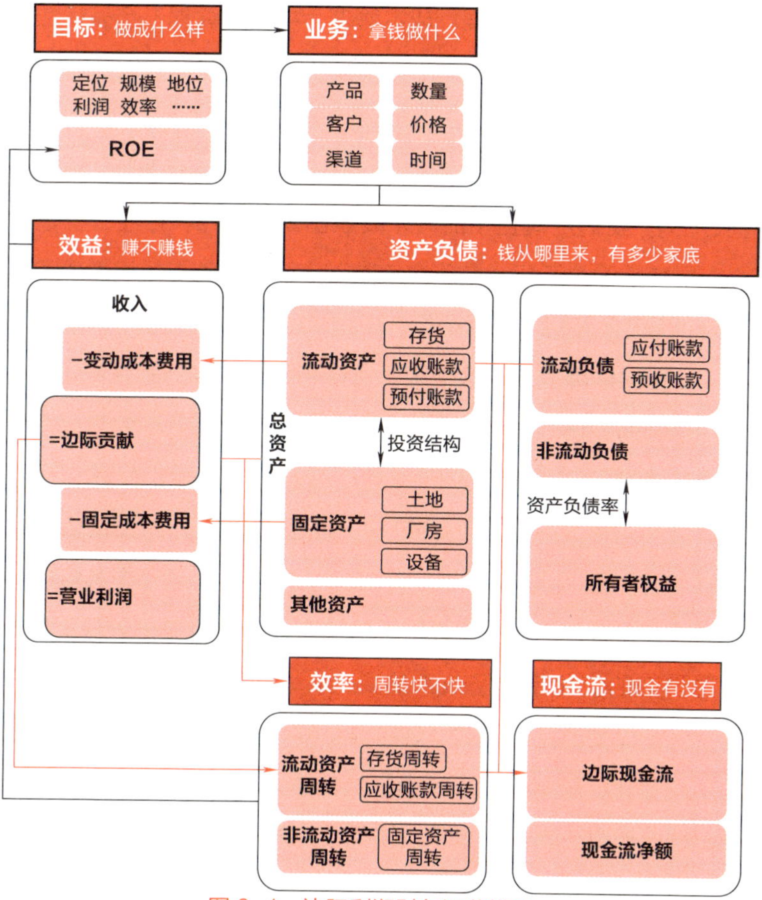

图 8-1　边际利润财务运营模型

量管理、价格管理、时间管理）、结算管理（收的方式、支的方式、收支设计、营运资本、应收账款管理、预付账款管理）、库存管理（原辅料、在产品、产成品的数量管理、质量管理、成本管理）、采购管理（供应商管理、成本管理、质量管理、合同管理、物流管理、库存管理）、生产管理（工艺管理、设备管理、现场管理、质量管理、安全管理、成本管理）和物流管理（产品特性管理、运输方式管理、运输工具管理、成本管理、单据流程管理、时间管理）。

边际利润财务运营模型一变形就形成了 ROE 逻辑（见图 8-2）。我们从模型中的一个要素出发。比如，企业经营过程中，要加盖一个工厂，应不应该盖？应该怎么盖？从模型中我们就可以看出，盖工厂就需要土地、厂房、设备，增加了固定资产。一是钱从哪里来，这带来了负债和所有者权益的变化。二是投资结构的变化，固定资产的增加，占用了资金，也会带来流动资产的变化。三是固定资产会引起固定成本费用的变化，流动资产会带来变动成本费用的变化，我们的边际利润损益表也会跟着变化。四是成本费用的增加，对量、本、利的要求随之变化，产品、客户、渠道、数量、价格、时间都要变化。五是收入和总资产的变化带动了效率的变化。六是利润、周转、流动资产、流动负债的变化带动了现金流的变化。七是上述由一个加盖工厂的变化，带动了几乎所有指标的变化，最终改变了 ROE 的目标值。所以，这一定是牵一发而动全身的。我们做每一个经营动作，都应该思考企业的边际利润财务运营模型会发生什么变化，我们的发展目标会发生什么变化，是否在模型要求的控制标准内。

层层打开，逐级考核

这 21 个要素还可以再打开，比如对于变动成本费用、固定成本费用，我们可以从采购、生产、销售三个环节打开扩展。原料

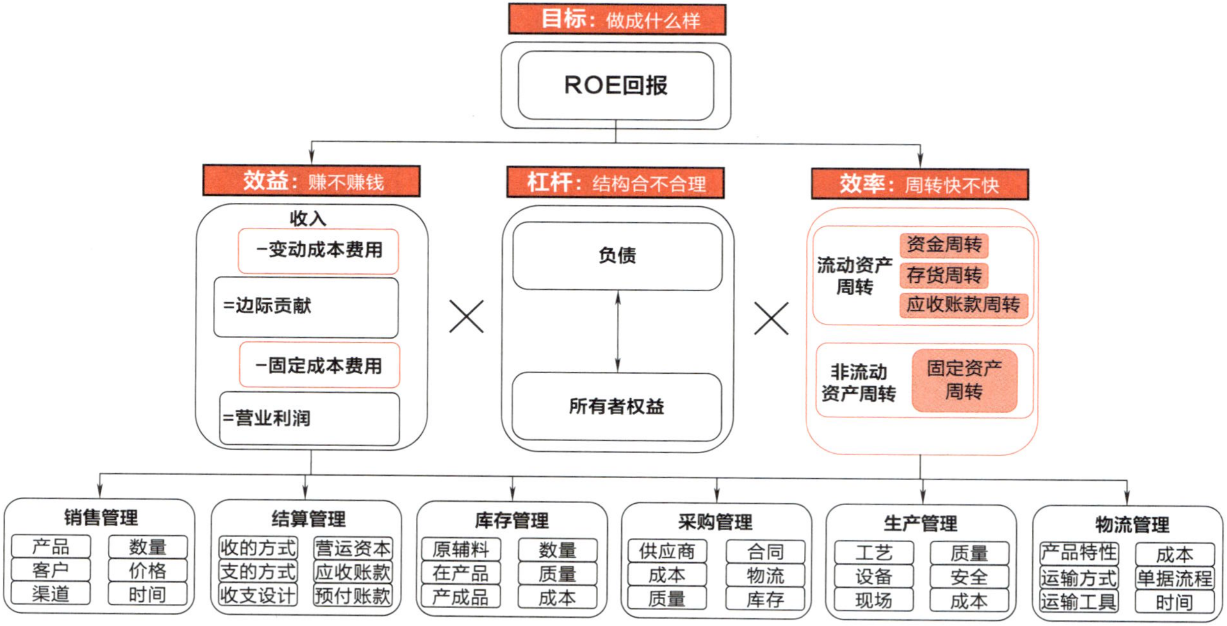
目标：做成什么样
ROE回报
效益：赚不赚钱
收入
-变动成本费用
=边际贡献
-固定成本费用
=营业利润
杠杆：结构合不合理
负债
所有者权益
效率：周转快不快
流动资产周转
资金周转
存货周转
应收账款周转
非流动资产周转
固定资产周转
销售管理
产品
数量
客户
价格
渠道
时间
结算管理
收的方式
营运资本
支的方式
应收账款
收支设计
预付账款
库存管理
原辅料
数量
在产品
质量
产成品
成本
采购管理
供应商
合同
成本
物流
质量
库存
生产管理
工艺
质量
设备
安全
现场
成本
物流管理
产品特性
成本
运输方式
单据流程
运输工具
时间

图 8-2　ROE 逻辑

管理：采购环节有原料成本、预付资金、应付资金、差旅费、人工费、招待费、搬运费，运输环节有搬运费、关税、港口费、运输费、集装箱费，原料库存环节有入库检验费、仓库折旧费、仓库水电费、仓库人工费、辅料费、损耗费、库存占用资金费。生产管理：第一道生产工序有检验费、搬运费、整理费、机械维修费、机械折旧费、人本成本、车间水电气费，半成品库存有入库检验费、仓储折旧费、仓储水电费、仓储人工费、仓储辅料费、损耗费、库存占用资金费，第二道工序有机物料费、辅料费、低值易耗品费、包装费、加工损耗费、资金占用费。销售管理：产成品库存有检验费、仓储折旧费、仓储水电费、仓储人工费、仓储辅料费、损耗费、库存占用资金费，销售环节有广告费、销售人工费、销售差旅费、销售招待费、促销费、渠道维护费、资金占用费等。

上文介绍的只是成本费用，还有运营管理类指标。比如生产的运营管理，首先界定管理边界，从入原料库、生产工序 1、入半成品库、生产工序 2 到入成品库。这里面就涉及工艺管理、设备管理、现场管理、质量管理、安全管理、成本管理六个维度的系统化、专业化、标准化、模板化管理。有产量、按时交货率、出原材料库后入产成品库前单位成本、单位产量能源费用、在产品周转天数、产能利用率、5S[整理（Seiri）、整顿（Seiton）、清扫（Seiso）、清洁（Seiketsu）和素养（Shitsuke），起源于日本] 关键点现场挂牌率、成品一次性合格率、出成率、隐患排查整改率 10 个主要指标，有成百上千个细化指标。

由此一项项展开，我们通过模型中的 7 大类 21 要素就能管理

210 个指标，通过 210 个指标管理 2100 个指标。按照边际利润财务运营模型设定的指标标准，逐层管理两三千个指标，我们的企业就成为管理先进的企业了。这 7 大类 21 要素及其变化，又形成了各级考核指标的区别。假设董事会以利润总额、EVA（经济增加值）两个核心指标考核某公司。某公司以营业收入、利润总额、ROE 三个核心指标考核子公司。子公司就要以营业收入、利润总额、ROE、个性化指标、专项完成率、某渠道内销额、某产品售罄率、库存周转率、回款率、经营现金流、成本费用率等几十个核心指标考核事业部。事业部考核下面的部门就会分部门考核，以产品、客户、渠道的销售收入、销售增长率考核销售部门，以价格、成本等考核采购部门，以出成率、一次性合格率等几百项指标考核生产部门。每个部门考核员工的标准就非常详细了，所有岗位加起来得有几千个指标。

对于一家公司来说，公司董事会是企业发展的“火车头”，是公司战略规划的制定者。公司经营班子就是公司战略决策的执行者，董事会做出了决定就要坚决执行、抓好落实。各部门和班组就要干在前、冲在前，充分发挥战斗堡垒作用和先锋模范作用。这里面有三层能力的建设。一是董事会层面，使命引领、战略主导，把方向、建系统、带团队，需要的是领导力。二是公司经营管理层面，就是专业化做事的层面，把公司的方向、战略、标准落实到运营能力的提升和管控体系的落地上，出模板、方法、工具，需要的是运营管理能力，也就是运营力。三是部门班组层面，需要组织团队执行销售渠道拓展、产品研发创新、运营效率提升、资产结构优化，团队需要彻底的执行力。

具体需要文化引领，更需要指标体系逐级分解，整体逻辑清晰，数据标准明确，改善方向牵引。这样就形成了整个系统心往一处想、劲往一处使的机制。还是以“两金”为例。董事会要求管控“两金”。公司经营层面提出了“收付五原则”：采购无预付账款；经销无应收账款，直营无逾期，赊销风险全覆盖；先卖后买控库存；先收后付控现金；营运资本为负，经营性现金流为正。到了各部门班组就是根据业务实际设定个性指标，比如预付账款0，经销业务应收账款 0，直营业务逾期 0，赊销业务信保全覆盖率 100%，库存周转大于 6 次，营运资本 -1000 万元，经营性现金流 +2000 万元。再打开，应收账款、预收账款、应付账款、预付账款指标都是多少，不同的产品、客户、渠道指标是多少。这样就落到实处了。

逐步分解，具体问责

笔者发现，越是基层人员，越喜欢简单、清晰、明了。可能公司培训边际利润财务运营模型，有的人不喜欢听。他们希望听到明确的方向、指标和标准，照着做就完事了。比如，某家公司有一位叫 W 的销售经理很有意思，他和另一位叫 Z 的销售经理形成了鲜明对比。W 是会干不会说，他要说个什么事，总是说不明白，还着急，但他会做事、能成事。Z 会说不会干。你跟 Z 谈事，他思路清晰、条理清楚、逻辑缜密，每次都说得很好、很明白。总经理说过的话，他也理解得很到位。总经理简单讲几句话，他就明白意思了，有时候甚至会顺着总经理的思路延伸开，非常招人喜欢。但奇怪的是，Z 的业绩就是起不来。

而 W 的开拓能力很强，总经理总感觉他像是手上拿着一把斧子，到哪儿都三板斧，开天辟地。闲言碎语不要讲，上来就胡杀乱砍，谈下的项目真不少。但是他没有规矩和标准，谈的好多项目，财务通不过，法务通不过，供应链通不过。能通过的都是大单。很多时候，客户也是被他的这个劲儿所征服，可给可不给的，客户都一边唱着"就这样被你征服……"一边全给了 W。内部审核不通过的项目更多了，W 的挫败感很强。

W 经常突然闯进总经理的办公室，诉说自己的委屈，他总说："想干点事怎么那么难呢？"同事们对他这个脾气也是褒贬不一。一天，W 又闯进总经理的办公室，那个动静把正在和总经理谈事的同事吓得一激灵，见状赶紧找借口走了。门外等着排队的同事敢怒不敢言。他一上来就说："我谈了一个项目，好不容易谈成了，结果被财务耽误了。"

总经理问："怎么耽误的？"

W 说："我这边都要走合同开展业务了，财务那边说信保没有通过，没有走赊销审批，不能走合同。"

总经理说："收付五原则里有一条'赊销风险全覆盖'，当然要过了信保才能签合同。"

W 说："信保要评估，再走赊销审批，一圈下来，这业务就黄了。"

总经理问："你是在什么时候开始谈这个业务的？"

W 说："我都盯两三个月了，好不容易谈下来，结果财务来了这么一出。"

总经理笑了，说："你两三个月前就开始谈，为什么不一开始就做信保评估，等评估过了再走赊销审批呢？为什么非得临门一脚你才想着走流程？”

W说：“那会儿双方只是有个意向，没有开标，这标一开就得马上签合同，马上开展业务。”

总经理问：“合同细节你是不是早就订好了？”

W说：“是啊！”

总经理说：“这就是你的问题了。你应该在双方意向达成时就开始走信保评估流程。评估通过了，咱们先口头向领导汇报这件事。领导同意了，你通知对方，这个业务可以做。同时咱们这边走信保申请、赊销审批和合同审批流程。这样的话，你在开标前就能完成流程。万一开标没中，咱们把这些手续撤销就完了嘛。人家做买卖是‘万事俱备，只欠东风’，你做买卖是东风吹来了，一看啥也没准备。”

W说：“那倒也是。可这个业务怎么办？”

总经理评估了一下这个项目是可以做的，说：“你计算一下，最迟什么时间提交？”

W说：“对方急得不得了，最迟三天。”

总经理把财务也叫了过来，说：“这个业务，按一周时间准备。W负责联系客户，拖住时间。财务负责找熟人，插队进行评估和申请。W负责赊销审批和合同同时过流程，备注说明因情况紧急，同时申请信保，信保过了则开展业务，信保没过则不开展业务。我负责盯各个审批环节的加快推进。”最后，这件事居然5天就做完了。

总经理跟W说：“咱们做任何事都得有思考模型，想事不能缺维度。运营管理系统思考财务模型包含 7 大类 21 个要素。你就按照这个逻辑梳理。比如这单集供业务。产品：米、面、油套装，客户：某大系统，渠道：特渠，数量 100000 份，价格 100 元 / 份，采购 96 元 / 份（含税、含运费），时间：签订合同 10 天供货，收入 1000 万元，直接成本 960 万元，毛利率 4%，变动成本费用 10 万元，边际利润率 3%。卖，先货后款 2 个月。买，先货后款 3 个月。是赊销业务，那得信保全覆盖。先卖后买无存货，先收后付有现金。效率一年能转个两三次。边际现金流 =（边际利润 30 万元 + 应付账款 960 万元 /4+ 预收账款 0- 应收账款 1000 万元 /6- 预付账款 0- 库存 0）× 周转 1 次 ≈ 103 万元。你这样一说，大家就都知道这个业务的具体情况了。其实整体来说，就是‘三算’：价格体系、边际损益表、边际现金流。问题有三个：一是在销售价格客户强势的情况下，必须压采购价，4% 的毛利率太低了；二是订单量大大超过经济订量，边际利润虽低，但为正，可以做，但要提高；三是有应收账款要提前走信保、赊销的申请和审批。这样多好。”

W 很高兴地接受了，但下回他仍然是推门闯进来，说加了几个维度，但总是落项，这只能一点点进步了。这个总经理曾经跟他开玩笑说：“也就是我当你的领导，要是换别人早把你开了。”他听了，总是呵呵笑。后来总经理又想，其实预算也是可以这样布置的。假如公司接到的考核目标是营业收入 3 亿元，营业利润 1000 万元，现金流大于 0，公司一年固定成本预算是 2000 万元，那么公司的边际利润一年要做到 3000 万元。公司给 W 部门的目标是 1 亿元，边际利润 1000 万元。根据他们部门的特点，现金流大于 200 万元，给别的部门补现金流；库存是 0，不存货；应收账款肯定有，但得加快周转。

总经理跟 W 说："明年你们部门的业绩指标是营业收入 1 亿元，边际利润 1000 万元，现金流大于 1000 万元，库存 0，应收账款周转次数要提高 20%。"

W 就一句话："明年 1 亿元没问题。"

总经理在等他后面的话，但是他后面居然没话了。也就是说，他只记住 1 亿元营业收入这个指标，其他的指标他根本不管。因为总经理知道，他们部门现在的边际利润率只有 3%，1 亿元营业收入只有 300 万元边际利润。按这个边际利润率，1000 万元的边际利润，他们要实现 3.3 亿元营业收入。总经理觉得不行，得换个方式。对这种毫无概念的人得用"猛药"，总经理把指标调整了，就两个指标，边际利润 1000 万元，边际现金流 1000 万元，两个 1000 万元。

W 看到这组数据的时候，愣了一下问："不考核营业收入了？"他好像觉得 1000 万元这个数字比 1 亿元这个数字小好多。

总经理说："咱们是渠道公司，什么产品、什么模式都卖，每一种的利润水平都不一样，考核营业收入没用，直接考核边际利润。"

W 开始算账了，他说："1000 万元的边际利润，我部门的平均边际利润率是 3%，营业收入得达到 3.3 亿元啊！"他瞪大了眼睛看着总经理。

总经理说："是的。要么维持边际利润率，把营业收入提高到 3.3 亿元，要么维持 1 亿元的营业收入，把边际利润率提高到 10%。”

W 说：“总经理啊，你是逼着我提高边际利润率，提高营业收入啊。”

总经理哈哈大笑，正是此意。总经理说：“你可不能跟过去一样，一个业务两三个点就做。”

W 说：“是啊！一类一类的业务，我得分别算出营业收入多少、边际利润率多少，看看总边际利润能不能达到 1000 万元。”

总经理说：“太好了，就是这个思路。”说完，W 就要走，总经理又说：“你怎么不问边际现金流？”

W 说：“这是个什么玩意？让财务算吧。”

总经理说：“财务只管结果，你是做动作带来结果的人。”总经理又拿他的大系统集供的业务举了个例子，现在他一年能做 4 次这类业务。边际现金流 =（边际利润 30 万元 + 应付账款 960 万元 /4+ 预收账款 0- 应收账款 1000 万元 /6- 预付账款 0- 库存 0）× 周转 4 次 ≈ 413 万元。把这里面的动作又说了一下，怎么提高边际现金流，很简单，就是提高边际利润、应付账款、预收账款、周转次数，减少应收账款、预付账款、库存。预收账款、应收账款和销售有关，先款后货，多账期。应付账款、预付账款和采购有关，先货后款，多账期。高卖低买出边贡，收支两头把现金；先卖后买控库存，多拓业务提周转。

W 说：“这是我的几个大业务。413 万元的边际现金流加上其他的也就 500 万元，距离 1000 万元的目标还有一半。看来我得提高周转次数，多做几次。另外是提高边际利润率，要是提高到 10%，那么边际现金流 =（边际利润 100 万元 + 应付账款 900

万元 /4+ 预收账款 0- 应收账款 1000 万元 /6- 预付账款 0- 库存 0）× 周转 4 次 ≈ 633 万元。我一下子就提高了 200 万元。我还得让供应链看看应付账款的账期能不能再长点，应收账款的账期再短点。”

总经理说：“太好了！这样来看，你终于上道了。”W 又要走，总经理赶紧叫他回来，问他：“你怎么考核你的下属呢？”

W 说：“把这些指标分下去。每人承担一二百万元的边际利润。”

总经理说：“边际利润这么分没问题，但是还有边际现金流呢。一是应付账款 900 万元，涉及你的采购价，能不能降低；二是采购先货后款 3 个月账期有没有可能再延长，或者不延长就降价；三是预付账款和库存都要卡死为 0。这些是采购指标。四是每批销售额 1000 万元，销售能不能每批销售额做多，能不能到 1200 万元。五是销售先货后款 2 个月账期能不能缩短，能不能谈成预收或现款现货。六是一年做 4 次周转，我们能不能做 8 次。这些是销售指标。”

W 说：“这样拆分很好，这样团队就朝一个方向努力了，要不然都在各忙各的，不能形成合力。”

总经理说：“考核绩效就按这个方法来，有突出贡献的还得发超额利润奖。”

W 回去以后，首先把业务全打开、分类。

A 业务，私域渠道，目标：360 万元边际利润，10% 的边际利润率，需要 3600 万元营业收入；边际现金流 750 万元。他真的把这个渠道的销售谈成了先款后货 1 个月，怎么谈的呢？客户很强势，要求先货后款的条件不能改，而且是 3 个月账期。W在他们公司和客户之间找到一个运营商，W让运营商垫付这 1 个月的款，这样就变成先款后货 1 个月了。在采购端，原来也是 3 个月账期，现在他们是货签收就付款，一般来说是 10 天，即 1/3 个月。这个业务基本是平均一个月 300 万元的销售额。由于量大，付款条件好，他们找到了价格最合适的供应商，采购价格降低了 7%，这样边际利润率从原来的 3% 提高到了 10%。经过计算，原来的全年边际现金流 =（边际利润 9 万元 + 应付账款 291 万元 /4+ 预收账款 0- 应收账款 300 万元 /4- 预付账款 0- 库存 0）× 周转 12 次 =81 万元。更改后全年边际现金流 =（边际利润 30 万元 + 应付账款 270 万元 /36+ 预收账款 300 万元 /12- 应收账款 0- 预付账款 0- 库存 0）× 周转 12 次 =750 万元。这么一变居然提高了 619 万元。

B 业务，大系统集供渠道，目标：300 万元边际利润，5% 的边际利润率需要做 6000 万元营业收入；边际现金流 750 万元。客户很强势，先货后款的条件不能改，而且是 2 个月账期，这点利润也没有运营商垫款，这样就是先货后款 2 个月了。在采购端还是原来的 2 个月账期。这个业务基本是平均一批 1500 万元的销售额。经过计算，全年边际现金流 =（边际利润 75 万元 + 应付账款 1425 万元 /4+ 预收账款 0- 应收账款 1500 万元 /4- 预付账款 0- 库存 0）× 周转 4 次 =225 万元。

W 是整个业务线的“线长”，他的下面，销售员 A 背 360 万元边际利润，750 万元边际现金流，应收账款 0，预收账款每批 300 万元，12 批次 / 年的指标。供应链 A 背营业收入 90% 的采购价（具体还要细分，SKU1 是采购价多少、边际利润多少，SKU2 是采购价多少、边际利润多少……以此类推），应付 10 天的指标，预付账款和库存都为 0。销售员 B 背 300 万元边际利润，228 万元边际现金流，应收账款每批 1500 万元，3 个月账期，预收账款 0，4 批次 / 年的指标。供应链 B 背营业收入 95% 的采购价（具体还要细分，SKU1 是采购价多少、边际利润多少，SKU2 是采购价多少、边际利润多少……以此类推），应付每批 1425 万元，3 个月账期，预付账款和库存都为 0。以此类推，销售员 C、供应链 C 背什么……他们相加大于 W 背的 1000 万元边际利润、1000 万元边际现金流的部门指标。超过 1000 万元边际利润、1000 万元边际现金流的部分和超过历史值 15% 的部分，公司都发超额净利润奖。

供应链人员也比较兴奋，他们会专注于采购价格的谈判和销售订单的供应保障。以前，所有的业务杂糅在一起，产品和模式众多，供应链人员无法有效开展工作。现在分了类，对于模式较好的业务，比如销量大、周转快的私域渠道业务，该业务采购模式定了，先货后款，7 天必付款，范围就限定在 10 款产品以内，减少 SKU 数量，增加每 SKU 的销量。假设某个产品售价 100 元，公司要求采购价必须控制在 85 元以内。供应链人员就会不断在供应商中询价比价，如果把采购价谈到 84 元，那降低的 1 元就是激励供应链人员的奖金基数。对于模式一般的业务，供应链人员可以先放一放，逐步改善。

从 ROE 到 ROI

由此，我们又会有一个惊人的发现。在理清了边际利润、战略订量、周转次数、库存、应收账款、预付账款、应付账款、预收账款之后，收益率从只能考核企业整体，细化到可以考核每一个业务部门了。我们知道，很多大公司对收益率的考核，一般会使用 ROE 和 ROIC 两项指标。简单而言，ROE 就是公司利用股东投的钱赚了多少钱。ROIC 就是公司利用股东投的钱和从其他地方借的钱赚了多少钱。无论 ROE 还是 ROIC，它们都是考核公司整体层面收益率的。我们有没有办法考核公司里每个业务部门的收益率呢？有，ROI。ROI 简单多了，就是做某个业务，投进去多少钱，赚了多少钱。ROI 更加直观，比较适用于公司里某专项业务的收益率考核，也适用于对业务部门的收益率考核。这样，从公司层面 ROE 或 ROIC 的考核，到业务部门 ROI 的考核，收益率指标就层层分解下来了。对于业务部门的人员来说，收益率不再是悬在空中的楼阁，变成了每个业务人员都能看懂、能算清、能改善的指标。

具体的公式，仍然是业务人员好理解、好操作的三板斧式公式：

ROI=（批次边际利润额 / 批次营运资金）× 周转次数

批次边际利润额 =（销售单价 − 成本单价）× 每批数量 − 变动费用

批次营运资金 = 存货 + 应收账款 + 预付账款 − 预收账款 − 应付账款

上述公式的逻辑关系，如图 8-3 所示。

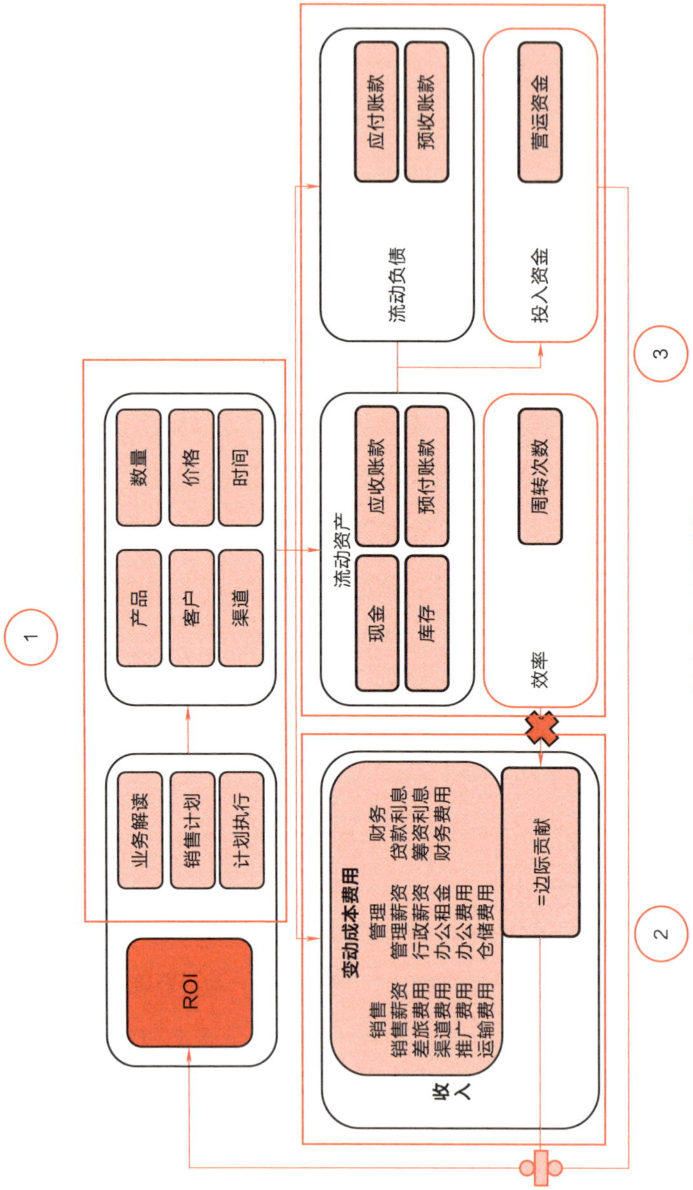
1
2
3
ROI
业务解读
销售计划
计划执行
产品
客户
渠道
数量
价格
时间
流动资产
现金
库存
应收账款
预付账款
流动负债
应付账款
预收账款
效率
周转次数
投入资金
营运资金
收入
变动成本费用
销售
销售薪资
差旅费用
渠道费用
推广费用
运输费用
管理
管理薪资
行政薪资
办公租金
办公费用
仓储费用
财务
贷款利息
筹资利息
财务费用
=边际贡献

图 8-3 ROI 逻辑

首先，还是要搞清战略订量，这是基础。要明确一个业务的一批次战略订量是多少，一年周转多少批次。一批次战略订量中，应付账款、预付账款是采购端公司和供应商商定的采购方式；预收账款、应收账款是销售端公司和客户商定的销售方式。对于纯采销类产品，模式是以销定采，那么产品采购过来就发往了客户，库存为 0。对于生产加工类产品，模式设计中需要有原辅料、包材、成品的安全库存，则记入库存。边际利润就是这个业务产生的直接收益，当然，还没有计算公司的固定成本费用。营运资金就是做这个业务投入的资金，还是要看采销两端的收支模式，看是用公司的钱还是用上下游的钱来做这个业务。

对每一个业务部门的考核都由销售部门来负责。根据不同公司的情况，业务部门可能是按产品品类来划分的，也可能是按渠道和客户来划分的。无论怎么划分，业务部门的经理和业务员，都不能只简单地思考营业收入和利润，而是要以销量与利润、长期与短期、投入与产出来开展业务。一是以投入与产出为核心，夯实部门在公司的定位作用；二是以分析与计划为起点，通过管理带来高利润；三是最大化中长期营业收益，合理配置营运资金。

一、销售规划：锁定固定收入

不断打开、细分、深挖是解读销售业务的前提。打开的维度是产品、客户、渠道（区域）、数量、价格、时间和组织。产品，主要是渠道品牌或品类品牌的品类、规格、包装形式等，打开和细分的标准还是到有条码的 SKU。客户、渠道（区域），主要是通过什么客户进入什么渠道及售点？比如直营家乐福，就通过家乐福这个客户进入它的哪几家门店。比如通过 A 经销商，就通过 A 进入福利渠道，有甲单位、乙单位、丙单位售点。区域就是这些渠道和售点分布在哪些大区、省区、城市。数量，就是战略订量，它构筑了开发可做预算的业务的基本单位。锁定每一类渠道，每一个客户的批次量，以批次量为基本单位，然后确认一年能做几个批次。价格，就是我们产品的价格体系。时间，就是年、季、月、周、天的销售计划和进度。组织，就是业务开展的主要成员，包括销售员、内勤、经销商、服务商以及供应链部门。

然后按照边际利润财务运营模型进行打开、细分和测算分析。逻辑思路分为五步：一是建立模型，二是补充数据，三是分析整理，四是选择判断，五是付诸行动。本章第二节已经有了详细介绍。

二、提高边际利润

边际利润 = 毛利润 − 变动费用

= 营业收入 − 直接成本 − 变动费用

=（销售单价 − 成本单价）× 数量 −（销售费用 + 管理费用 + 财务费用）

下面介绍一下提高边际利润的方法。对于业务部门来讲，价格中的成本单价已经锁定，一方面需要销售不断做大数量，让供应链部门有更大的议价空间，不断降低成本价；另一方面需要销售做好销售价格的控制和管理，不能盲目、无原则地降价促销。然后就是不断扩大销量，并降低相关变动成本费用，也就是降低销售费用。销售费用就是我们为了提高销量投入的资源。这个资源不是投入得越少越好，而是投入产出比越高越好。业务部门要计算投入多少销售费用，能提高多少销量。大量的业务部门有销量预算，有销售费用预算，并按一个比例进行总额管理，比如固定计提销售额的 10% 作为销售费用，这其实就是控制费销比的一个标准。但是没有相关性的分析和改善，就不知道销售额 10% 的销售费用花出去了，是否起到了提高销量的作用。有时候，钱是花了，销量是否提升，谁也说不清楚。这个钱就白花了。

比如，去年销售额 1000 万元，按 10% 计算，销售费用 100 万元。今年的销售额 1500 万元，按 10% 计算，销售费用 150 万元。如果我们以费销比作为核心标准依据，进行销售费用预算管理，那么我们必须坚持销售费用进度管理：销售额达到 100 万元时，销售费用只能使用 10 万元；达到 200 万元时，销售费用只能使用 20 万元；以此类推。这样做的好处，是防止业务部门打时间差：年度 150 万元的销售费用预算，上半年就花完了，而销售进度只达到一半。

笔者在上文举过一个例子。当销售额达到一定水平时，比如 3 亿元的销售额，如果按 10% 计提销售费用，就是 3000 万元。但这么一大笔费用怎么花出去，市场部门有的时候真的是为了完成花钱的预算而工作的，明知道这个展会产生不了任何价值，也要参展。原因之一是不参加这个展会就没什么工作可做，原因之二是预算里的费用没有花完。

先不考虑市场、环境等因素的影响，我们也得计算一下，去年销售额 1000 万元，其实今年如果一分钱销售费用不花，也有可能完成 600 万元的销售额，这是去年销售费用 100 万元发挥作用的延滞效应。那么，假设今年 150 万元的销售费用实际带来 900 万元的销售额，这样算，去年是 100 万元 /1000 万元 =10%，今年是 150 万元 /900 万元 =17%，这个费销比就不如去年划算。当然，各个行业、各个公司的标准不一样，但如果是这种情况，就需要重新核算。比如今年 1500 万元销售额，其中 600 万元销售额没有对应的销售费用，900 万元销售额对应 10% 的销售费用 90 万元。这样今年的销售额增加了 500 万元，销售费用可能还降了 10 万元。

对这些费用，我们不按财务口径，而按管理口径分类。一是随利润按比例配备。人工成本费用，包括销售人员、行政人员、管理人员的人工成本，办公场所租金，行政办公费用等，这些费用应该根据边际利润水平按比例配备。二是随数量按比例配备。仓储费用、运输费用、存货跌价准备、坏账准备计提等，这些费用应该根据数量按比例配备。三是随增量按比例配备。渠道费用、推广费用、业务招待费用等，这些费用应该根据增量按比例配备。四是随法规按要求配备。贷款利息支出、其他筹资利息支出、金融机构手续费等，这些费用应该根据法规按要求配备。五是随生意模式按需配备。上述费用中存货跌价准备，主要指临期、逾期的存货跌价处理，如果我们的生意模式是订单生产，有销售才有采购就不会面临这个问题。坏账准备计提，主要指应收账款长期收不回的坏账处理。如果公司的生意模式是先款后货，经销无应收账款、直营无逾期、赊销风险全覆盖，那就不会产生此类计提或损失最小。贷款利息支出、其他筹资利息支出的费用多少，还是取决于企业从采销两端来控制的收支模式。边际现金流 = 边际利润 + 预收账款 + 应付账款 − 库存 − 应收账款 − 预付账款，边际现金流为正且大于边际利润，企业就没有用自有资金，而是用上下游的钱做业务，就不会产生贷款利息支出、其他筹资利息支出等费用。

三、围绕库存，优化营运资金

营运资金 = 库存 + 应收账款 + 预付账款 − 应付账款 − 预收账款。对于业务部门，从营运的角度来说，库存其实是它的核心。它的目标是最高零售订单满足率，最低库存损耗和资金占压，主要有可销售量、库存量和配送能力三项指标。但备多少货，永远是个难题：备多了，肯定能最高满足零售订单需求，但会因为滞销产生临期、逾期的存货损失，且占压资金；备少了，因为滞销产生临期、逾期的存货损失和占压资金倒是少了，但销量也受影响减少了。所以科学的备货水平最关键。

库存最基本指标是数量（存储了多少产品）和效率（库存周转的速度）。一般的品牌产品公司，会把库存和配送交给经销商来做，经销商首先是“仓储物流商”，这成为合作的前提。交给经销商，就是通过让给经销商一部分利润，把公司因为滞销产生临期、逾期的存货损失和库存占压资金的风险转移出去。这样，品牌产品公司就专注于锁定战略订量，这个战略订量要大于或等于经济订量。每战略订量一批次订货，看全年能周转几次。但如果对于某些渠道，公司不是通过经销商模式，而是通过直营模式经营，就涉及公司自己做库存和配送了。无论公司自己，还是经销商做库存和配送，都需要公司管理或参与管理，保证整个销售链条的畅通。

现金就是这个业务部门期初现金 + 通过销售回款或公司分配资金的现金流入 − 订货和服务、运输等成本费用支出的现金流出。现金和流动资产的应收账款、预付账款，流动负债的应付账款、预收账款是紧密结合的，和销售方式、采购方式结合也很紧密，如先款后货、现款现货还是先货后款，账期多久。营运资本的优化又涉及产品、渠道、客户、数量、价格、时间。比如时间，一般都是“旺季更旺，淡季更淡”，所以营运资金的使用，都是节省淡季资源，在旺季以超过平均水平的投入带来更大的销量和利润贡献。比如产品，如何平衡产品季节性差异。比如渠道，如何共享利用现有渠道资源，如何在共享的基础上拓展更多渠道。

最终，公司完成了对业务部门 ROI 指标的标准设计，进而可以对业务部门的收益率指标进行考核评价了。

用边际利润财务逻辑分析和模拟

下面我们尝试用边际利润财务逻辑分析一个负面案例，这有助于我们掌握系统思考的分析方法。之后，我们再模拟一个新建业务，看看要新建一个业务，我们需要怎样系统的设计。

分析一个负面案例

富歌公司于2010年5月未报请董事会批准，时任总经理及管理团队擅自将公司全部土地使用权（60 125平方米）和房屋所有权（21 675.25平方米）抵押给冻梅银行（中国）有限公司大连分行（“冻梅银行”），作为大水河市边境经济合作秋丫经贸有限公司（“秋丫公司”）与冻梅银行之间2000万元人民币授信额度内借款的担保。时任管理团队，对股东公司2010年度的内部审计以及外部审计均采取欺骗手法，蒙混过关，未在该年度决算中对此违规事项加以披露。2011年，由上级公司组织实施的法律体检中，富歌公司资产违规抵押担保事项终于暴露出来，并由此逐步暴露出富歌公司违法经营、私设账外资金、内控失效等一系列问题，给总公司带来极大的资产损失和声誉损失。

一、是先有销售，还是先有投资？

富歌公司于2006年10月注册成立，2007年建成投产。严格来说，只有2008—2010年三年经营期。其前身亚森木业虽然有一定的采购和销售渠道，但在产能和产品类别上都与新建成的富歌公司差距较大。原有的客户忠诚度不高，产品毛利率低且不稳定。富歌公司在建厂之初，生产线布局和产能设计就不甚合理。原计划产品以实木地板为主，以复合地板为辅，所以在生产设备的配套上围绕两条油漆线对压合、干燥、齐边、锯切等设备进行了安排。但在实际投产之后，公司的产品生产并未按计划进行，实木地板和复合地板约各占50%。这种产品结构直接导致原有固定资产投资的浪费，其中一条油漆生产线基本处于停工状态。

为满足复合地板产能需要，除追加固定资产投资，还大量增加外协生产量。既影响了生产效率的提高，也牺牲了一部分加工利润，使本就微小的利润空间进一步被压缩。

二、固定资产投多少合适?

富歌公司的前身亚森木业的底子并不好。富歌公司在初创时期，无论在采购渠道还是销售规模上，都通路不宽。同时，富歌公司固定资产（含土地使用权）投资较大，原始投资额占注册资金的 43% 左右，达 1 亿元左右。庞大的固定资产必然导致产品分担的固定成本费用高，经营杠杆大，使企业面临较大的经营风险，必须依靠自有资金或权益性资金，进行正常的生产经营，或扩大生产经营规模。这虽然能降低企业的财务风险，避免高财务风险下的组合风险，却进一步放大了企业的经营风险。资产结构不合理，固定资产投资过大，一方面造成固定成本费用高，边际利润难以形成；另一方面也压缩了宝贵的自有运营资金，从成本构成和营运资金两方面对富歌公司的后续经营产生挤压。

三、盈利只能靠冲销量

背负着沉重固定成本费用负担的富歌公司，理论上应该尽可能扩大销量和提高产品利润率。通过提升产品的盈利能力，提高产品的边际利润，摊薄单位产品固定成本费用，降低企业的经营风险。在实际经营中，由于产品的同质化竞争，产品单价很难提高。富歌公司在提高产品毛利率这一关键指标上无法取得进展，只有扩大销量。为了争取更多的客户资源，提高市场份额，采取了“薄利多销”的模式。在低边际利润率甚至负边际利润的销售策略下，销售规模越大，亏损越多。另外，被占用的应收账款资金及采购库存占压资金也越来越大，这进一步加剧了企业的现金短缺。

边际利润 = 销售量 ×（单价 − 单位变动成本）− 变动费用。以 2010 年由公司营销部、生产加工部、风险控制部、财务部等联合提供的测算数据来分析（见表 8-1 和表 8-2），富歌公司销售策略的失败显而易见。

从表 8-1 和表 8-2 中的数据来看，总体来讲，富歌公司出口的实木地板有微小的边际利润率，复合地板的边际利润率是负的。与同行业其他企业相比，富歌公司固定成本费用总额大，产品单价低，要想提高边际利润率，唯有降低单位变动成本费用。而变动成本费用中的三要素“料、工、费”与同行业相比也处于劣势，直接材料的采购成本与同行业相比没有差异。为满足客户需求，出口产品以“拼尺”生产为主，经常发生当天下单当天变更的情况，只能选择以高人工成本的方式生产，无法提高生产效率，制造费用也居高不下。基于以上原因，富歌公司的盈利能力、自身的“造血能力”有限，贡献的现金收益寥寥。在追求业绩的压力之下，公司唯有在扩大产量、销量这一条道上走到底。

四、失效的内控体系

分析上述两个统计报表，无论是在实木地板还是复合地板中，都存在边际利润率较高的单品。要提高产品的盈利能力，除了压缩生产成本，更重要的是通过销售分析，加大对高边际利润单品的生产销售。但遗憾的是，富歌公司管理团队没有选择单品边际

表 8-1　2010 年富歌公司实木地板数据

（单位：元）

规格	数量（平方米）	单价	单位变动成本	毛利额	毛利总额	变动费用	边际贡献率
18×57.2×RL[1]	6302.75	125.45	119.30	6.15	38 744.18	20 575.31	2.30%
18×82.55×RL	6628.56	141.33	124.30	17.03	112 915.20	21 638.89	9.74%
18×83×RL	10 795.33	122.69	124.30	（1.61）	（17 422.03）	35 241.32	−3.98%
18×90×RL	55 658.11	128.60	129.30	（0.70）	（38 888.25）	181 695.65	−3.08%
18×90~120×RL	2496.33	131.13	129.30	1.83	4564.45	8149.27	−1.10%
18×92×RL	2719.78	133.53	129.30	4.23	11 513.29	8878.70	0.73%
16×110×RL	2355.87	122.06	129.30	（7.24）	（17 049.68）	7690.72	−8.60%
18×110×RL	15 726.44	128.16	129.30	（1.14）	（17 993.70）	51 338.91	−3.44%
18×120×RL	28 752.44	148.52	139.30	9.22	265 150.11	93 862.22	4.01%
18×125×900	21 766.17	193.39	199.30	（5.91）	（128 620.71）	71 055.55	−4.74%
18×125×RL	28 320.29	152.19	134.30	17.89	506 691.50	92 451.45	9.61%

1　RL 表示木材等级。

续表

规格	数量（平方米）	单价	单位变动成本	毛利额	毛利总额	变动费用	边际贡献率
18×130×RL	6129.71	135.43	139.30	（3.87）	（23 695.74）	20 010.43	−5.26%
18×150×RL	19 560.72	158.85	149.30	9.55	186 827.06	63 855.89	3.96%
18×160×RL	1063.56	157.13	149.30	7.83	8330.04	3471.97	2.91%
18×180×RL	1431.06	226.16	164.30	61.86	88 521.33	4671.67	25.91%
20×140×RL	986.05	170.24	149.30	20.94	20 643.15	3218.96	10.38%
20×180×RL	2251.30	205.23	169.30	35.93	80 881.92	7349.36	15.92%
20×190×1800	842.70	268.10	179.30	88.80	74 831.63	2750.99	31.90%
14×140×RL	1346.69	98.21	139.30	（41.09）	（55 339.11）	4396.26	−45.17%
15×90×1820	5338.87	121.02	119.30	1.72	9180.14	17 428.71	−1.28%
15×120×RL	2772.00	153.93	139.30	14.63	40 562.26	9049.18	7.39%
15×125×RL	3041.33	155.94	139.30	16.64	50 613.75	9928.42	8.58%
15×140×RL	1278.80	165.51	149.30	16.21	20 725.27	4174.64	7.82%
合计	227 564.86	145.75	140.38	5.37	1 221 686.08	742 884.46	1.44%

表 8-2　2010 年富歌公司复合地板数据

（单位：元）

规格	数量（平方米）	单价	单位变动成本	毛利	毛利总额	变动费用	边际贡献率
11/3×150×RL	1417.00	146.20	144.30	1.90	2692.71	4625.79	−0.93%
18/5×110×RL	9256.00	118.17	141.30	（23.13）	（214 078.68）	30 216.17	−22.33%
18/5×120×RL	13 857.61	142.96	141.30	1.66	23 026.58	45 238.11	−1.12%
18/5×125×RL	3010.78	146.65	141.30	5.35	16 122.00	9828.67	1.43%
18/5×125×RL	5068.83	116.63	141.30	（24.67）	（125 039.46）	16 547.18	−23.95%
18/5×150×RL	8170.00	160.73	146.30	14.43	117 909.27	26 670.93	6.95%
18/5×150×RL	9613.61	154.77	146.30	8.47	81 470.21	31 383.59	3.37%
18/5×180×1800	1154.72	169.92	156.30	13.62	15 732.91	3769.59	6.10%
18/5×180×1800	1111.94	169.24	156.30	12.94	14 393.05	3629.94	5.72%
18/5×180×RL	1154.72	162.99	146.30	16.69	19 272.51	3769.59	8.24%
18/4×127×RL	1132.00	143.98	136.30	7.68	8696.69	3695.41	3.07%
18/4×127×RL	1152.11	144.10	136.30	7.80	8988.31	3761.06	3.15%
14/3×90×RL	2028.86	114.84	125.30	（10.46）	（21 218.31）	6623.19	−11.95%
14/3×127×RL	2366.64	160.64	130.30	30.34	71 796.00	7725.89	16.85%
14/3×125×RL	2786.71	124.40	130.30	（5.90）	（16 454.96）	9097.22	−7.37%

续表

规格	数量（平方米）	单价	单位变动成本	毛利	毛利总额	变动费用	边际贡献率
14/3 × 130 × RL	1389.93	138.98	130.30	8.68	12 061.17	4537.42	3.89%
14/3 × 130 × RL	2118.43	55.00	130.30	（75.30）	（159 523.20）	6915.60	−142.86%
14/3 × 140 × RL	13 813.57	93.08	130.30	（37.22）	（514 098.38）	45 094.34	−43.49%
14/3 × 148 × RL	2831.00	129.43	130.30	（0.87）	（2458.16）	9241.79	−3.19%
14/3 × 148 × 1860	8513.29	120.66	140.30	（19.64）	（167 180.88）	27 791.58	−18.98%
14/3 × 150 × RL	8585.29	111.43	130.30	（18.87）	（161 968.93）	28 026.63	−19.86%
14/3 × 160 × RL	6057.00	101.42	130.30	（28.88）	（174 903.96）	19 773.05	−31.69%
14/3 × 180 × RL	5631.07	105.99	135.30	（29.31）	（165 030.25）	18 382.61	−30.73%
14/3 × 180 × RL	1506.36	111.30	135.30	（24.00）	（36 147.23）	4917.50	−24.49%
14/3 × 190 × RL	356.29	124.38	135.30	（10.92）	（3892.32）	1163.09	−11.41%
14/3 × 180 × 1860	53.57	111.29	145.30	（34.01）	（1821.70）	174.88	−33.49%
15x90x1820	1297.27	104.76	119.30	（14.54）	（18 866.42）	4234.92	−17.00%
15//3 × 120 × RL	1518.00	110.95	130.30	（19.35）	（29 376.02）	4955.50	−20.38%
15/3 × 140 × RL	18 300.93	128.93	130.30	（1.37）	（25 131.22）	59 743.31	−3.60%
15/3 × 160 × RL	14 646.13	118.22	135.30	（17.08）	（250 083.88）	47 812.24	−17.20%

续表

规格	数量（平方米）	单价	单位变动成本	毛利	毛利总额	变动费用	边际贡献率
15/3×180×RL	18 735.47	144.54	140.30	4.24	79 522.34	61 161.85	0.68%
15/3×180×1900	610.47	214.29	150.30	63.99	39 063.84	1992.87	28.34%
15/3×140~180×RL	9543.47	153.52	135.30	18.22	173 918.93	31 154.60	9.74%
15/4×140×RL	5888.20	13.19	155.30	（142.11）	（836 756.92）	19 222.00	−1101.92%
15/4×180×1800	1691.49	136.62	185.30	（48.68）	（82 346.69）	5521.87	−38.02%
15/4×180×1900	500.33	219.65	185.30	34.35	17 187.91	1633.34	14.15%
15/4×260×2400	458.60	254.48	220.30	34.18	15 674.09	1497.10	12.15%
15/4×190×1860	918.87	124.39	185.30	（60.91）	（55 966.11）	2999.64	−51.59%
15/4×190×1890	2658.80	180.04	185.30	（5.26）	（13 971.99）	8679.64	−4.73%
20/5×180×RL	178.20	153.86	161.30	（7.44）	（1326.16）	581.73	−6.96%
20/6×180×1800/2200	1959.45	156.90	171.30	（14.40）	（28 214.42）	6396.62	−11.26%
20/6×180×1800	2054.69	160.99	171.30	（10.31）	（21 192.30）	6707.53	−8.43%
21/5×150×1800	1973.18	148.20	161.30	（13.10）	（25 841.81）	6441.44	−11.04%
21/5×189×1800	2118.26	162.12	171.30	（9.18）	（19 445.82）	6915.03	−7.68%
20/5×140×RL	46.70	149.76	151.30	（1.54）	（71.94）	152.45	−3.21%

续表

规格	数量（平方米）	单价	单位变动成本	毛利	毛利总额	变动费用	边际贡献率
20/5 × 180 × RL	82.80	171.32	161.30	10.02	829.60	270.30	3.94%
20/6 × 148 × RL	1074.55	131.56	151.30	（19.74）	（21 209.55）	3507.86	−17.48%
20/5 × 189 × RL	6018.75	144.04	161.30	（17.26）	（103 906.36）	19 648.18	−14.25%
20/6 × 189 × RL	4350.25	169.11	161.30	7.81	33 965.63	14 201.37	2.69%
20/6 × 189 × 1860	31 550.45	190.29	171.30	18.99	599 259.30	102 996.30	8.27%
20/6 × 189 × 2200	773.40	180.04	178.30	1.74	1348.68	2524.76	−0.84%
20/6 × 190 × 1860	3286.00	186.40	171.30	15.10	49 612.87	10 727.13	6.35%
20/4 × 220 × 1800	1016.95	182.91	178.30	4.61	4692.76	3319.83	0.74%
20/4 × 190 × 1860	549.55	176.77	166.30	10.47	5753.17	1794.00	4.08%
20/5 × 220 × RL	1791.25	179.39	166.30	13.09	23 449.09	5847.53	5.48%
20/6 × 260 × RL	1558.50	180.06	181.30	（1.24）	（1925.30）	5087.72	−2.50%
5/5/5 × 190 × 1900	1311.13	242.25	174.30	67.95	89 088.93	4280.19	26.70%
合计	252 599.42	139.37	146.39	（7.02）	（1 773 920.82）	824 609.66	−7.38%

利润分析，根据边际利润率和销售量，进行产品结构优化和调整的办法。而是选择了通过改变来料用途、降低成本等方法违法经营。这种失控的内控体系，进一步放大了富歌公司的经营风险。

为扩大销量，富歌公司管理层在应收账款策略上采取了宽松的信用政策，比如以类似“寄售”的方式与客户签订大额销售合同，延长了应收账款的周转期，资金占压进一步加大资金渴求。其与 ABC 公司签订了总额高达 340 万欧元的“寄售”销售合同，在后任管理团队接管工厂紧急叫停之后，至今还有 47 万欧元的货款没能收回。为争取客户资源，90% 以上的成交方式都是“后TT”（发完货，买家付清余款）方式，且绝大部分附带 45 天左右的账期。应收账款管理的宽松，延长了资金周转期，加剧了资金渴求。如表 8-3 所示，宽松的信用政策给富歌公司带来极大的风险。

表 8-3　应收账款统计（截至 2011 年 7 月 30 日）

（单位：美元）

客户	订单	出口时间	出口体积（立方米）	货款金额（美元）
EFG	JO141210-C	2011 年 6 月 8 日	20.015	28 743.80
EFG	64431	2011 年 7 月 4 日	21.745	20 537.09
EFG	PH/V4-059	2011 年 6 月 30 日	37.286	46 607.40
HIJ	Mike Richardson Order	2011 年 2 月 1 日	18.624	59 200.00
HIJ	276937	2011 年 5 月 7 日	20.790	39 131.40
HIJ	276945&276947	2011 年 5 月 17 日	18.983	28 474.74
HIJ	26-Sep-68	2011 年 5 月 18 日	18.983	29 423.90

续表

客户	订单	出口时间	出口体积（立方米）	货款金额（美元）
HIJ	276948/276947	2011 年 5 月 18 日	18.983	28 474.74
HIJ	271429&276947	2011 年 5 月 19 日	18.983	28 632.93
HIJ	276941&280855	2011 年 5 月 19 日	18.983	28 474.74
HIJ	6-Apr-32	2011 年 5 月 26 日	19.768	22 843.39
CDE	000147	2011 年 7 月 6 日	17.916	21 019.95
CDE	INPA260	2011 年 7 月 13 日	1.665	3163.42
LIG	LLR1003	2011 年 1 月 19 日	18.898	23 623.42
OG	11251	2011 年 6 月 20 日	37.325	50 803.20
ML	4332112000750	2011 年 7 月 8 日	40.223	73 741.48
UVW	300	2011 年 6 月 3 日	39.127	43 039.46
UVW	0000301	2011 年 7 月 4 日	21.913	25 199.56
UVW	0000302	2011 年 7 月 19 日	21.830	25 103.93
YZA	JAS0329&JAS1222-1	2011 年 6 月 3 日	43.653	59 216.70
YZA	JAS0324-3	2011 年 7 月 4 日	19.929	31 221.63
XYZ	HX-009	2011 年 6 月 13 日	31.906	36 337.94
XYZ	HX003	2010 年 9 月 20 日	32.910	32 141.97
XYZ	HX004	2010 年 10 月 26 日	32.160	36 623.10
PQR	—	—	—	268 892.74
DEF	—	—	—	929 288.75
合计	—	—	—	2 019 961.38

通过赊销带来了销量的增加，更带来了资金的紧张，进而使得供应商在收取货款的政策上变得更为苛刻。随着产能、销能的盲目扩张，采购环节资金占压也越来越重，同时加大了存货仓储和采购成本，降低了存货周转率。从追求销量，到放账赊售，再到供应商交易条件变得苛刻，情况在不断恶化。富歌公司在这种情况下，又做出为了销售无原则生产的决策。为满足客户需要，不计成本地消耗大量优质原料，大量劣质残次的原料慢慢积压，形成巨额潜亏。从 2011 年计提的存货跌价就能看出问题的严重性（见表 8-4）。

表 8-4　2011 年富歌公司存货盘点评估情况

2011 年 7 月 23 日　　（单位：元）

产品	账面价值		实际盘点			差异	
	数量	金额	数量	按账面单价估计	按市场库龄估计	盘盈 / 盘亏	跌价 / 溢价
原料	342 432	49 504 804	223 413	24 617 195	9 234 163	−24 887 609	−15 383 032
表板	196 440	15 510 319	221 178	17 463 522	3 959 981	1 953 203	−13 503 542
刨光材	140 981	17 471 919	—	—	—	−17 471 919	—
原木	910	1 091 397	647	1 091 397	1 091 397	−0	—
板材	2775	10 122 552	227	827 640	226 735	−9 294 912	−600 905
基板	1325	4 116 646	1362	4 242 665	2 964 080	126 019	−1 278 585

五、违规抵押担保是“救命稻草”？

富歌公司因为上述种种缘由，陷入运营资金不足的恶性循环。

为换取供应商的原料供应，资产违规抵押担保事件必然发生，事件的实质是变相利用商业信用举债经营。秋丫公司取得银行贷款的资金成本必然会反映到富歌公司取得其原料供应的成本之中。可以说，即使没有富歌公司资产违规抵押担保事件的发生，以及随后而来的海关介入调查，富歌公司的资金链在不对自身的资产结构和经营方式加以改变的条件下，也必然会断裂。

六、系统思考分析

我们再拿出运营管理系统思考财务模型从目标、业务、资产、负债、效益、效率、现金流 7 大类，产品、客户、渠道、数量、价格、时间、收入、变费、边贡、固费、净利、周转、回报、存货、应收账款、预付账款、应付账款、预收账款、固定资产、现金流、权益共 21 个要素，来进行一下系统分析。就会发现，富歌公司的运营存在以下问题。

一是公司在建立之前没有清晰的目标、战略，以及利用边际利润财务运营模型设定的运营管理标准，导致公司运营操作没有目标和标准可依。经营过程头痛医头、脚痛医脚，没有建立基于边际利润财务运营模型的企业运营系统思考逻辑。

二是应该先有销售，后有投资，而富歌公司错把前身亚森木业的销售当成自己的，两家公司在产品定位、类别、产能上差异巨大。其没有可锁定的固定收入，也无法分解到产品、客户、渠道、数量、价格、时间。

三是固定资产投资额相较销售规模过大，原销售规划无法覆盖固定资产投资所产生的固定成本费用。投资固定资产和实际产品需求不符。一方面，导致投资实木地板的部分固定资产投资浪费，造成不必要的固定成本费用。另一方面，又要追加复合地板的固定资产投资，要新增固定成本费用。这“一多一少”都提高了产品成本，压缩了盈利空间，也压缩了宝贵的运营资金，对流动资产和流动负债的设计提出了更加严格的要求。

四是价格提不上去，成本又比同行业高，造成边际利润率水平低，只能通过提高销量来实现盈亏平衡。提高销量的方法，不是拓展客户、渠道，而是“薄利多销”。没有做好量、本、利的测算，边际利润太少甚至为负，更加剧了现金流紧张。

五是产品本可以通过边际利润进行运营分析，保留和发展边际利润为正且销量大的产品，淘汰边际利润为负的产品。但管理团队选择了通过放账赊售来提高销量，应收账款不断提高，坏账不断出现，使经营和现金流风险进一步放大。

六是销售端挤占资金，造成采购端支付困难。这使得供应商提高供应价格，且设置更为苛刻的供货条款。富歌公司的销售端，基本是应收账款，采购端从应付账款逐步变成预付账款，甚至违规抵押担保获取银行贷款。流动负债预收账款、应付账款越来越少，流动资产应收账款、预付账款越来越多，现金流越来越差。

七是原料端控制不力，不计成本消耗好原料，长期大量积压差原料，形成大量原料库存，造成巨额潜亏。

最后，在恶性循环下，终于东窗事发。这是典型的“先天不足，后天乱补”的案例，也体现了富歌公司从创立一直到倒闭，都没有运营逻辑，胡塞乱补，毫无章法。他们并不了解，企业经营的第一步与第二步、第三步的联系。不了解 7 大类 21 个要素的整体科学设计，不了解每一个要素的变化都会引起整体系统、整个财务模型的变化。

模拟一个业务

下面，我们尝试一下运用边际利润财务运营模型，从 7 大类 21 个要素的角度，模拟搭建一个从战略到执行、从领导力到运营力、从高层到基层的运营管理体系。模拟中的数据均为假设，并无实据，只供模拟财务模型的逻辑搭建使用，并且计算的公式只是提供逻辑，能算出大数和数间的关系，并不像财务计算得那么精准。

假设某投资人提出了打造中国功能蛋糕领军企业的战略，现要求对组建蛋糕公司进行设计和实施。

一、品牌名称：黄道吉蛋。

二、广告语：一蛋烤一糕，更爱吃鸡蛋。

三、公司愿景：中国功能蛋糕行业领导者。

四、公司使命：我们奉献好吃、营养、功能性的蛋糕和全场景、多渠道解决方案，使客户、股东、员工价值最大化。

五、战略定位：差异化，功能蛋糕品牌运营商。

六、经营目标：行业第一。目前行业规模是 60 亿元，预计五年内会达到 100 亿元。行业第一要至少占 10%，即 10 亿元规模。营业收入：10 亿元；经营利润：1 亿元；总投入资金：3 亿元（1.5 亿元股东投资，1.5 亿元银行贷款），负债率 50%；ROIC：20%；复合增长率：50%；经营性现金流≥净利润；时间：5 年。

第一年目标，营业收入：2 亿元；经营利润：0.2 亿元；投入资金：1 亿元（0.5 亿元股东投资，0.5 亿元银行贷款）；负债率≤ 50%；ROIC ≥ 10%；经营性现金流≥净利润。

七、产品定位：一个谷饲鸡蛋（生蛋母鸡的饲料主要由含植物甾醇的粗粮组成）烤一个无糖蛋糕。

1. 低 GI [指产品含可利用碳水化合物，且血糖生成指数 (GI) 低于 55（含）以下的食品] 和无糖食品。一个鸡蛋做一个蛋糕，采用无糖配方、口味配方和低温烘焙技术，既保留全鸡蛋的营养，又解决消费者爱吃鸡蛋的问题。专业的升糖指数测试，达到国家无糖标准和低 GI 标准。做到“加减”安全，“高低”营养，“调配”养生。加天然配料、无化学添加剂。高蛋白、高膳食纤维、高益生元，无糖、低脂、低热量。配药食同源配方、调节亚健康饮食。可作为早餐、代餐等使用。

2. 安心吃蛋黄。随着人们健康意识的提高，很多人因怕肥胖、血脂升高等而不敢吃蛋黄；其实蛋黄中存在多种对人体有益的营养物质，如卵磷脂是世界公认的对人类记忆力有帮助的物质，人们可以放心、少负担地吃整个鸡蛋。产品选用含植物甾醇的饲料喂养的鸡所产的蛋，产品检测报告检测含植物甾醇、硒等营养元素。

3. 定位高端：高端的营养功能蛋糕，价格定位对标 2 元 / 枚，进入行业的高端细分市场。根据产品概念卖点的不同，零售价格带可分为 6 个等级。0.40~0.50 元 / 枚，占比 50%。0.50~0.70 元 / 枚，占比 30%。0.70~1.00 元 / 枚，占比 10%。1 元 / 枚以下的为竞争激烈的“红海领域”。1.00~1.50 元 / 枚，占比 70%。1.50~2.00 元 / 枚，占比 2%。2.00 元以上 / 枚，占比 1%。从规模来看，2 元以上 / 枚的高端蛋糕虽只有 1% 的份额，但整体规模体量也预计达到 60 亿元 / 年，且成长趋势较快。

八、产品和价格体系，如表 8-5 所示。

九、竞争战略：差异化，功能蛋糕。核心竞争力表现在，掌握核心烘焙配方，蛋鸡饲养技术、核心功能指标检测技术。

十、生意模式：快速周转。批次周转 6 次，行业最快，永久保持。

十一、渠道及生意模式。

1. 私域平台：S2B2P2C[模式为从 S（大供货商）到 B（经销商）到 P（平台商）到 C（顾客）]。

通信、金融、交通等平台会员系统的店铺。5 年时间，每店达到 3000 万元 / 年的规模，开 10 家店，达到 3 亿元的规模。第一年每店达到 2000 万元的规模，开 3 家店，要求达到 6000 万元。

销售模式：公司通过运营商在私域平台销售。产品选用 10 枚 / 简盒装。平台跟运营商按先货后款 1 个月结算，公司跟运营商按先款后货 1 个月结算。由运营商承担账期，渠道推广费用，2C 的仓储配送和退换货，未销售完成的过期处理。采取月供模式，每月结算一次，战略订量平均每月订货一次，共 13 万盒，价值 167 万元，每年 12 次。采购先货后款 3 个月，生产周期 2 个月。

毛利率 =（运营商单价 12.80 元 - 成本 10.20 元）/ 运营商单价 12.80 元 =20%。边际利润率 = 毛利率 20%- 变动费用率 5%=15%。私域渠道 1 的边际利润额 = 运营商单价 12.80 元 × 数量 156.25 万盒 ×15%=300 万元。私域渠道的边际利润额 = 300 万元 ×3 个渠道 =900 万元。

表 8-5 产品和价格体系

产品名称	产品规格（枚/箱或盒）	成本		毛利率	变动费用率	边际贡献率	供货价		渠道	实际成交价		折扣	建议零售价	
		盒、箱/元	枚/元				盒、箱/元	枚/元	毛利率	盒、箱/元	枚/元		盒、箱/元	枚/元
箱装	360	360.00	1.00	20.00%	5.00%	15.00%	450.00	1.25	21.88%	576.00	1.60	0.80	720.00	2.00
筒盒装	10	10.20	1.02	20.31%	5.00%	15.31%	12.80	1.28	25.30%	17.14	1.68	0.80	21.42	2.10
礼盒装	36	37.44	1.04	25.18%	5.00%	20.18%	50.04	1.39	30.02%	71.51	1.91	0.80	89.48	2.39

边际现金流 =（每批边际贡献额 25.52 万元 + 每批应付 33.20 万元 + 每批预收账款 13.89 万元 - 每批库存 0- 每批应收账款 0- 每批预付账款 0）×12 批 / 年 ×3 个渠道 =2614 万元。边际现金流接近边际利润额的 3 倍，这是非常好的轻资产（流动资产）、快周转（战略订量年次数）、负资本（营运资本）业务（见表 8-6）。

表 8-6　私域平台渠道标准化运营控制

	标准	私域渠道		
		1	2	3
终端单价（元 / 盒）	21.42	21.42	21.42	21.42
平台扣点（元 / 盒）	20%	20%	20%	20%
运营商单价（元 / 盒）	12.80	12.80	12.80	12.80
运营商毛利率	20%	20%	20%	20%
数量	4 687 500	1 562 500	1 562 500	1 562 500
公司营业收入	60 000 000	20 000 000	20 000 000	20 000 000
成本（元 / 盒）	10.20	10.20	10.20	10.20
直接成本	47 812 500	15 937 500	15 937 500	15 937 500
毛利率	20%	20%	20%	20%
变动费用率	5%	5%	5%	5%
边际利润率	15%	15%	15%	15%
边际利润额	9 187 500	3 062 500	3 062 500	3 062 500
每批订量（盒）	390 630	130 210	130 210	130 210
每批订额（元）	5 000 064	1 666 688	1 666 688	1 666 688
每批边际贡献额	765 625	255 208	255 208	255 208
每批应付账款	996 107	332 036	332 036	332 036
每批预收账款	416 672	138 891	138 891	138 891
每批库存	—	0	0	0
每批应收账款	—	0	0	0
每批预付账款	—	0	0	0

续表

	标准	私域渠道		
		1	2	3
周转次数	12	12	12	12
边际现金流	26 140 842	8 713 614	8 713 614	8 713 614
收支方式	销售先款后货 1 个月，采购先货后款 3 个月，生产 2 个月，全年周转 12 次			

2. 集供业务：S2G2C[模式为从 S（大供货商）到 G（政府或企业集团等大系统）到 C（顾客）]。为各政府机关、大型企业、餐饮连锁、社区的食堂做好供应服务。每家 400 万元 / 年的规模，开 100 家，达到 4 亿元的规模。第一年每家达到 400 万元的规模，开 20 家店，要求达到 8000 万元的规模。

销售模式：公司直供。产品选用 360 枚 / 箱装。公司按先货后款 2 个月跟客户结算。采取月供模式，平均一个月供货 741 箱 33.35 万元，12 次 / 年 / 家。采购先货后款 3 个月，生产周期 2 个月。

毛利率 =（结算单价 450 元 - 成本 360 元）/ 结算单价 450 元 =20%。边际利润率 = 毛利率 20%- 变动费用率 5%=15%。集供渠道 1 的边际利润额 = 结算单价 450 元 × 数量 0.89 万盒 ×15%=60 万元。集供渠道的边际利润额 =60 万元 ×20 个渠道 =1200 万元。

边际现金流 =（每批边际贡献额 5 万元 + 每批应付账款 6.67 万元 + 每批预收账款 0- 每批库存 0- 每批应收账款 5.56 万元 - 每批预付账款 0）×12 批 / 年 ×20 个渠道 =1467 万元。边际现金流刚刚超过边际利润额，说明公司运营整体上没动用自有资金，在用上游的钱进行经营，好在用上游的钱超过下游占压的钱（见表 8-7）。

表 8-7　大系统集供渠道标准化运营控制

	标准	集供渠道		
		1	2……	20
结算单价（元/箱）	450.00	450.00	450.00	—
数量	177 780	8889	8889	—
公司营业收入	80 001 000	4 000 050	4 000 050	—
成本（元/箱）	360.00	360.00	360.00	—
直接成本	64 000 800	3 200 040	3 200 040	—
毛利率	20%	20%	20%	—
变动费用率	5%	5%	5%	—
边际利润率	15%	15%	15%	—
边际利润额	12 000 150	600 008	600 008	—
每批订量（箱）	14 820	741	741	—
每批订额（元）	6 669 000	333 450	333 450	—
每批边际贡献额	1 000 350	50 018	50 018	—
每批应付账款	1 333 800	66 690	66 690	—
每批预收账款	—	—	—	—
每批库存	—	0	0	—
每批应收账款	1 111 500	55 575	55 575	—
每批预付账款	—	0	0	—
周转次数	12	12	12	—
边际现金流	14 671 800	733 590	733 590	—
收支方式	销售先货后款 2 个月，采购先货后款 3 个月，生产 2 个月，全年周转 12 次			

3. 福利渠道：S2BSC[模式为从 S(大供货商) 到 B(经销商) 到 C（顾客）]。通过经销商为各政府机关、企事业单位、学校等

提供年节福利产品和服务。分区域设立经销商，1000 万元 / 地级市，开拓 30 个地级市市场，达到 3 亿元的规模。第一年每个地级市达到 600 万元的规模，开拓 10 个市，要求达到 6000 万元的规模。销售是先款后货。

销售模式：公司通过经销商在各单位销售。产品选用 36 枚 / 礼盒装。公司按先全款后货，0.5 个月跟客户结算。采取节供模式，按一年三个大节，至少一批 4 万个礼盒、200 万元，3 次 / 年 / 地级市。采购先货后款 3 个月，生产周期 2 个月。

毛利率 =（经销商单价 50.04 元 - 成本 37.44 元）/ 结算单价 50.04 元 =25%。边际利润率 = 毛利率 25%- 变动费用率 5%=20%。福利渠道 1 的边际利润额 = 结算单价 50.04 元 × 数量 12 万盒 ×20%=120 万元。福利渠道的边际利润额 =120 万元 ×10 个渠道 =1200 万元。

边际现金流 =（每批边际贡献额 40.39 万元 + 每批应付账款 37.44 万元 + 每批预收账款 8.34 万元 - 每批库存 0- 每批应收账款 0- 每批预付账款 0）×3 批 / 年 ×10 个渠道 =2585 万元。边际现金流是边际利润额的 2 倍，这是比较好的轻资产（流动资产）、快周转（战略订量年次数）、负资本（营运资本）业务（见表 8-8）。

表 8-8　福利渠道标准化运营控制

	标准	福利渠道		
		1	2	10
终端单价（元 / 盒）	89.48	89.48	89.48	89.48

续表

	标准	福利渠道		
		1	2	10
折扣（元 / 盒）	20%	20%	20%	20%
经销商单价（元 / 盒）	50.04	50.04	50.04	50.04
经销商毛利率	24%	24%	24%	24%
数量	1 199 050	119 905	119 905	119 905
公司营业收入	60 000 462	6 000 046	6 000 046	6 000 046
成本（元 / 礼盒）	37.44	37.44	37.44	37.44
直接成本	44 892 432	4 489 243	4 489 243	4 489 243
毛利率	25%	25%	25%	25%
变动费用率	5%	5%	5%	5%
边际利润率	20%	20%	20%	20%
边际利润额	12 108 007	1 210 801	1 210 801	1 210 801
每批订量（盒）	400 000	40 000	40 000	40 000
每批订额（元）	20 016 000	2 001 600	2 001 600	2 001 600
每批边际贡献额	4 039 200	403 920	403 920	403 920
每批应付账款	3 744 000	374 400	374 400	374 400
每批预收账款	834 000	83 400	83 400	83 400
每批库存	—	0	0	0
每批应收账款	—	0	0	0
每批预付账款	—	0	0	0
周转次数	3	3	3	3
边际现金流	25 851 600	2 585 160	2 585 160	2 585 160
收支方式	销售先款后货 0.5 个月，采购先货后款 3 个月，生产 2 个月，全年周转 3 次			

4. 整体销售情况。营业收入 2 亿元，毛利率 22%，边际利

润率 17%，边际利润额 3330 万元，应付账款 607 万元，预收账款 125 万元，库存 405 万元，应收账款 111 万元，预付账款 0 元，周转次数 6 次，边际现金流 6666 万元（见表 8-9）。

表 8-9　公司整体标准化运营控制

	标准	销售整体		
		私域渠道	集供渠道	福利渠道
公司营业收入	200 001 462	60 000 000	80 001 000	60 000 462
直接成本	156 705 732	47 812 500	64 000 800	44 892 432
毛利率	22%	20%	20%	25%
变动费用率	5%	5%	5%	5%
边际利润率	17%	15%	15%	20%
边际利润额	33 295 657	9 187 500	12 000 150	12 108 007
每批订额（元）	31 685 064	5 000 064	6 669 000	20 016 000
每批边际贡献额	5 805 175	765 625	1 000 350	4 039 200
每批应付账款	6 073 907	996 107	1 333 800	3 744 000
每批预收账款	1 250 672	416 672	—	834 000
每批库存	—	0	0	0
每批应收账款	1 111 500	—	1 111 500	—
每批预付账款	—	—	—	—
周转次数	6	12	12	3
边际现金流	66 664 242	26 140 842	2 614 084	2 614 084

第一，我们的原则是各渠道、客户都能获得“有边际利润的营业收入，有边际现金流的边际利润”。我们发现 2 亿元营业收入有 3330 万元的边际利润额，而边际现金流是 6666 万元，是边际

利润额的 2 倍，这说明我们在用上下游的钱来做生意。一是边际利润为正原则，所有的渠道都要有边际利润，这是基础。二是不管是私域渠道、福利渠道的先款后货销售模式，还是集供渠道的先货后款销售模式，我们的边际现金流都为正，且都超过了边际利润额，这说明我们应收账款、预付账款、库存的流动资产和预收账款、应付账款的流动负债及其结构设计良好。尽管集供渠道，我们的销售是先货后款 2 个月，但所有的采购都是先货后款 3 个月，这保证了我们的边际现金流。

第二，以“战略订量”为基础的“开发可做预算的客户”原则。即开发战略性、专业性、成长性渠道客户，与客户共同成长。我们会发现，一是我们锁定了每一类渠道里的每一个客户的批次量。以批次量为单位，计算批次的数量、数额、边际利润、预收账款、应付账款、库存、应收账款、预付账款，然后确定周转次数。这成了我们做销售规划、战略制定、全面预算的基础。这个批次量，不仅仅是最低起订量。最低起订量是做一批产品最低的要求，低于这个量，成品库存、原辅料库存、包材库存就都产生了。它也不仅仅是经济订量，经济订量是成本最低的订量，低于经济订量，公司产品的成本就不准确了。这个批次量比最低起订量、经济订量都要大，笔者认为是战略订量。

设定战略订量的数量，是开展一类渠道业务的起点。比如私域渠道，简盒装（10 枚装），平均 13 万盒，167 万元 / 批一订货，全年 12 批；集供渠道，箱装（360 枚装），平均 740 箱，13.5 万元 / 批一订货，全年 12 批；福利渠道，礼盒装（36 枚装），4 万礼盒，200 万元 / 批一订货，全年 3 批。设定战略订量的原则是不得低于经济订量，越高越好。凡是能稳定战略订量和周转次数的，都是好的渠道、客户，是可以做销售规划，做预算的渠道、客户。只有这种渠道、客户，我们才能将其计入销售规划和预算。有些随机业务，渠道、客户需要的数量不能确定，可能今年有，也可能没有，这些业务的订单数量都不叫战略订量。这样的渠道和客户也不叫战略渠道、战略客户。很多公司往往把随机的、可能发生的业务也计入销售规划和销售预算，这是销售规划、销售预算和实际发生值相差巨大的根本原因。例如，有一家企业上一年度的实际营业收入为 3 亿元，它在做下一年度的预算时发现能实现 5 亿元营业收入。可在分析预算时发现，至少一半是随机的、可能发生的业务。有时，公司做 10 个随机的、可能发生的业务，能成功 1 个就不错了。

第三，深入采购、生产、销售各环节的“率”“额”“时间”“次”的优化。强调数量、价格、时间、边际利润率、变动费用率、战略订量、预收账款、应付账款，库存、应收账款、预付账款、周转次数、边际现金流等关键考核指标。每项关键考核指标都需要与关联方详细谈判。比如生产环节，各个生产环节全有计量工具、台账、控制标准，保证产能利用率、出成率、合格率、能耗率、设备完好率等指标都是行业中最优的。以维修举例，大修时间不能超过 30 分钟 / 次，全年维修时间不能超过 17 小时。比如采购环节，与供应商谈判为先货后款，3 个月。刚开始做不到，怎么办？一是先现货现款，到付款时间点就付款，建立信用。二是让供应商看到公司的财务状况非常好，公司跑不了，也欠不了钱。三是延续公司的商业模式到供应商，帮他们设计商业模式。

在采购和生产环节，特别是通过公司的采购数量帮助供应商提高盈利，降低他们的费用。比如，供应商现在在与公司的合作中可以赚 1000 万元，公司要帮助供应商赚 2000 万元。方法是让供应商每吨原料的供应价格降一些，公司采购供应商的数量大幅提高，保证供应商在该地区的行业领导地位。但是公司采购供应商原料的模式是先货后款，账期要 3 个月，公司保证到了付款时间点就付款。

业务团队还要不断深入和细化公司整体标准化运营控制表和各渠道标准化运营控制表里的指标。比如，标准化运营控制表只列明了公司的直接成本，直接成本等于公司采购价格乘以采购数量。公司的采购价格就是供应商对企业的销售价格，业务团队把供应商的成本费用和利润水平摸透，这样公司就知道自身在这个产业链条上的盈利水平是不是合理了。另外，可以更好地与供应商共同发展。比如原来公司采购价为 10 元，供应商有 20% 的毛利率，公司采购 100 万份是 1000 万元，供应商的毛利额是 200 万元。公司现在要求供应商以 9.5 元的价格供货，供应商有 16% 的毛利率，如果公司还是采购 100 万份，供应商就较降价前亏了 50 万元。公司的条件是采购量增加到 150 万份，供应商的毛利率下降 4%，但是毛利额提高到 225 万元，增加了 25 万元。

比如，私域渠道，平台商有 20% 的毛利率，运营商有 20% 的毛利率，公司也是 20% 的毛利率。首先，我们要看三方在这个链条上都承担了什么职责，比如平台商有平台、有流量，负责定期推广公司的产品。运营商负责整批采购公司产品，承担在平台销售的账期，在平台推广的费用，仓储配送和退换货的费用，以及未销售完成的产品过期处理的费用。这相当于运营商做了公司的服务延伸和运营保险。根据三方承担的职责对利润进行分配时，公司要与行业数据对比，分析分配比例是否合理。然后和平台商、运营商一起研究如何扩大销售规模。

十二、投资的财务模型。

首先，公司采取控制核心技术 +OEM 的方式，可以锁定 2 亿元 / 年的固定收入和财务模型，及 50% 的复合增长率。有了固定收入的锁定，公司再进行资产投资。

1. 形成资产负债表。首期投入 1 亿元，50% 股东出资，50% 银行贷款。投资生产工厂的好处是我们的直接成本能降低 20%。但是我们也要承担其他成本费用，我们的变动成本率、固定成本额会增加。我们的应付账款是关联成本的，所以指标也随之降低。另外，按原模式，我们没有库存，都是根据订单生产，生产出来后就发货给客户。有些原料是由工厂进行囤货库存的。现在我们自己进行生产，我们要囤主要原辅料。我们按战略订量的成本，2 个月进行计算，这样销售规划表里的库存，私域渠道 53 万元、集供渠道 71 万元、福利渠道 200 万元，共计 324 万元。

另外，我们会发现有了标准化运营控制表，业务人员根据标准开展经营，就解决了以往业务人员的发展目标与公司整体发展目标不一致的问题。业务人员明白，他的每一个经营动作，都会导致公司整体财务数据和发展目标的变化。以前令人费解的三张财务报表，业务人员可以轻松了解它们之间的钩稽关系。只有理解个人经营动作与达成企业发展目标之间的关系，业务人员才会更加积极有效地投入各经营环节的改善提高。模拟的资产负债情况，如表 8-10 所示。

表 8-10　资产负债表

（单位：万元）

流动资产	期初	期末	流动负债	期初	期末
货币资金	10 000	12 376	短期借款	5000	5000
应收账款	111	111	应付账款	486	486
预付账款	—	—	预收账款	125	125
其他应收款	—	—	应付职工薪酬	—	—
存货	324	324	其中：应付工资	—	—
其中：原材料	324	324	应付福利费	—	—
库存商品	—	—	应缴税费	100	100
一年内到期流动资产	—	—	其他应付款	—	—
其他流动资产	—	—	应付利息	—	—
流动资产合计	10 435	12 811	流动负债合计	5711	5711
非流动资产：			非流动负债：		
固定资产原值	7600	7600	长期借款	—	—
其中：累计折旧	—	670	租赁负债	—	—
固定资产净值	7600	6930	非流动负债合计	—	—
无形资产	—	—	负债合计	5711	5711
其中：累计摊销	—	—	所有者权益：		
使用权资产	—	—	实收资本	5000	5000
递延所得税资产	—	—	盈余公积	—	—
其他非流动资产	—	—	未分配利润	7324	9030
非流动资产合计	7600	6930	所有者权益合计	12 324	14 030
资产总计	18 035	19 741	负债及权益总计	18 035	19 741

1. 变动成本费用：利息按年息 5% 计算。应收账款 111 万元，产生变动成本费用 6 万元；预付账款 0，没有产生变动成本费用；原辅料库存 320 万元，产生变动成本费用 16 万元；借款 5000 万元，产生 250 万元变动成本费用。由流动资产产生的变动成本费用共计 272 万元（见表 8-11）。

表 8-11　流动资产与变动成本费用对应关系

（单位：万元）

	流动资产	年息	变动成本费用
应收账款	111	5%	6
预付账款	0	5%	—
原辅料库存	320	5%	16
借款	5000	5%	250
合计	5435	5%	272

2. 固定成本费用：我们假设土地投入 3000 万元，按 20 年分摊，每年产生固定成本费用 150 万元；厂房投入 2500 万元，按 25 年分摊，每年产生固定成本费用 100 万元；设备投入 1500 万元，按 5 年分摊，每年产生固定成本费用 300 万元；办公设施投入 500 万元，按 5 年分摊，每年产生固定成本费用 100 万元；不可预见的其他投入 100 万元，按 5 年分摊，每年产生固定成本费用 20 万元；还有投入 7600 万元的一半（因为投入资金里，50% 为股东投资，50% 为银行贷款）按 5% 的年息，利息每年 190 万元；固定资产共计 7600 万元，产生固定成本费用 860 万元（见表 8-12）。

3. 边际利润损益表：把流动资产、固定资产所产生的变动成本费用、固定成本费用，以及其他成本费用计入边际利润损

表 8-12　固定资产与固定成本费用对应关系

（单位：万元）

	固定资产	折摊年限	固定成本费用
土地	3000	20	150
厂房	2500	25	100
设备	1500	5	300
办公设施	500	5	100
其他	100	5	20
		折摊合计	670
合计	7600	5%	190
		固定成本费用合计	860

益表，我们就得到可以控制一“额”一“率”的财务模型。第一年的营业收入必须≥ 2 亿元，变动成本费用率必须≤ 71.83%，直接成本费用率必须≤ 62.68%，流动资产产生的变动成本费用率必须≤ 1.36%，销、管、财变动成本费用率必须≤ 6.50%，固定成本费用额必须≤ 3360 万元，固定资产产生的成本费用额必须≤ 860 万元，人工及其他费用额必须≤ 2500 万元，营业利润率必须≥ 10%，具体如表 8-13 所示。

表 8-13　损益表

（单位：万元）

营业收入	20 000	
变动成本费用	14 365	71.83%
直接成本	12 536	62.68%

续表

流动资产产生费用	272	1.36%
销、管、财变动费用	1300	6.50%
水、电、气、煤、工等	200	1.00%
其他	50	0.25%
税金及附加	7	0.03%
边际利润	5635	28.17%
固定成本费用	3360	
固定资产产生的成本费用	860	
人工及其他	2500	
营业利润	2275	11.37%
营业外收支	—	
利润总额	2275	11.37%
减：所得税	569	
净利额	1706	8.53%

4. 对销售规划的影响。由此，现在投资建厂自己生产对比之前 OEM 的销售规划，我们会发现，受直接成本下降 20% 的影响，毛利率从 22% 上升到 37%。受流动资产投资的影响，变动成本费用率从 5% 上升到 9%。边际利润率从 17% 上升到 28%，应付账款从 607 万元下降到 486 万元，预收账款没有变化，应收账款没有变化。受企业自己库存主要原辅料 2 个月的影响，库存从 0 上升到 324 万元。具体数据，如表 8-14 所示。

表 8-14　具体经营数据

（单位：元）

	标准	渠道整体		
		私域渠道	集供渠道	福利渠道
公司营业收入	200 001 462	60 000 000	80 001 000	60 000 462
直接成本费用	125 364 586	38 250 000	51 200 640	35 913 946
毛利率	37%	36%	36%	40%
变动成本费用率	9%	9%	9%	9%
边际利润率	28%	27%	27%	31%
边际利润额	56 349 331	16 263 776	21 485 304	18 600 251
每批订额	31 685 064	5 000 064	6 669 000	20 016 000
每批边际贡献额	9 351 357	1 355 315	1 791 046	6 204 996
每批应付账款	4 859 125	796 885	1 067 040	2 995 200
每批预收账款	1 250 672	416 672	–	834 000
每批库存	3 239 417	531 257	711 360	1 996 800
每批应收账款	1 111 500	–	1 111 500	–
每批预付账款	–	–	–	–
批次 / 年	6.31	12	12	3
边际现金流	60 986 283	24 451 381	12 422 715	24 112 187

5. 现金流、周转及 ROIC。假设未投资前，股东投资 1500 万元，银行借款 1500 万元。我们根据上述来测算现金流量，边际现金流从 6666 万元下降到 6099 万元。现在投资建厂，自己生产对比之前 OEM 的周转指标，总资产周转从 6.25 次降到 1.06 次，流动资产周转从 6.43 次降到 1.72 次，存货周转从 0 次上升到 30.96 次，应收账款周转 180 次，“两金”占流动资产比例从 4% 上升到 5%，资产负债率从 74% 下降到 32%。最终我们的目标 ROIC 从 76% 下降到 13%。营业利润从 1716 万元（8.58%）提高到 2275 万元（11.37%）。

6. 形成边际利润财务运营模型（见图 8-4）。

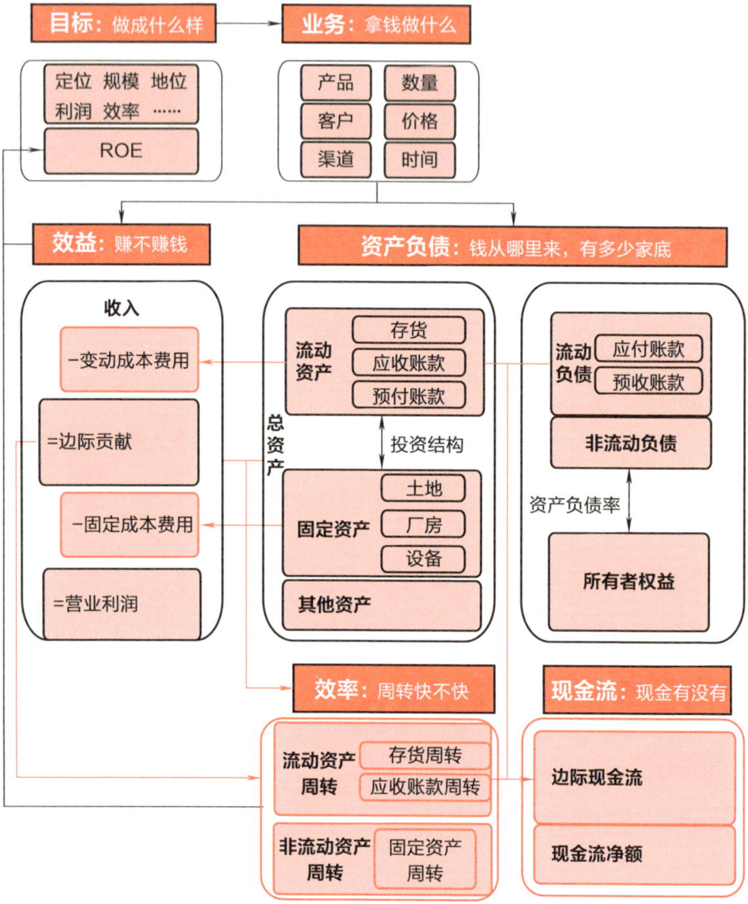

图 8-4　边际利润财务运营模型

根据边际利润财务运营模型，我们形成运营管理标准化控制总表（见表 8-15）

边际利润的核心是“量、本、利”，其中“量”排在第一位。上述运营管理标准化控制总表的核心就是“战略订量”，它是运营

表 8-15　运营管理标准化控制

第一年目标		渠道整体					
营业收入	20 000			标准	私域渠道	集供渠道	福利渠道
经营利润	2000	营业收入		20 000	6000	8000	6000
投入资金	10 000	每批订货额		3169	500	667	2002
ROIC	15.00%	每批边际贡献额		935	136	179	620
周转		每批应付账款		486	80	107	300
总资产周转	1.06	每批预收账款		125	42	—	83
流动资产周转	1.72	每批库存		324	53	71	200
“两金”周转	28.81	每批应收账款		111	—	111	—
现金流		每批预付账款		—	—	—	—
边际现金流	6099	周转次数		6	12	12	3
经营净额	2376	边际现金流		6099	2445	1242	2411
边际利润损益表		资产负债表					
营业收入	20 000		期初	期末		期初	期末
变动成本费用	71.83%	库存	324	324	应付账款	486	486
直接成本	62.68%	应收账款	111	111	预收账款	125	125
流动资产产生	1.36%	预付账款	—	—	其他	5100	5100
销、管、财费用	6.50%	其他	10 000	12 376		—	—
其他	1.28%	流动资产	10 435	12 811	流动负债	5711	5711
边际利润	28.17%	土地	3000	3000	非流动负债	—	—
固定成本费用	3360	厂房	2500	2500			
固定资产产生	860	设备	1500	1500			
其他	2500	其他	600	-70			
营业利润率	11.37%	固定资产	7600	6930	所有者权益	12 324	14 030
净利润率	8.53%	资产总计	18 035	19 741	债权总计	18 035	19 741

管理的基本单位。然后是战略订量的周转次数，它是企业整体逻辑的基本要素。公司一把手应该是天天看运营管理标准化控制总表，通过这张表完整掌握公司的目标、运营标准和发展速度，了解各运营环节是否按标准推进，哪里存在偏差。公司一把手通过这张表串联起三张财务报表，看懂运营管理目标、业务、资产、负债、效益、效率、现金流 7 大类，产品、客户、渠道、数量、价格、时间、收入、变费（变动成本费用）、边贡（边际利润）、固费（固定成本费用）、净利（净利润）、周转、回报、存货、应收账款、预付账款、应付账款、预收账款、固定资产、现金流、权益（所有者权益）21 要素及内在钩稽关系。

各部门负责人也应该天天看运营管理标准化控制总表。通过这张表，部门负责人会明白其所管理部门的经营动作对全公司的目标、标准和当前进度的影响。所谓大局意识，就是要站在全局想局部。销售经理会关注他所负责渠道的整条线，包括营业收入、战略订量每批的订货额、边贡额、应付账款、预收账款、库存、应收账款、预付账款，周转次数。供应链经理会关注直接成本、流动资产产生的变动成本费用、应付账款和预付账款及账期。无论销售还是供应链经理，都会关注由此对利润和边际现金流的影响，会关注由此对公司流动负债和流动资产的影响，并进而关注对公司变动成本费用、固定成本费用的影响。其他部门经理也一样。这样不仅公司上下目标一致，标准和动作也一致。

十三、改善发展的路径。

根据边际利润财务运营模型，运用可增长、可持续、可盈利、可竞争、可管理、可执行、可考核、可量化“八可”原则，从整个链条各个环节衡量经营模式（见图 8-5）。（1）生意过程全不全？从采购、生产、仓储、物流、渠道到卖给客户，一个环节都不能少。（2）生意逻辑通不通？整个生意过程及各环节做生意的标准、方法、工具、制度、流程、表单是否齐全，运转是否高效，逻辑是否通畅。（3）风险是否可控？一是不出现，有办法不出现风险。二是能承受，一旦发生非人为可控的风险，损失能承受。

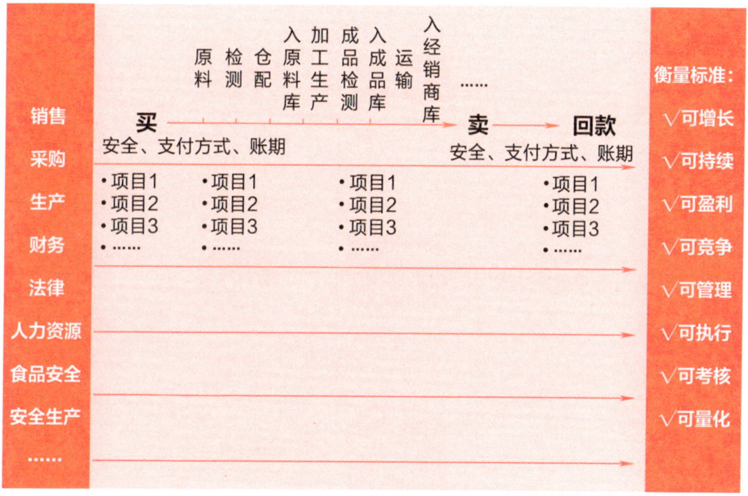

图 8-5 “八可”原则

基于边际利润财务运营模型和 ROE 逻辑图，企业可以构建人才发展的 3×3 能力模型。提升 ROE 的方法就是提高收入，降低成本费用，提高周转效率。提高收入的办法，就是商业模式的创新、固化和完善，技术、标准、品类的创新，新客户、新渠道、新区域的拓展。降低成本费用的办法，就是从调整采购方式和数量、时间来降低原料成本，通过产品设计、辅料管理来降低包装成本，通过优化采购距离、送货方式来降低运输成本，通过变革用工方式、加工效率来降低人工成本。提高周转效率的办法，就是提高库存、应收账款、预付账款、应付账款、预收账款的资金效率，调节流动负债、流动资产、固定资产等的资本结构。这需要提升产品能力、营销能力、团队能力（见图 8-6）。

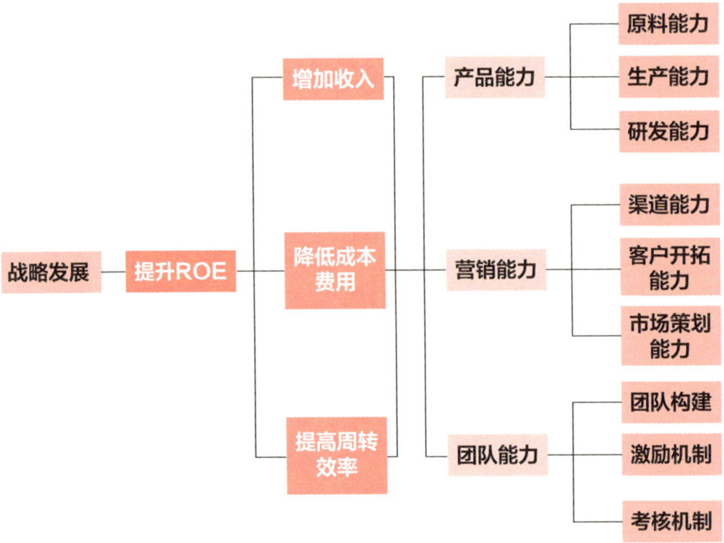

图 8-6　提升三大能力

产品能力是决定产品力的重要能力，是提升公司核心竞争力的主要内容，是战略发展的重要动力。首先是原料能力。我们的供应商标准、采购标准如何提高？我们的原料标准、原料质量如何提高？我们的仓储方式、物流方式如何提高？其次是生产能力。我们的生产设备、工艺流程可否改进？我们的生产现场、厂房地面可否提升？我们的品质管理、安全保障是否完备？再次是研发能力。我们的技术如何提高？我们的研发如何领先？我们的产品策划如何更加贴近消费者？

营销能力是推动产品销售的重要能力，是推动战略发展的核心能力之一。一是渠道能力。我们的渠道标准是什么？我们的渠道数量是否可以增长？我们的渠道质量是否可以提升？二是客户开拓能力。我们的客户标准是什么？我们的客户数量是否可以增长？我们的客户质量是否可以提升？三是市场策划能力。我们采取怎样的销售方式？我们采取怎样的营销策略？我们如何进行市场推广？

团队能力是企业运营的核心推动因素，是战略保障的主要内容。先是公司构建业务团队的能力。公司构建业务团队的标准是什么？选择业务团队成员的标准是什么？团队成员应具备什么能力？团队是否具有创新创业激情？然后是激励机制。目标是否明确？激励是否与目标匹配？激励机制是否可以提升团队动力？最后是考核机制。考核目标与战略目标是否一致？考核机制是否能推动团队创新？考核机制是否阳光透明？

十四、支持保障体系。

最后是支持和保障整个战略发展的部门，及其制度、流程、表单，保证企业就像弹道导弹一样，按照设定的轨道击中靶子。企业的管理方法就是要建系统，建立完善的管理系统是保障战略执行落地的根本方法，有了系统，才有执行力，才有专业性。企业的主要管理系统包括但不限于：基础管理系统、战略管理系统、人力资源系统、预算管理系统、财务管理系统、审计监察系统、数字信息系统、行政管理系统、风险管理系统、协同管理系统等（见表 8-16）。

表 8-16　支持保障体系

支持保障部门	管理办法	支持保障部门	管理办法
财务部	· 付款管理办法 · 应收账款管理办法 · 销售人员损益表模型 · 费用管理办法	产品部	· 产品立项管理办法 · 产品量产上市管理办法 · 产品标准管理办法 · 产品价格体系模型 · 单品财务模型
人事行政部	· 员工激励管理办法 · 文件管理办法 · 经销商档案 · 物流公司档案 · 党、工、团管理办法	市场部	· 商超终端管理标准 · 营销计划管理办法 · 媒介传播管理办法 · 市场活动管理办法 · 促销管理办法 · 品牌管理办法
法务质安部	· 合同管理办法 · 合同模板管理 · 广、包、宣管理办法 · 新客户登记管理 · 合同档案管理 · 经销商管理办法 · 授权管理 · 赊销审批管理 · 流程管理办法 · OEM 管理办法 · 产品及标签档案管理 · 工厂日常管理 · 产品追溯管理 · 成品出厂检验管理 · 商标、专利、著作权管理 · 专项进口投标清算管理	供应链部	· 采购计划管理办法 · 供应商管理办法 · 供应商评价表 · 采购管理办法 · 生产管理办法 · 库存管理标准 · 库存盘点管理办法 · 出入库管理办法 · 库存管理办法 · 原料验收标准 · 供货及时率标准 · 物流管理办法

用边际利润财务逻辑打造可持续发展型组织

笔者创作这本书，是想从整个企业管理领域，聚焦运营管理；从整个运营管理领域，再聚焦财务运营，探讨企业在当前形势下如何生存。写到这里，笔者发现，虽然边际利润财务逻辑是企业系统思考的好方法和好工具，但它不是解决所有企业问题的灵丹妙药。想成为基业长青的企业，需要打造可持续发展型组织。如何打造？笔者跟许多企业负责人进行了交流。

做亏一家企业的 9 个层次

有一次，笔者和几位企业负责人坐在一起聊天，聊到了企业如何能生存的话题，聊着聊着，内容就比较枯燥了。有一位企业负责人说，他记得史铁生在《我与地坛》一书里表达过一个意思——要想搞明白人为什么活，先要搞明白人为什么死。索甲仁波切在《西藏生死书》里也表达过一个意思——要认识生命的真义，首先要学会面对死亡。那位企业负责人说，大家与其聊企业如何生存和盈利，不如先聊聊如何把一家企业做亏损。对于这个话题，很多企业负责人听了都先是一愣，马上又感觉这个话题很有意思。因为企业负责人总想着盈利，真没想过如何亏损。大家边研讨边整理了把一家企业做亏损的 9 个层次。这是一个进阶式的亏损方法，层次越高，亏损水平越高。

第一个层次，亏成本，这是犯罪式的亏法。7 元钱进的货，6 元钱卖出去，卖多少亏多少。这有没有可能发生呢？还真有，这其实是犯罪式的亏法。例如，上文提及的经营进口椰汁的公司，产品保质期是 12 个月。产品从生产出来到通关运进国内可以销售 3 个月，而在很多渠道，椰汁效期过半就不让卖了，实际正常渠道的销售期就是 3 个月，过了 3 个月销售期就打折处理。结果，开始是因为销路不畅，保质期过半就打折处理。经销商慢慢地找到了诀窍，特通渠道能消化库存。他们就压货，保质期没过半就不进货了。再加上这家进口椰汁公司的人里应外合，保质期一过半就亏本销售，经销商就专业处理这些产品，比正常销售还赚钱。这家进口椰汁公司，少卖少亏，多卖多亏，最终倒闭了。

第二个层次，亏费用，这是脑子里缺弦式亏损。7 元钱进的货，10 元钱卖出，赚了 3 元钱，很多销售员都是这么认为的。他们只看到了毛利，认为有毛利就赚钱。实际上，有毛利未必赚钱。第一，有没有考虑费用？销售部门经理都知道，除了 7 元钱的直接成本，为了把产品以 10 元钱卖出去，公司还花了多少费用？比如平台扣点、运输费用甚至手机费。第二，有没有考虑数量？比如要让一个产品进入一个超市，要花 3 万元。那么在不考虑其他费用的情况下，需要卖 1 万盒产品才能赚出这 3 万元。第三，有没有考虑中后台费用？公司总经理知道，这个业务不是你一个人在战斗，还有供应链、财务、行政人事等中后台部门人员参与，有人工费、办公费。所以，有 3 元钱毛利，公司未必是赚钱的。

第三个层次，亏管理，这是粗犷管理式亏损。很多公司喜欢说大不说小，说总不说分，说粗不说细。很多企业负责人在接手一家公司的时候，看到的材料往往是“煮烂的一锅饺子”，馅、皮、汤混在一起。说大数，算大账。赚钱不知道哪儿赚的，亏损不知道哪儿亏的。这样说提升盈利水平，就无从下手。而管理水平高的公司，肯定是不断打开、细分、深挖的，其盈利分析一定是分解到产品、客户、渠道（区域）的。其产品是分解到每一个有条码的 SKU 的，其客户是分解到每一个经销商的，其渠道是分解到最终接触消费者的销售点的，其区域是从大区、省、市、区，按战略不断细分的。然后是数量、价格、时间、收入、成本、费用的打开。关闭不盈利的、缩减的、没规模的业务点，就是止损。发展盈利的、增长的、有规模的业务点，就是增盈。打不开就会隐藏亏损点，要是不管，盈利点也会逐步变成亏损点。

第四个层次，亏结构，这是先天性亏损。比如我们保证了所有业务点都是盈利的，公司也不一定盈利，因为公司还有整体的固定成本费用。必须让所有业务点的利润覆盖掉公司整体的固定成本费用，公司才能盈利。很多公司不一定清楚自己的固定成本费用。这可能因为固定成本费用和变动成本费用混在一起了，按销售、管理、财务费用一锅烩了。也可能因为人们没有固定成本费用这个概念，心里没数，亏损就成了必然。固定成本费用主要包括固定资产的折旧、摊销，整个资产的资金占用成本，人工成本，办公费用等。如果公司在建立之初就没做实销售规划，资产结构设计就不会合理，就会导致固定资产投入过大，从而造成固定成本费用负担过重。再加上流动资产和流动负债结构设计不合理，拓展销售的速度远远跟不上成本费用的支出，亏损就成了必然。

第五个层次，亏现金，这是失血式亏损。现在都讲“赚有利润的营收，赚有现金的利润”。没有现金的利润，就是一堆白条，它不是利润，实际是应收账款，收不回来做计提坏账就是亏损。所以，表面盈利的企业同样会死，死于现金流断裂。决定现金流的因素是什么？一个业务的生意模式，简单来说，就是盈利模式和收支方式。销售是先款后货，就有了预收账款，记为流动负债；销售是先货后款，就有了应收账款，记为流动资产。采购是先款后货，就有了预付账款，记为流动资产；采购是先货后款，就有了应付账款，记为流动负债。这样，流动资产和流动负债的结构就形成了。当然，流动资产还要考虑库存。流动资产越多，说明公司的供应商和客户越在占用公司的资金做业务；流动负债越多，说明公司越在占用供应商和客户的资金做业务。总是让供应商和客户占用公司自有资金做业务，公司就容易失血。

第六个层次，亏效率，这是循环不畅式亏损。收益率是评价一家公司盈利水平的重要指标。简单而言，就是投了多少钱，赚了多少钱。投少赚多自然好，投多赚少自然不行。这样来看，投同样的钱，利润水平高的公司应该比利润水平低的公司收益率高。可就有 5% 利润率的公司，其收益率指标和 30% 利润率的公司一样。原因在于周转次数，30% 利润率的公司，投的钱可能一年只周转了一次。而 5% 利润率的公司，投的钱可能一年周转了 6 次。收益率就是效益乘以效率。好的企业一定是“连空翻”高手，想尽办法加快周转，让投的钱效益最大化。当然，收益率指标不能单独看，要结合规模、增长速度、行业定位来看。那么，投了同样的钱，如果一家公司利润率为 5%，但一年只周转了 1 次，考虑到机会成本，放到银行吃利息或理财可能也会有 5% 的利润率，这就相当于没赚到应有利润以上的钱，就是亏损了。

第七个层次，亏链条，这是产业链型亏损。不少公司整体盈利，但是没几年还是黄了。究其原因，其一是整个产业链条的利润分配不合理。从原料到成品再到消费者，我们会发现整个链条上，有供应商、服务商、生产商、公司、经销商、平台商、售点。链条下面还有政府、银行、股东和社会。很多公司的使命是，提供 ×× 产品（×× 服务），使客户、股东、员工价值最大化。这是概括的说法，其实不止这三方，一家公司要想长远发展，一定是整个链条各主要环节都盈利，都能长远发展。某个主要环节出现危机，都足以摧毁整个链条。最好的情况是这家公司掌握了数量优势，当上“链长”，是这个行业、这个产业链条上的驱动型企业、领军企业。

第八个层级，亏选择，这是战略型亏损。“男怕选错行，女怕嫁错郎”，战略就是选择，选择做什么行业、做到什么地位、在什么渠道、用什么盈利模式等。一般企业的发展，先努力做产品，再努力做品牌，然后发展到行业头部，努力做标准，控制行业标准的制定权。好企业一定是在用行业标准的制定权来掌控在行业里的发言权。但如果企业战略选择错误，或是在过程中发生政策、市场、社会、技术等重大变化，那么一切皆成空，由此带来的坠崖式亏损就是时运不济了。再好的管理，再辛勤的工作，再大的投入，也没用。但是，企业时运不济，也不是绝对就会死掉。这也有好处，就是逼着企业战略转型。很多企业在经历无数次战略转型后涅槃重生，成为一家卓越而伟大的企业。这几乎是每隔 5 至 10 年就要发生的事情，而且频率越来越高。

第九个层级，亏估值，这是资本型亏损。一家企业在被作为潜在股权合作对象时，就会面临企业估值多少的问题。企业估值的高低决定了该企业的股东价值实现的高低。所以企业管理者要努力做高企业估值。对于非上市企业，不管是用资产法、收益法还是市场法等哪一种估值方法，核心都是要看企业近三年的营业收入、净利润、净资产以及未来三年的发展趋势，特别看重增长率和有无锁定未来的固定收入，比如在手的合同和订单等。对于长期亏损、复合增长率低或为负、未来业绩确定性低的企业，评估机构给出的估值都会比较低。此外，还有一些隐性评估因素，比如库存，该企业、经销商、分销商有大量库存逾期未消化。比如应收账款，结构和时间不合理。这些都属于潜亏，评估机构会对该企业业绩做减值处理。

亏损企业存在的 7 个组织现象

从把一家企业做亏损的 9 个层次中，引申出很多关于公司里面组织和人的话题。由此，大家开始探讨第二个问题——亏损企业都存在什么不好的组织现象。大家在研讨时发现，这些不好的组织现象几乎在所有企业中都或多或少存在。虽然它们在亏损、业绩下降的企业中更为明显，但在有些业绩好的公司，这些组织现象反而更严重。只是因为这些业绩好的公司或是因为行业红利，或是因为资源垄断，暂时用业绩把不好的组织现象掩盖了，实则危机重重。一个企业组织内部的土崩瓦解，比政策、市场、社会、技术等的重大变化都具有毁灭性。这样的企业都不具备转型基础。

在《康熙王朝》电视剧中，康熙怒斥群臣："朕刚即位的时候，以为朝廷最大的敌人是鳌拜。灭了鳌拜，以为最大的敌人是吴三桂。朕，平了吴三桂，台湾又成了大清的心头之患。朕取了台湾，噶尔丹又成了大清的心头之患。朕，现在是越来越清楚了，大清的心头之患不在外边，而是在朝廷，就是在这乾清宫！就在朕的骨肉皇子和大臣们当中，咱们这儿烂一点儿，大清国就烂一片！你们要是全烂了，大清各地就会揭竿而起，让咱们死无葬身之地呀！”

其实，组织崩塌的原因，远不像清廉与腐败这么黑白分明。组织内部运转机制的掣肘和桎梏，才是组织最大的敌人。

第一，为什么很忙的总经理却说了不算？好多人都提起，很多公司的总经理忙得不可开交。总经理本人也很容易陷入这种忙碌，有的还开始享受这种忙碌带来的充实感。但是公司的数据并不好，总经理感觉自己的能耐受限发挥不出来。很多总经理说，职位虽然是总经理，感觉更像是秘书长，自己担着责，但权力并不在自己手上，上级公司分管副总或者公司董事长实际承担了总经理的职责。所以在这样的公司里，总经理经常忙于传达布置上级领导的指示要求，然后收集执行的情况向上级领导汇报。两边传话，因为他说了也不算。这种类似于“垂帘听政”式的管理，又延伸出许多有趣的现象。

有个朋友说，他发现不管他在公开场合还是私下场合说的话，不久就能传到上级领导的耳朵里，甚至是开会时说的话，出了会议室的门，上级领导就知道了，这使得他说话做事格外小心。他发现，公司有的人跟上级领导熟，爱打小报告。跟领导也不聊其他的事，就聊公司里东家长、西家短的事，领导也爱听，可以了解公司的情况。

第二，为什么公司里总是高层忙、中层稳、基层闲？这个现象非常有意思，从公司总经理的角度出发，很多公司总经理认为自己很忙；中层是总经理布置工作了忙，不布置就正常工作；基层除了骨干，都是事务性工作。一方面，公司的业绩、总经理的压力好像就堵在高层会议室里了。另一方面，基层员工按部就班做点力所能及的事，闲了还有可能做点私事。总经理想着行业地位、盈利、增长，而员工可能想着个人有个稳定的岗位而已。但很多员工并不是一开始就这样，有可能在他几次努力却改善无望的时候，耗日子、捞偏财就成了他最好的选择。这在发展稳定的公司更为常见。

从公司总经理下属的角度出发，又有另一种见解。有一位公司的副总经理，他认为公司的总经理的优点是执着，缺点是方向不对。总经理在布置一项工作的时候，所属团队必须全顺着他的意思做，不能有任何自己的思路、想法。所以，长此以往，这位总经理的团队成员干脆总经理怎么说，他们就怎么做，总经理不说就不做，这样大家也省事了。

第三，为什么公司前台、中台、后台部门之间总在互相数落？一般来讲，前台主要指销售、市场等部门，中台主要指供应链、研发等部门，后台主要指财务、人力资源、行政、法律等部门。表面上看，全公司都会说越是前台部门，越是公司的核心；越是后台部门，越要做好服务保障。而从实际来看，前台部门人员会批评后台部门人员，不懂业务，审批太慢，耽误业绩。后台部门人员会批评前台部门人员，不懂规矩，瞎干蛮干，总是犯错。前台部门人员总是想着，“拿钱来，别管我，我把业绩搞上去就是了”。后台部门人员总是想着，“不管出不出业绩，我这里不出问题就万事大吉”。

第四，为什么上下级公司之间总在相互抱怨？笔者的一个朋友在一家集团公司工作。集团下面有总公司，再往下有三级公司。他从三级公司总经理的岗位升到总公司职能部门工作。他突然发现，这个总公司职能部门的工作内容和他在三级公司的很多工作都不一样。这个职能部门非常繁忙，每个人都很勤奋。开会的时候，人人都在讲集团的工作计划和时间节点，什么节点要组织什么会议，开展什么工作，提交什么报告，怎么能帮领导总结提炼亮点。他当时就愣了，他记得自己在三级公司工作的时候提交了好几次工作方案，都被这个部门否决了。然后他干脆就不再提交了，询问能不能让总公司出一个统一文件。这个文件要么是没有，要么好不容易有了，但又太笼统，难以指导实践。文件里说个性化的方案一事一议，结果这个工作的推动又落到他们三级公司。

以前他还奇怪，总公司职能部门一天到晚都在忙什么，现在他明白了，他们在“忙上管下”，忙上级交办的事情，管下级提交的事情。他们为了规避风险，经常对下级提交的事情说不行，从来不说怎么做才行。后来他在这个职能部门工作时间长了，发现自己也转变了。以前当三级公司总经理的时候，遇到一件事，他脑子里首先蹦出的是“怎么能成”。现在他当了二级公司职能部门负责人，遇到一件事，他脑子里首先蹦出的是“如何避责”。如果这件事有风险，如果他协助思考怎么能成，可能就会担责。因为下级公司的人员会说，这个办法是他提出的。于是，但凡有风险的事，他就说不行。这样一来，职能部门和业务单位就形成了对立。

第五，为什么内部协同总比外部合作难？有个朋友所在的公司的一半产品是由同属于一家总公司的企业生产的，另一半产品是 OEM 委托外部企业加工生产的。这个朋友就发现，和 OEM 企业打交道，特别简单、直接、明了。公司采购的产品数量多，OEM 企业对账既准确又快速，生产交货也非常及时，服务态度特别好。对于鸡毛蒜皮的事，他们根本不当回事。当然，如果公司采购的产品数量少，OEM 企业的配合度也不高。和内部企业协同就不一样了，就算公司采购内部企业的产品数量多，沟通协调也很困难，总有许多鸡毛蒜皮的事。由于双方是兄弟公司，合作之初没用合同约定清楚，时间一长就成了问题，有些问题还成了双方的积怨。原因就在于内部企业之间没有“亲兄弟，明算账”。

对于内部协同来说，总体就是价格和数量两件事。一是结算价格。这就像谜一样，销售企业分析直接成本、估算加工费，认为生产企业的毛利率太高，比如 35%。但生产企业说，我只有 5% 的毛利率，有的还是亏本做的。公说公有理，婆说婆有理，到底按什么结算，这点事永远扯不清、说不明。二是经济订量。销售企业的信条是有单就接、有钱就赚，所以经常是不管多少量的单子都接。而生产企业的信条是成本最优、效率最快，他们是有量的要求的。一个班次生产一个产品，要备多少料、多少包材都是有计划的。销售不按量、不按计划开展，计划一乱，全部重算。

第六，为什么总是一管就死、一放就乱？这就更是许多组织的通病了。管严了，各部门及员工全部死气沉沉，皆是免责、避事、推诿、上报、墨守成规、按部就班，宁可不干事也不犯事。放开了，各部门及员工个个生龙活虎，但又总出现擦边、逾矩、僭越、擅权、敢想敢干、不计后果，宁可犯事也要成事。管严了，管住了风险漏洞，也容易误伤忠良。放松了，放开了手脚束缚，也容易纵容奸佞。如果企业所有的管理规则，都有明确的标准，就不存在一管就死、一放就乱的问题。难就难在于一直变化的环境中，任何制度都无法穷尽所有。要么就是规定比较宽泛，总有不好衡量的事项；要么就是规定比较旧，不适应新模式、新事物；要么就是规定比较死板，总有不逾矩不足以成的事。

这就看上面的风向了，是严管还是放宽，严管就是个事，放宽就不是个事。你要是做了某件事，喜欢你的领导能用某个规定提拔你，不喜欢你的领导能用某个规定打压你。还有就是执法者的尺度掌握，有的会小题大做，有的会等闲视之。所以，规章制度不是万能的，人治与法治是辩证的。有时候，以循章之名行人治之实，规章制度一旦变成铲除异己的武器，就是整个企业文化坍塌的开始。就如道德与法治相辅相成一样，企业文化与规章也要相得益彰。文化塌则规章亡，没有灵魂的制度是短命的。

第七，为什么书到用时方恨少，人到用时找不到？有个总经理就感慨，太需要“能臣干吏”了。为什么？有的人就是能为公司开拓盈利高、增长快的渠道，成为驱动公司发展的主力；有的人特别能攻坚克难，亏损的企业，他去了就能力挽狂澜、扭亏为盈；有的人特别善于沟通协调，多么难解决的问题，他都能轻松化解。但是以他的经验，“能臣干吏”多少都有些毛病。他说他们公司就通过整治违规问题裁了一拨人，然后发现“能臣干吏”快被收拾完了。有的人以公司资源谋私利，这种人本事再大也得辞掉。有的人其实是为了公司的发展，触碰了公司红线。处理他，维护了制度，却泯灭了他的才情。不处理他，保留了他的才干，又丧失了制度的权威。可严格整治一番后，却发现无人可用了。

有时候我们发现，公司里能力比较强、敢挑重担解难题、群众评议得分高、推举人数多的人未必能走上更高的领导岗位。决定职业发展通道的有可能是日常琐碎的工作，这些工作一个萝卜一个坑，按部就班工作即可。一个人只要占对了坑又足够幸运，总没挡路的人，就会发展得顺风顺水。他们是那种一清二白、三从四德、四平八稳、八面玲珑的高人，事躲得及时、话说得到位、错挑不出来，也是守着自己的一亩三分地，好的尽力收过来，坏的极力推出去，只顾自己的业绩，不顾组织整体，不愿挑重担解难题，就愿摘桃子掐果实的人。公司最缺的不是这样的人，而是“能臣干吏”，需要能工巧匠化腐朽为神奇，治世能臣化平庸为卓越。

建立企业盈利的系统性管理思维

我们分析了公司是怎么亏损的，做亏的企业有什么现象。这是从亏损着眼分析的，但我们的目的不是亏损，而是怎么盈利和实现价值。柏拉图在《理想国》中讲述了他心中的理想国。理想的公司应该是什么样的？我们分析一下理想公司的构建、治理和相关规则，主题是公司管理。

针对做亏企业的第七个组织现象，有人提出，老子在《道德经》里说：“其政闷闷，其民淳淳；其政察察，其民缺缺。祸兮，福之所倚；福兮，祸之所伏。孰知其极，其无正邪？正复为奇，善复为妖。人之迷，其日固久。是以圣人方而不割，廉而不刿，直而不肆，光而不耀。”从企业管理的角度来理解：有时候管理宽厚清明，员工却淳朴忠诚；有时候管理尖酸苛酷，员工却狡黠抱怨。所谓祸，福是起因；所谓福，祸是根源。两者有确定的评判标准吗？其实没有。严卡标准会遇到特殊情况，全讲人情就是放纵作妖。公司的管理，对人的判断任用，是个长期摸索改进的过程。所以圣人治理，是既立规矩又留余地，既严管理又讲人情，实事求是而不肆意夸大，行事到位而不过犹不及。

一、企业管理一定是个系统思考的过程

公司管理不是分散点的杂糅，而是一个系统思考的逻辑。大家都认为，没有系统思维的管理者会一事无成，对公司来说也一样，没有系统思维就没有执行力，就没有解决方案。我们必须从企业整体层面，建构一个思维逻辑。这个逻辑，从企业使命、经营目标、战略规划、资源配置、运营管理到考核评价，以及无处不在的企业文化，构建了一家公司系统思考的逻辑模型——企业系统思考七步法。

首先要有企业使命。可以从四个方面描述企业使命：行业地位是领先者、追随者还是创新者，方法和途径是什么，企业价值主张是什么。企业使命的核心是企业价值主张，就是明确所有企业的利益相关方要得到什么价值。利益相关方包括产业链条上的消费者、售点、经销商、供应商、制造商、服务商、仓储商、物流商，也包括背后的国家、银行、股东等，更包括公司里所有的员工。企业使命是大家共同的方向，是长久的激励，特别是一种精神激励。而这一切价值的实现，特别需要企业中每一个人的努

力，他们衔接着所有利益相关方。所以，企业使命也提炼自企业里每一个人的人生观、价值观和人生定位。如果个人目标与企业使命不一致，那这个使命就不会成为企业的生命。

经营目标以使命为基础。目标一定是有挑战性的，这是团队的进取心和活力的体现。一般要确立 5 年的经营目标，如果公司的定位是领先者，经营目标就是达到行业第一。如果定位是追随者，经营目标至少是行业前三。如果定位是创新者，准备颠覆或者新创一个行业，不管这个行业是大是小，也一定要达到行业第一。根据这个定位，企业要规划未来 5 年做到什么样的市场规模，每年的增长率是多少，每年的目标是什么。目标就是数字化地表达企业使命，可以分解为产品、客户、渠道、价格、数量、时间等，包括营业收入、成本、费用、利润、周转、回报等指标。

经营目标之下是战略规划，就是怎样实现目标。一是战略定位。战略首先是选择和聚焦，确定产品、客户、渠道。二是竞争战略。是差异化还是低成本？竞争战略是市场主导的，结合前瞻性的行业选择和自身基础进行打造。三是商业模式，资产是轻还是重？周转是快还是慢？资金来源是股权投资还是企业自筹？风险是高还是低？等等。四是核心竞争力，或者叫模式驱动力，就是把战略定位、竞争战略、商业模式深入到产、供、销的各个环节，分析是技术创新、成本控制、资源把控，还是渠道垄断。

根据战略规划，配置相应的资源。围绕战略才有集中、协同、有规划的资源。如果资源分散，一定是企业战略不坚定，目标不统一。一是业务流程，根据战略梳理流程，从工作流、实物流、资金流、信息流四个流向，销售拉动、价值创造和成本控制三个方面，厘清关键成功区域，明确关键控制点，关注问题区域，进行流程优化或再造。二是明确资金来源、股东权益和负债结构设计。三是资金的投向，如流动资产和固定资产结构设计，各类成本、费用的预算，资金投向的背后就是企业的动作。四是组织架构、管控关系和权责利的设计，人员的配备和团队的打造，等等。

配置了资源，就要开展过程中的运营管理。一是预算管理。没有战略的预算是无方向的预算，无预算的战略是空洞的战略。不能做预算的业务不是好业务。以战略为导向，由下而上、由上而下，形成全面预算报告。它是年度经营计划的分解和落实，是资源再分配的过程，是以结果为导向的过程控制，强调对业务的思考过程，增强经理人对市场的判断以及对业务的掌控能力。二是运营分析。将目标分解为预算，不断细分产品、客户、渠道、数量、价格、时间，查找收入、成本、费用、利润、周转，比战略、比历史、比预算、比行业、比标杆，对照计划看执行。三是运营管理。根据偏差明确问题，分析问题原因，制订解决方案，确定行动计划，执行跟踪计划，再进行下一周期的运营分析评估工作，解决新的问题。四是体系管理。开展战略、财务、人力资源、法律、质量安全等体系管理。

最后是考核和评价（标杆、市场、历史）。一是将目标和战略分解为预算和标准。二是将预算和标准逐级分解到各部门和人员，要保证目标的统一和上下一致。三是进行以预算完成为主，标杆、市场、历史分析为辅的评价。过去对业务的评价靠预算。今年要赚 1 亿元，到年底赚了 1.2 亿元，表扬一下；赚了 8000 万元，批评一下。这样预算就变成了讨价还价。而以标杆、竞争对手、市场、历史来评价，预算评价可能只占 50%，其余 50% 依据市场、历史、标杆进行评价。四是经理人评价，除了业绩，还要评价经理人的能力和潜力，确认这种能力和潜力是不是战略需要的。我们发现通过考核和评价，就把公司里每一个人的目标和企业的使命结合了起来。这是一个循环，最终通过业绩的实现，来达成使命。

还有一个不在模型中却无处不在的因素，就是企业文化，它是组织行为无形的准则。讲到企业文化，就从企业的“事”说到了企业的“人”。

二、“人是企业管理的起点和终点”

很多人都非常赞同宁高宁所说：“人是企业管理的起点和终点。”上面讲了从使命战略到执行的系统思考逻辑。这是从“事”的角度上来说的，下面从“人”的角度上来说。企业战略是第一位的。如果企业选择错了行业，想通过经营解决困境很难，因为是战略选择出了问题，必须确立新战略。战略自身也是个系统，需要不断循环，不断自我更新。但战略不是孤立的，是系统的。从战略方向的调整，资源的获取及配置，架构的搭建，团队人员的安排，目标、预算、运营过程及评估考核，再到产品、技术、成本、市场营销渠道、客户、消费者及市场份额，战略逐步与执行联系到一起。不同的一把手和团队，战略一样，执行不同，结果就不同，这是区分好企业和坏企业的关键。

从宏观环境、产业政策、市场结构等维度确立的战略，在实际执行时往往会出现较大偏差。因为组织的联系、人的联系、资源的联系，都会导致战略执行出现偏差。反过来，有的一把手很能干，团队非常有活力，最终执行也可能推动、补充和挽救战略。战略和执行的联结点就是人。宁高宁认为：企业的“企”字，是“人在上”，人是企业最核心的要素。“公司”的英文为 company，是“伙伴”的意思，这也说明了人在企业里的关系。在真正的管理学里，人就是全部。因为人是所有管理行为的前提。拥有了最好的带头人、最好的团队、最好的体制、最好的管理方法、最好的企业文化，再来说战略执行。如果我们已经确定了战略，开始执行，才发现团队从动力到能力，从协同到专业性都不够，这就有问题了。所以，人是管理的起点，也是终点。公司一把手和管理团队的领导力至关重要。

我们发现公司的管理文化分为以下几种类型。

一是职位守业型。一把手被下文任命后，就成为公司的领导者。组织赋予这个岗位上的人责任、权力、义务。新领导突然成为审批环节的决策者，上下级之间都在互相磨合，下属在看领导的决策是否有水平，领导在看下属是否有能力。等相互熟悉了，领导者严格按照相关规章制度进行管理，每一个人在公司的大流程中运转，非常注意按照规范执行，严防风险。一把手什么会都开，发言按稿念。他们基本朝九晚五，兢兢业业，只循章做事，不推杯换盏，不节外生枝，不贪污腐败。“稳”字第一，守住了风险，守住了规模，基本维持住公司的正常运转。但守住就是落后，因为别人进步了，市场进步了。

二是感情维系型。有些经理人在被任命之后，在没有形成真正的领导力或者组织权威之前，喜欢任用一些比较熟悉、比较谈得来甚至有些关系的人。这样他工作时会比较放心。这个人怎么样，有什么过往，现状如何，包括思路、语言相互都比较了解，不用太多磨合，直接就能开展工作。领导的追随者，得到的资源、被赋予的重担、提升的机会就比较多。成为不了领导的追随者的，要么就打破头往里挤，要么就另组圈子或者逍遥事外。这样做的好处是减少团队沟通成本，能够快速组建团队，开展工作。其缺点是容易形成小圈子、小团体、小派别。这种链条的维系，不是组织的，而是个人的，对组织发展不利。

三是能力威望型。这样的经理人对行业有认识，对业务有主见，对事业有冲劲。他们本身很能干、肯钻研、敢决策。他们对内改善管理，降低成本费用，提升效率质量。他们对外有发展欲望，不断抢市场份额，不断开展竞争，持续拓展业务和产能。或者他们有很强的专业技术能力，能攻关解决很多技术难题。他们就像战场上的将军，冲锋在前，享受在后。他们在公司上下威望都很高，大家都很佩服他们。这样的经理人和企业是比较多的，由于一个英雄人物的存在，整个组织变得很有活力。其好处是，如果他们运气好，所处的行业发展非常快，就能取得较大成功。但世事难料，不知道哪天行业会转变。

四是团队变革型。这种经理人会准确预判行业趋势，把握市场脉搏，开展战略转型，特别是技术创新、行业变革、商业模式创新等，不断产生新的主意。这样的企业不会按部就班工作。领导者在深刻理解使命、目标、战略的基础上，能够比较全面地培养队伍的整体能力，带领队伍完成使命。企业的主要特点是文化因素比较多，在他的带领下，创新、变革、转型成了企业文化，全公司谈产品创新、谈极致的客户感受、谈深入每一个细节的极致性价比，甚至食堂的师傅都在聊如何创新菜品。这样的企业可能不是为了被动适应市场而战略转型，而是作为开创者引领行业变革，开拓新市场。

五是可持续发展型。上述类型的人治程度还是多了一些。道家有句话叫“无为而治”，“无为”并不是无所作为，而是以无为而有为。《道德经》的思想核心是“道”，“道”是无为的，但“道”有规律，以规律约束宇宙间万事万物的运行，万事万物均遵循规律。老子说，“天下难事必作于易，天下大事必作于细”“为之于未有，治之于未乱”，这就是在讲“有为”。对企业来说，真正可持续发展的组织，一定能把握市场发展和企业动作的规律，遵循规律推动企业发展。难题从易处着手，大事从细处着眼，作为在未发生时，管理在未出事前。领导者会让组织变成一个学习型组织、创新型组织、可持续发展型组织，每一个团队、每一个人都在研究和预判问题，不断改进提升，整个组织的方向是高度一致的。最后你会发现，企业的领导者在或不在都可以，这个组织是自驱型的。

三、分析差距

在从企业管理系统思考和经理人领导力的角度，明确了理想公司的目标后，我们再分析如何消除亏损企业出现的 7 个组织现象。

首先是价值观的统一。企业把企业使命与个人目标相统一，个人把个人目标与企业使命相统一，这应该是企业上下一致的思想认同。价值观的统一是最基本的企业文化，也是企业管理的基础，不认同就没法继续经营。

其次是使命的夯实。企业的使命，关键看是否有清晰的自上而下逐级落地的指标和标准。企业往往有较宏大的描述，却没有具体标准；忙具体业务的比较多，却没有时间去梳理。导致公司董事会怕总经理乱执行而不敢授权；而总经理又嫌董事会离一线远、不了解一线却把控着各项权力。公司业绩好了，员工收入也会增加，反之亦然。这是把公司目标与员工目标紧密结合起来最简单的办法。难在考核评价，通过什么把企业使命、经营目标、战略规划层层分解为员工的目标，如果员工实现了自己的目标、部门实现了部门的目标，公司就实现了公司的目标。如何形成这种合力是关键。好的公司，应该有清晰的指标和标准，然后充分授权、红线管控，特殊事项要审批。标准内的按标准控制执行，授权总经理充分发挥。有哪些要求和指标是红线和底线，上级要下沉管理。此外，现有的规则和标准没有正式规定，就需要将其提交到上级公司审批。兄弟公司之间的协同也一样，原则就是“价格与数量齐飞，兄弟共市场一色”。一是每一个 SKU 的起订量要卡死，可以卡在一个车间的一个班次上，或按确定的原则执行。这是根基，不能动，没有量，就没有最终的准确定价。二是结算价格，应以直接成本 + 直接生产费用 + 生产企业必要利润来核算，总部应该有明确的结算办法。不要管生产企业的分摊费用，就按这个毛利水平。在价格合适的基础上，多赚毛利来覆盖分摊费用。另外，要充分考虑市场竞争，必须根据市场情况及时调整毛利率。

再者是组织的逻辑。比如董事会、总经理、下属，前台、中台、后台互相抱怨的问题，有没有一个一致的整体的企业运营逻辑十分关键，大多数的部门和人员都是盲人摸象，摸到“腿”的就按“腿”工作，摸到“鼻子”的就按“鼻子”工作。有时候部门之间吵起来，你会发现，一个在吵“腿”的事，一个在吵“鼻子”的事，如果都从大象整体的逻辑来分析，这可能就不是问题，而这样的企业恰恰是按照肢解了的大象来工作的。一个企业一定要建立企业整体的思维逻辑。一是统一的语言。有的公司就毛利这个简单数据，都有“倒扣毛利”和“顺加毛利”两种理解，收入有营业收入（去税）和销售额（含税）两种理解。人们交流起来就比较费劲了。二是管理逻辑。它一定是从企业使命、经营目标、战略规划、资源配置、运营管理到考核评价，以及无处不在的企业文化，互相联系，互相作用的。比如战略规划的商业模式是轻资产、快周转，销售模式一定应是先款后货，采购一定应是先货后款，以销定采。不能上面说轻资产，下面还赊销。也不能下面不囤货，上面却说加库存。三是财务逻辑。管理逻辑背后的财务逻辑，如损益表和资产负债表的钩稽关系，流动负债、流动资产与现金流的钩稽关系，成本费用与资产的钩稽关系等，肯定是一个数据变化，引发一连串变化。一个考核指标的提升需要好几个指标的联动变化。

最后是领导方法。要想打造可持续发展型组织，一定不能是领导在台上讲，大家在台下听，然后去执行。领导不是专家，员工才是专家，真理和答案在员工中间。领导就是在团队中帮忙、促进、凝聚、使事情变容易的人。他可能不是主要原料，但他像催化剂一样，加快了团队的融合，形成了对组织整体的认识，提升了运作效率，促进了事情的发展。要群策群力，大家一起不断思考公司存在什么问题，怎么解决，用什么方法解决，从而促进组织发展。组织就不会“干事都躲着，决策都慎着，出事都管着”。领导者不是靠几个自己人把控一个团体，而是靠思想凝聚一个组织。他相信智慧就在员工中间，领导的责任是组织，用方法把大家引入一个环境，把智慧激发出来、总结出来、提炼出来，引导大家形成统一的思维，并朝一个方向前进。

后记

我之所以创作这本书，是想给自己的职业生涯做一个总结。这 20 年，前 10 年，我从事人力资源特别是培训方面的工作；后 10 年，我担任过多类业务的负责人。其间，我向很多优秀的管理者进行了学习，也与许多中小企业的负责人进行了交流。由此，我学到了很多理念，也有很多感悟，但由于工作繁忙，没有时间进行系统梳理。我暗暗下定决心，要把它们整理成系统知识。终于有了一个契机，经过一年多的系统梳理与思考，我完成了这本书的创作。

我要感谢宁高宁先生。他作为“培训师”，主张建立阳光、诚信、简单、无边界的企业文化，以及系统思考方法论，以团队学习的工作方法，推动组织发展。他建构了一套“人”“事”合一，从文化到制度、从高层到基层、从战略到执行的组织领导力系统。

我要感谢迟京涛先生。他作为“培训师”，主张将组织发展与人才发展相结合，将人力资源管理（HRM）推进到人力资源开发（HRD）。他按照高境界、强合力、重市场的领导力模型，建构了一套人才不断涌现的发展体系。

我要感谢王震先生。他作为“培训师”，主张把企业的方向、战略、标准细化到运营能力的提升和管控体系的落地上，细化到模板、方法、工具、制度、流程、表单上。他建构了一套以边际利润财务运营模型为主线，从目标到指标、从过程到结果、从数字到行动的运营力系统。

我要感谢郑合山先生。他作为“培训师”，主张在运营力系统基础上，从采销两端设计商业模式，用“边际利润财务运营模型”“十字方针”“收付五原则”实现自造血和自盈利。他建构了一套现金流管理系统。

感谢季啸华先生提供“用边际利润模型挖掘盈利”的案例素材。

感谢陈春阳先生提供“天然香料工厂降低损耗”的案例素材。

感谢王鹏先生提供“多维度解决物流难题”的案例素材。

感谢王意先生、邵清女士提供“楼宇店”的案例素材。

感谢董晓光先生提供“以收定投，量力而投”的案例素材。

感谢陈美柑女士提供“‘三大法宝’：提高周转率”的案例素材。

感谢沈洋先生提供“防范应收风险”的案例素材。

感谢朱晓松先生提供“分析一个负面案例”的案例素材。

感谢成长路上每一位老师、领导的帮助。

感谢曾经共事的志同道合的同事。

感谢中信出版社各位编辑的支持和指导。

最后，感谢家人的支持！感谢父亲张荣祥、母亲张柏龄、哥哥张伟、妻子陈艳春，以及女儿张澜馨、张迩桐。特别是张澜馨，她“望父成龙”的愿望时刻激励着我。

由于本人能力所限，书中难免有不尽如人意之处，恳请读者批评指正，不吝指教。